선조들의 삶

― 우리들의 삶

선조들의 삶
우리들의 삶

초판 1쇄 발행 _ 2019년 10월 15일
개정판 1쇄 발행 _ 2019년 12월 1일

기획 _ 용인이씨 신봉리 참의공파종회
경기도 수원시 팔달구 중부대로 245(우만동 용신빌딩 2층) | **전화** 031)213-8667~8
엮은이 _ 이기담

펴낸곳 _ 바이북스
펴낸이 _ 윤옥초
책임 편집 _ 김태윤
책임 디자인 _ 이민영

ISBN _ 979-11-5877-143-0 03090

등록 _ 2005. 7. 12 | 제 313-2005-000148호

서울시 영등포구 선유로49길 23 아이에스비즈타워2차 1005호
편집 02)333-0812 | **마케팅** 02)333-9918 | **팩스** 02)333-9960
이메일 postmaster@bybooks.co.kr
홈페이지 www.bybooks.co.kr

용인이씨 대종가집
후손들의 삶의 기록

선조들의 삶
─ 우리들의 삶

이기담 엮음

바이북스
ByBooks

"또 하나의 용인이씨 삶의 기록이 되기를 희망하며"

용인이씨는 시조 이길권 공을 시조로 하는 1천100여 년이 넘는 뿌리 깊은 가문입니다.

시조 이길권 공은 신라 말인 880년 용구(龍駒), 지금의 용인에서 태어나 토호(土豪)로서 왕건을 도와 고려를 개국하는 데 큰 공을 세우셨습니다.

어려서부터 강직한 성품으로 도량이 넓으셨던 시조께서는 학식과 재능 또한 뛰어나셨습니다. 특히 천문지리에 밝으셨으며 당시 유명한 고승 도선대사(道詵大師)와도 가깝게 지내셨다고 전해지고 있습니다.

이후 저희 집안에서는 고려와 조선을 거치면서 많은 학자와 시대의 중요 인물을 배출해 왔습니다.

1천100여 년의 삶을 살아온 한 분 한 분 선조들이 있었기에 지금 우리들이 존재하고, 순간순간의 시간들이 이어져 역사가 만들어지고, 가문의 역사 또한 이루어진다는 것을 생각하면 선조의 흔적을 잃어버리지 않고 보존하며 지켜내는 일의 중요함은 아무리 강조해도 지나치지 않을 것입니다.

더불어 드러나지 않은 선조들의 삶을 찾아내 선양하고 기록되지 않은 삶을 찾아 기록하는 일 또한 매우 중요할 것입니다.

이 책의 발간은 이런 노력의 하나입니다.

조상들이 대대로 살아 온 신봉의 터전이 도시개발로 옛 모습을 잃어버리면서 그리움과 아쉬움이 컸습니다. 이에 우리들은 전해들은 조상들의 이야기를 기록하고 신봉에서 살아온 삶을 기록해 남기기로 하였습니다.

다만 많은 이야기들이 자료보다는 기억(記憶)에 의해 기록되어 부정확할 수 있다는 점은 아쉽게 생각합니다. 좋은 의견 주시면 다음에는 더욱 좋은 내용이 될 수 있도록 노력하겠습니다.

끝으로 진솔한 삶의 이야기를 해주신 분들과 이 책이 나오기까지 수고해 주신 모든 분들께 감사의 마음을 전합니다.

2019년 시향(時享)을 맞아
용인이씨 신봉리 참의공파 종회 회장
이종목

우리들의 이야기

용인이씨 신봉리 참의공파 종회 세계도世系圖

始祖 太師公 吉卷 - 2세 憲貞 - 3세 靖 - 4세 懷 - 5세 孝恭 - 6세 鉉候 - 7세 光輔
- 8세 晉文 - 9세 仁澤 - 10세 唐漢 - 11세 惟精 - 12세 奭 - 13세 光時 - 14세 中始祖 中仁
- 15세 士潁 - 16세 伯撰 - 17세 升忠 - 18세 奉孫 - 19세 孝篤 - 20세 元幹 - 21세 享成
- 22세 貞敏 - 23세 致詳 - 24세 時爀 - 25세 天英 - 26세 維沆 - 27세 宗胤 - 28세 基鼎
- 29세 山鎭 - 30세 漢光

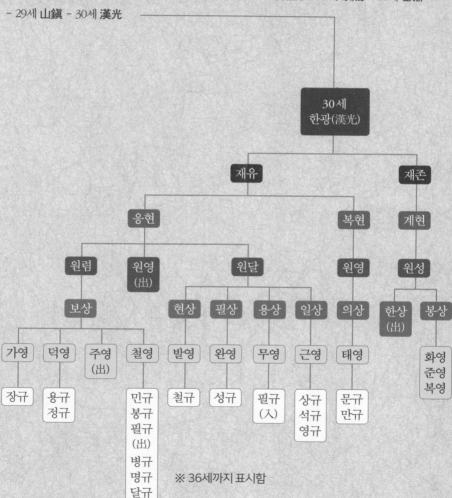

※ 36세까지 표시함

1장

선조들의 이야기

14세 중시조 구성부원군駒城府院君
이중인李中仁, 1315-미상

시조始祖 이길권李吉卷이 개국을 도운 고려를 지키려고 가문을 바치다

1392년 여름, 용인이씨 가문을 다시 일으킨 중시조 문하시중 구성부원군 이중인은 개성의 성거산(聖居山)으로 찾아온 통곡하는 세 아들, 사영(士穎) 사위(士渭) 사이(士彝)를 앞에 두고 있었다. 부자의 대치점은 고려에 대한 충심과 명예를 지키기 위해 죽음을 선택하려는 아버지와 아버지의 죽음을 말리는 효심 지극한 아들들의 절박함이었다.

삶을 버림으로써 지키려는 아버지의 고려를 향한 충절과 아버지의 목숨만은 지키고 싶은 세 아들의 효심은 이미 함께 죽기로 결의한 정과(鄭過)를 비롯한 고려 8명의 판서들 또한 당황케 만들었다. 길고 긴 대치의 시간 뒤 결국 중시조 이중인은 절규하며 말한다.

"아, 죽지도 살지도 못하는 이 팔자 장차 어찌하란 말인가……."

이성계에 의해 조선이 건국되자 "백이(伯夷) 숙제(叔齊)와 같은 충절을 더럽힐까 걱정 된다"며 머리를 풀고 성거산에 들어와 목숨으로 고려

• 아침햇살 비치는 중시조 묘역

에 대한 충절을 지키고자 했던 공의 결심은 이렇게 무너지게 된다.

그러나 이중인에게는 더 살아갈 의지가 없었다. 집으로 돌아온 이중인은 나무를 쌓아 분신을 시도한다. 그러나 이번에도 세 아들의 간곡한 만류에 실패한다.

이렇듯 아버지의 자결을 막아낸 효심은 충심과 더불어 이후 용인이씨 정신의 바탕이 되는데, 대신 공은 삼세불사(三世不仕), 즉 손자 대까지 조선에서 벼슬을 하지 말라는 유훈을 남긴 채 시조 이후 대대로 터를 잡고 살아온 구성(현 용인)으로 들어가 은거하며 삶을 마감한다. 시조 이길권이 개국 공신으로 나라를 열었다면 중시조 이중인은 이렇게 충절로 고려의 마지막을 지킨 것이다.

이는 진초(秦楚)라는 호가 담고 있는 의미나 한 시대 한 분야에 우두머리인 '일대종장(一代宗匠)'의 평가를 받는 공의 삶으로 볼 때 당연한 귀결이었다. 고려 말 유명한 유학자이자 공과 더불어 고려에 절개를 지킨 이색(李穡)과 정몽주(鄭夢周)가 공에게 학문을 배운 제자였다는 사실은 이를 증명하고도 남는다.

1800년대 초 활동한 이원익(李源益)이 쓴 《동사략(東史約)》에는 공의 이 같은 모습을 다음과 같이 기록하고 있다.

駒城伯李中仁, 龍仁人, 少以學業著蹟, 麗朝爲一代宗匠, 圃隱牧隱自少從學, 歷官門下侍中, 我朝追封駒城府院君, 公讓封不受, 曰我本前朝人, 自靖素志, 豈可渝乎, 遂隱居龍仁, 終身不出, 雖松人至愚, 咸稱駒城伯之貞忠大節

구성백 이중인은 용인 사람이다. 어려서부터 학업과 뛰어난 업적으로 고려 때 일대종장이 되어 포은과 목은이 어려서부터 학문을 따라 배웠다. 여러 직을 거쳐 문하시중에 이르렀다. 조선에서 구성부원군에 추봉하였으나, 공은 사양하고 받지 않으며 말했다. "나는 본래 전조(고려)의 사람이다. 내 본성과 뜻을 스스로 지키고자 한다. 어찌 바꾸겠는가." 이에 용인에 들어가 죽을 때까지 나오지 않았다. 비록 개경 사람들은 아주 어리석다고 말했으나 뭇사람들은 모두 구성백의 곧고 바른 큰 충절을 우러러 칭송하였다.

그를 회유하기 위해 조선건국세력들이 올린 구성부원군 추봉을 받지 않는 건 이런 공의 인품에서 볼 때 당연한 선택이었다.

공은 1315년 고려 충숙왕 2년 개성에 있는 공의 집 일청재(一淸齋)에서 태어났다. 아버지는 나라의 인구와 여러 가지 공납, 부역, 재정 등의 행정을 맡던 고려 육부 중 하나였던 판도사(版圖司)의 정3품 벼슬인 판서(判書)와 충렬왕 때와 공민왕 때 각각 병부, 군부사 등의 이름으로 고쳐졌던 것에도 보여지듯 군사관련 담당부였던 총부(摠部)의 우두머리인 전서(全書)와 종2품의 동지밀직(同知密直)을 지낸 이광시(李光時)이며, 어머니는 덕양군부인(德陽郡夫人) 행주기 씨(幸州奇氏)로 공은 다섯 아들 중 셋째로 태어났다. 사망 연도는 전해지지 않는다.

공은 문과에 급제한 뒤 1339년 무렵인 25-26세에는 깊은 학문적 능력이 있어야 가능한 중서성(中書省)의 지인(知印) 역임을 시작으로 개경에 있던 사찰 홍원사(洪圓寺)를 관리하던 전직(殿直), 선왕과 선후의 제사에 사용하기 위하여 미곡을 비축해두던 창고인 봉선고(奉先庫)의 판관(判官)으로, 고려 제반 정사를 맡은 최고 관청인 중서문하성(中書門下省)의 정3품 상서(尙書)로, 다시 정2품 평장사(平章事), 도평의사(都評議司)의 최고직책인 판사(判事)와 종1품 문하시중(門下侍中)으로 승진을 거듭하며 고려 정사를 이끌었다.

이밖에도 공은 1365년 공민왕 14년 공민왕의 왕비인 노국대장공주(魯國大長公主)의 장례를 주관하는 홍복도감(弘福都監)의 판관(判官)으로 장례를 치러내기도 했다.

"용모가 단정하고 마음이 확고했다"는 세간의 평을 받는 공은 충정왕 때 구성백(駒城伯)의 봉호(封號)를 받았으며 현재 아버지의 유훈을 지켜 삼세불사한 아들, 손자와 함께 파주통일동산 내 고려대전(高麗大殿)에 위패가 봉안돼 우러름을 받고 있다.

공은 천안군부인(天安郡夫人) 대제학(大提學) 문효공(文孝公) 전신(全信) 딸과 결혼해 세 아들, 사영, 사위, 사이를 두었다.

• 파주 고려대전에 모셔져 있는 삼세불사(三世不仕) 중시조 중인(中仁), 전서공 사영(士穎), 영천공 백찬(伯撰) 위패

이사영 李士穎, 미상-1396

목은 이색, 포은 정몽주와 우정을 나누며
충절의 길을 함께 가다

뼈를 으스러뜨리는 고통은 이미 인내의 저지선을 넘어섰다. 신음은 의지와 상관없이 목울대를 넘어 이 악문 입을 비집고 나왔다. 예상했던 상황이었다. 아버지 이중인이 목숨을 버리기로 결심한 이후, 온 가문이 시조 이길권이 연 고려에 충정을 바치기로 결심한 이후, 형벌은 가혹하고 지난할 것이며 죽음까지 계속될 것이라고.

매질은 70대에서 멈췄다. 이사영은 그렇게 매질로 난장질 당한 몸으로 유배의 길에 올랐다.

《태조실록》 1권, 태조 1년 7월 28일 정미 3번째 기사, 1392년 명 홍무(洪武) 25년 태조의 즉위 교서에 다음과 같은 기록이 있다.

……이감(李敢)·최관(崔關)·이사영(李士穎) …… 등은 그 직첩을 회수하고 장(杖) 70대를 집행하여 먼 지방으로 귀양 보내게

할 것이며 ……

이때 함께 형벌을 받은 고려 충신은 이색·이숭인 등 56명.

'먼 지방'이 어디인지는 명확하지 않다. 이에 앞선 4월에 남원으로 귀양을 간 공의 기록이 있다.

> 지신사(知申事) 이첨(李詹)을 결성(結城)으로, 우부대언(右副代言) 이사영(李士穎)을 남원(南原)으로 유배 보냈다.
>
> 《고려사》卷四十六 世家 卷第四十六 恭讓王 4年 4月

이 기록은 이사영이 왕명의 출납, 궁중의 숙위, 군기의 정사를 맡아 보던 관서인 밀직사(密直司)의 정3품 우부대언(右副代言)에 임명된 지 5개월여 만에 당한 기록이다.

고단한 가시밭길은 아버지 이중인이 내린 삼세불사 유훈을 받드는 순간 정해진 길이었다. 그러나 삼세불사의 길, 고려절충의 길은 이사영의 뜻이기도 했다.

한 사람이 갖는 주변의 풍광은 사람을 드러내는 거울.

공은 성균관에서 고려 말 거유(巨儒)였던 목은(牧隱) 이색(李穡)을 스승으로 정몽주, 이숭인 등과 함께 공부하였다. 이들 모두는 공과 더불어 고려충신들이니 불사이군의 길은 이미 아버지 이중인과 더불어 가문의 길이었던 셈이다.

공은 누구보다 학문이 뛰어났다. 스승 이색은 '이모지(李慕之;공의 자)'라 부르며 공이 청주에 나갔을 때 걱정하는 시를 지을 정도로 아꼈다.

공은 친구들과의 우정도 각별했다. 친구들은 공이 청주목사로 나가게 되었을 때 이별을 아쉬워하며 지은 시들을 한 권의 책을 만들어 공에게 주었는데, 이숭인은 이 책의 서문을 지었다.

천거에 의해 참관(參官)으로 관직을 시작한 공은 우부대언 외에도 판사(判事) 형조전서를 지냈다. 태어난 해는 알려지지 않으며, 고려를 잃은 지 4년 뒤인 1396년 돌아가셨다.

16세 영천공 永川公

이백찬 李伯撰, 1359-1415 (57)

조부, 부친의 뜻 이어받은 충절의 삶을 살다

자발적이지 않으면 모든 삶은 고통이 된다. 할아버지, 아버지의 뜻을 받드는 삼세불사의 유훈을 받들었던 16세 이백찬의 삶 또한 그러하였을 것이다.

고려 공민왕 8년인 1359년에 태어나 고려에서 영천(永川)의 지군사(知郡事)를 지낸 공은 할아버지, 아버지의 뜻에 따라 개국한 조선에서 철저히 세거지 용인에 들어와 숨어 살았다. 이백찬은 기꺼이 할아버지 아버지의 유훈을 받드는 삶을 선택했을 것이고, 그러므로 삶은 고통이 아니라 자부였을 것이다.

공은 조선이 개국한 지 4년 만에 부친을 잃었다. 비록 형벌의 무게를 충절의 영광으로 여긴 부친이었으나 조선개국세력들에게 받은 장(杖) 70대의 형벌로 육신은 망가진 상태였다. 망국의 슬픔은 마음의 병 또한 깊게 만들었다.

공은 부친의 장례를 치른 뒤 조용히 새 나라 조선에서 벌어지는 정국의 추이, 처음엔 고려의 뒤를 이었다고 천명했던 태조가 국호를 '조선(朝鮮)'으로 바꾼 뒤 수도를 개성에서 한양으로 천도하는 것을 지켜보았을 것으로 추정된다.

공은 또한 고려와 달리 조선이 통치의 근간 사상을 성리학으로 삼고, 명나라에 대한 사대를 나라의 중심으로 삼는 것 또한 조용한 시선으로 바라봤을 것이다.

태조가 눈을 감기도 전 조선 2대왕 정조를 허수아비 삼고, 권력을 거머쥔 태종의 왕자의 난 또한 착잡하기 그지없는 마음으로 지켜보았다.

오직 고려에 대한 충절과 효를 실천하는 데 흔들림 없었던 공은 조선에서 23년이라는 세월을 산 뒤 태종 15년 1415년 57세로 눈을 감았다.

공은 전서(典書) 하음인(河陰人)인 봉유인(奉由仁)의 딸과 혼인하였으며 참판(參判) 이승충(李升忠)을 장남으로 두었다. 장녀는 조육(조광조의 증조부)에게 출가하였다.

17세 참판공 參判公

이승충 李升忠, 1398-1481 (84)

세조 거사에 참여하여,
드디어 조선에서 벼슬에 나서다

"이제 불효자, 조선의 관직에 나아가려고 합니다……."

17세 이승충은 사당(祠堂)에 나아가 조상들께 조선의 나라에서 벼슬에 나가게 된 것을 고하였다. 지금 그는 고조할아버지 이중인과 할아버지 이사영과 아버지 이백찬까지 삼대를 이어 지켜오던 고려에 대한 삼세불사(三世不仕)의 충절을 더는 지키지 못하게 됐음을 고하고 있는 것이다.

그가 조선에서 벼슬을 하는 사람들의 이름을 적은 사판(仕版)에 이름을 올린 것은 23세였다. 이때는 아버지 이백찬이 세상을 뜬 지 6년이 지난 후였다.

호가 은재(隱齋)인 공은 정종 1년인 1398년에 전서(典書) 하음인(河陰人)인 봉유인(奉由仁)의 딸을 어머니로 태어났다. 이때 부친의 나이가 40세, 귀한 장손이 아닐 수 없었을 것이다.

• 참판공 이승충(李升忠) 묘역 전경

　공은 사망한 성종 12년 1481년까지 84세로 장수하였다.

　따라서 공의 삶은 조선의 건국에서부터 조선 초기 나라의 기틀을 잡아나갔던 시기 조선 2대 정종에서부터 제9대 성종에 이르기까지 8명의 왕들이 통치한 시기를 살았다.

　공이 역임한 벼슬은 궁중의 말이나 가마에 대한 일을 맡은 관청인 사복시(司僕寺) 종5품의 판관(判官)과 소윤(少尹)을 거쳐 삼군(三軍)으로 옮긴 뒤 여러 번 승진하여 호분위 상호군(虎賁衛上護軍)과 대호군(大護軍)에 이르렀다.

　이후 공은《세조실록》2권, 세조 1년 12월 27일 원종공신을 녹훈하는 기사에 공의 이름이 보이는 것으로 보아 단종 뒤를 이어 왕위에 오른 세조의 거사에 참여한 것으로 보인다.

이후 세거지 용인으로 물러나 조용한 삶을 살던 공은 70세 종2품의 가선대부(嘉善大夫) 검교중추원부사(檢校中樞院副使)를 받았으며, 다시 가정대부(嘉靖大夫) 검교(檢校) 공조참판(工曹參判)에 올랐다. 이어 공은 82세에 정2품의 자헌대부(資憲大夫)를 받아 조선에서 용인이씨 대종가댁의 벼슬문을 활짝 열었다.

공은 사헌부지평(司憲府持平) 최사규(崔士規)의 딸과 혼인하여 6남 4녀를 두었다. 장남은 봉손(奉孫)으로 정3품의 통훈대부(通訓大夫) 사온서(司醞署)의 우두머리였으며, 차남 중손(仲孫)은 수의부위(修義副尉)에 올랐고, 차남 말손(末孫)은 내금위 사맹(內禁衛司猛)을 역임했다. 장녀는 삼등현령(三登縣令) 이근우(李近愚)에게 출가하였고, 차녀는 충찬(忠贊) 박번(朴蕃)에게 출가하였다.

18세 임피공 臨陂公
이봉손 李奉孫, 1435-1513 (79)

임피현령, 정3품 통훈대부로 성종시대를 살다

18세 이봉손은 아버지 참판공 이승충의 뒤를 이어 조선에서 연이어 관직에 오른 인물이다. 공의 자는 상현(象賢), 호는 평정당(平亭堂)이다.

공은 부친이 38세에 얻은 귀한 아들이다. 연이어 장손이 늦은 셈이다.

공은 세종 17년인 1435년에 태어났으며 《조선왕조실록》에 실린 첫 기록은 성종 9년 1월 11일. 이때 공의 직책은 충주 판관(忠州判官)이었다. 판관은 종5품의 벼슬로 내륙에 자리한 아름다운 고을 충주를 관리하는 일이었다. 이후 충주에 이어 안동에서도 판관을 역임한다.

공의 기록은 성종 11년 1480년 6월 18일에 다시 보인다.

이때의 기록은 "이조(吏曹)에서 전지하여 이봉손(李奉孫) 등을 서용(敍用)하게 하였다"는 기록이다.

공은 주로 성종과 연산군 때 관직에 나아가 활동하였다.

공은 중종 8년 1513년 세상을 뜨기 전까지 78세라는 긴 수를 누리는 동안 10대 때에는 훈민정음을 만들고 문화, 과학을 비롯한 조선의 모든 분야에 탁월한 업적을 남긴 성군 세종의 시대를 보내며 학문을 닦았다. 이후 공은 조선 5대 문종과 6대 단종, 7대 세조 집권기 동안 청년기를 보내게 된다. 아마도 공의 첫 관직 진출은 30대 초반이었을 것으로 짐작되는데, 어쩌면 조카 단종의 왕위를 빼앗기 위해 김종서를 비롯한 반대파들을 죽인 세조의 계유정난(癸酉靖難)을 겪으며 갈등을 했을 것으로 추정해 볼 수 있다.

공이 판관으로 조선의 지방을 돌며 벼슬길로 나섰던 성종의 통치 시기는 평화와 발전의 시기였다. 개국 이후 추진되어 온 여러 제도들이 정비됐는데, 특히 조선의 기본 법전인 《경국대전》이 완성됨으로써 조선 통치의 기반이 마련되었다.

공은 이런 성종의 태평성대의 시기를 사대부로 함께 이끈 인물이었다.

공의 마지막 임지와 관직은 임피(臨陂)의 정3품 현령(縣令)이었다. 임피는 지금 군산의 옛 지명. 금강과 만경강 사이에 있어 호남평야가 펼쳐져 있는 곳이었다. 당연히 임피의 관리는 조선 조정에 매우 중요했을 것으로 추정된다.

예산성(芮山城)이며, 임피읍성지며, 회미현성지(澮尾縣城地), 그리고 고진성(古鎭城)을 비롯한 군산의 많은 유적들에는 공의 걸음걸음이 새겨졌을 것이다.

공이 받은 관직은 이밖에도 사온서(司醞署) 영(令)이 있으며, 받은 작위는 정3품 통훈대부(通訓大夫)이다.

공의 부인은 정3품 벼슬을 한 남편의 아내에게 주어지는 품계인 숙인(淑人)이고 남양홍씨(南陽洪氏) 부사(府使) 홍리용(洪利用)의 딸 이다.

이효독李孝篤, 1451-1500 (50)

강직하고 청렴한 성품으로 사간원 사간에 오르다

"이는 실로 잘못된 것이다! 가납(嘉納)할 수 없다!!"

성종 22년인 1491년 8월 13일, 사간공 이효독에게 죄를 주라고 주청하는 사간원 관원들을 향해 말하는 성종의 옥음은 단호했다. 그러나 사간원 관원들은 물러서지 않았다. 성종은 지난 성종 16년인 1485년에도 이효독을 벌하지 않았다. 따라서 그들은 더욱 목소리를 높여 이효독의 벌을 주청하였다. 그러나 성종은 기어이 그들의 주청을 물리쳤다. 곧은 충정에는 늘 그렇듯 시기가 따르는 법이라는 걸 성종은 잘 알고 있었던 것이다.

사간공 이효독을 향한 임금의 신뢰는《성종실록》273권 성종 24년 1493년 1월 23일 다음의 기록에서 확인할 수 있다.

병조 정랑(兵曹正郎) 이효독(李孝篤)이 이미 사만(仕滿)하였으나 품계(品階)가 낮아서 4품의 관직에 제수할 수 없는지를 의논하였다.

여기서 사만(仕滿)은 조선시대 관원의 임기제도로 모든 관리들은 일정한 근무일수를 채워야 한 품계를 올려 받을 수 있었는데, 공은 병조정랑으로서의 사만, 즉 근무일자는 채워졌으나 품계가 낮아 4품의 관직을 제수할 수 없을 가능성이 높았다는 것을 의미한다. 다시 말해 순자법(循資法)이라고 일컬어지는 법에도

• 사간공 이효독 묘비

불구하고 성종은 공의 품계를 높여 새로운 관직을 내리고 싶어 했던 것이다.

공은 이처럼 성종의 성총 속에 많은 모함에도 불구하고 1474년 사마시(司馬試)에, 1483년 성종 14년에는 33세로 문과에 급제한 이후 예문관검열(藝文館檢閱)과 승정원의 정7품 관직인 주서(注書). 시강원 사서(侍講院司書)를 거쳐 병조의 좌랑(佐郎), 정치에 대한 시비와 백관에 대한 규찰과 탄핵을 하는 사헌부(司憲府)의 정5품 지평(持平), 호조

와 병조의 정랑(正郎)에 올랐다. 이후 공은 전라도의 보성군수(寶城郡守)로 잠시 도성을 떠났다가 봉상시첨정(奉常寺僉正)과 통례원 봉례(通禮院奉禮), 종3품의 사간원(司諫院)의 사간(司諫)이 되어 더욱 올곧은 정사를 펼쳤다. 연산군이 왕위에 오른 뒤에도 공의 바른 충정은 변함없었고 이로 인해 공은 여러 번 사직을 청하나 연산군은 받아들이지 않았다.

이런 공의 품성에 대해 눌재(訥齋) 박상(朴祥)은 자신이 쓴 공의 큰아들 이원간의 묘갈명(墓碣銘)에 다음과 같이 기록했다.

공(효독)은 강직하여 아첨하지 않다가 권력을 잡고 있는 자와 외척들에게 거슬려 연이어 지방관으로 축출당할 위기에 놓였으나 조정의 여론이 이를 반대하였고, 우상(右相) 강귀손(姜龜孫)이 대신하여 전조(銓曹:이조)를 맡게 되자 공을 천거하여 사간(司諫)으로 삼고 또 관직을 겸하게 하니 사람들이 통쾌하게 여겼다.

〈사헌부집의이공묘갈명(司憲府執義李公墓碣銘)〉

눌재 박상은 16세기 호남지역을 대표한 사림으로 청백리였다.

이처럼 공은 15세기 용인이씨를 최대 전성기로 이끈 인물이었다. 더구나 공은 중시조 이후 용인이씨의 정신이 된 충과 효를 모두 세상에 드러낸 인물이었다.

자가 순경(舜卿)인 공은 태어날 때부터 효도를 한 모태(母胎) 효자

李孝篤司諫院司諫

同謀之事明白無疑陽受刑訊四次然後承服今觀律文陝之事不合
自首之律臣等恐未可以全釋也諳更考律文詳覈定罪○甲午傳曰
臺閒推鞫傳旨臺諫之職在糾專執公論整頓朝廷紀綱察百官
非而令者挾私啓請濁亂朝政以此辭緣改書以下可傳曰大抵臺
諫雖微細之事每於論啓之時必同持公論而啓之政府於前日謂予
以必避臺諫之言者以其公論也今者啓請臺諫之罪者必有憾於臺
諫之挾私也政府豈不熟計而言之今此臺諫之罪不可虛棄其必刑
訊得情而後巳其先發言者誰耶即命承旨安潤德往鞫之先設言者
政李克均右議政朴楗左贊成金應箕漢城府判尹金
吏府則楊稀校諫院李世仁○韓致亨爲議政府領議政成俊左議
工曹參判洪興漢城府右尹申俊右贊成愼守勤
諫司諫院憲府讜議
判決事尹安瑚司諫院大司
諫金克愊司憲府掌令
宋誠金士元持平權世衡司諫院獻納姜運弘文館校理沈順門李思
恭卿正言○乙未右議政李克均辭職傳曰勿子知臣輿如君父
捨卿其誰勿辭再辭不聽○傳曰胡椒一碩丹木一百五十斤木椒百
斤入內○大司諫安瑚司諫李孝篤說義金克愊啓今關臺諫以言事

• 《연산군일기》 37권, 연산 6년 4월 11일 이효독을 사간원 사간으로 제수한다고 기록되어 있다.

였다고 할 수 있다. 할아버지가 부친의 나이 40세, 아버지가 부친의 나이 38세에 태어나신 것으로 미루어 공이 1451년 부친의 나이 17세에 태어났으니 그 즐거움은 대단하였을 것이다.

공의 효심은 세상을 감동시켰다. 이조정랑과 대제학을 지낸 홍귀달(洪貴達)이 찬한 공의 묘갈명에 의하면 이런 공의 행적이 잘 기록돼 있다.

> 좌의정 홍이용(洪利用)의 따님인 조모께서 일찍이 종기를 앓으셨다. 의원이 "지렁이 즙을 먹으면 좋다"고 하자 공은 지렁이즙을 해 드렸다. 그러나 조모께서는 그 더러움을 생각하여 입에 먹지 않았다. 이에 공이 먼저 마셔 더럽지 않다는 것을 보여드렸다. 곧 조모께서 즙을 마셨고, 즉시 종기가 나았다.

또한 묘갈명에는 형제애도 지극하였으며, 부임한 고을마다 백성들의 믿음과 우러름이 매우 커 공의 이임 때는 많은 사람들이 공을 아쉬워하고 그리워했다는 내용이 기록돼 있다.

이처럼 한평생 올곧은 관리로서 백성을 위한 바른 정치를 펼치고, 효도로써 세상을 감동시킨 공은 정3품의 군자감정(軍資監正)에 올랐으나 안타깝게도 병환으로 직을 수행하지 못한 채 연산군이 왕위에 오른 지 6년이 되는 1500년 나이 50세에 눈을 감았다.

공은 어모장군(禦侮將軍) 해주최씨 최명근(崔命根)의 딸과 혼인해 네 명의 아들과 세 명의 딸을 두었다. 첫째 원간(元幹)은 가선대부 청주목사에 올랐으며, 둘째 형간(亨幹)은 사헌부 감찰에, 셋째 홍간(弘幹)은 자헌대부 지중추부사에 올랐다.

20세 집의공 執義公

이원간 李元幹, 1473-1526 (54)

효심도 지극한 사헌부 집의로 나라의 규율을 바로잡다

20세 집의공 이원간은 아버지 사간공의 뒤를 이어 충과 효의 용인 이씨 정신을 향기롭게 드높인 인물이다.

공의 효심은 무엇보다 어머니를 봉양하기 위해 벼슬마저 외직을 청했다는 점이다.

1500년대 호남지역을 대표한 사림이자 깨끗한 관리의 표상으로 청백리였던 눌재(訥齋) 박상(朴祥)이 찬한 원간 묘갈명에는 공이 효도를 위해 "여러 차례 외직을 요청하여 목천 현감(縣監)과 청주와 진주의 목사(牧使)를 지냈다"는 내용이 있다.

이 점으로 미루어 공의 주거지는 세거지 용인을 떠나 충청도였을 것으로 추정된다. 공이 성종 4년인 1473년 태어났고, 아버지 사간공이 사망한 때가 공의 나이 스물여덟 살 때인 1500년, 그리고 과거에 급제한 것이 연산군 10년인 1504년, 공의 나이 서른둘이었으니 그의 효심은 돌아가신 부친에 대한 안타까움이 더해져 모친에 대한 것이었을 것이다. 그러나 공은 관직을 수행하는 데에서는 조금의 흐트러짐도 없었다.

세상의 해로운 근본을 제거하는 엄한 정치를 펼쳤음에도 백성들에게는 까다롭지 않았다. 고을을 다스릴 때 백성들이 번거로울 조항은 많이 만들지 않았다. 이에 백성들은 더욱 서로를 믿었다. 그리하여 조세수입은 탈루되는 것이 없었다. 간특한 무리들 또

• 집의공 이원간 옛날 묘비. 비문은 눌재 박상이 쓰셨다.

한 숨김없이 밝혀냈다. 공의 고을의 치적은 세상의 으뜸이었다. 임금은 표창으로 의복을 하사하였다. 올곧은 성품과 정치 탓에 자주 파직을 당하였으나 그때마다 번번이 다시 서용(敍用)할 것을 명하였다……

이는 백성을 생각하는 깊은 마음 없이는 불가능한 일이었고, 눌재

박상의 평가는 곧 세상의 평가였다.

공은 정9품의 승문원(承文院) 정자(正字)로 시작해 곧바로 정7품의 세자시강원(世子侍講院) 설서(說書)로 2품을 뛰어 임명된다.

공은 조선 10대왕 연산군 때 급제하였으나 활동한 시기는 대부분 연산군을 폐위시키고 반정을 성공시킨 조선의 11대 중종 대였다.

중종이 왕위에 오를 때 공의 나이는 34세로서 공의 관직은 중종 대에 계속 오른다.

공은 정6품의 사헌부 감찰(司憲府監察)로 승진하였고 이어 검찰(檢察)로 중국으로 가는 사신 일행의 모든 일정과 행위를 감찰하는 임무를 수행했다.

공의 관직은 병조와 형조의 정랑(正郞), 사간원(司諫院) 헌납(獻納)과 사헌부(司憲府) 지평(持平), 장령(掌令), 사인(舍人) 등 주로 지금의 법무부에 해당하는 부서에서 법관과 같은 관직을 역임하며 조선의 규율을 바로잡는 데 큰 역할을 담당하였다.

특히 공은 바른 말로 왕의 정치를 도왔는데,《조선왕조실록》에는 다음과 같은 공의 모습이 기록돼 있다.

신이 수령으로 있을 때 기인(其人)의 폐단을 보니, 각도 각 고을의 기인을 당초 분정(分定)할 때에, 그 고을 아전의 많고 적음에 따라 양정(量定)하였는데, 경기는 90인에 한 사람씩, 강원도·황해도는 70인에 한 사람씩, 전라도·경상도·충청도는 50인에 한 사람씩 정하였습니다. 그러나 인물의 성쇠가 일정하지 아니

- 《중종실록》16권, 중종 7년 7월 20일 지평 이원간이 백성들의 부담을 덜어주기 위해 출생과 사망을 따져 다시 분정하기를 건의하였다고 기록되어 있다.

하여, 예전에 번성하던 데가 지금은 조잔하고 예전에 쇠퇴하던 데가 지금은 번성한데, 기인의 수는 그 처음대로 하여 고치지 않으니, 신은 이 일이 매우 공정하지 못하다고 생각합니다. 청컨대, 모든 고을 사람의 출생과 사망을 다시 따져서, 새로 기인의 수를 정하여 쇠잔한 고을로 하여금 홀로 그 폐해를 받지 말도록 하소서.

공이 지평으로 재임할 때의 일이었다.

공은 이후 정3품 군기시정(軍器寺正)으로 사헌부 집의(司憲府執義)를 겸하였는데, 왕명으로 호남에서 일을 처리한 뒤 돌아와 과로로 별세하였다.

이때가 중종 21년 1526년이었고, 공의 나이 54세였다.

공은 괴산군수(槐山郡守) 김의동(金意仝)의 딸과 혼인했으며 안타깝게도 아들을 두지 못하였다. 어쩔 수 없이 공은 아우 자헌부 장령 홍간의 차남인 향성을 양자로 삼았다.

이홍간 李弘幹, 1486-1546 (61)

효심으로 사람을 감동시키고,
기묘명현己卯名賢으로 세상을 감동시키다

이제 열다섯 살이 된 어린 홍간은 아버지 사간공의 상을 당해 애를 끊는 울음을 토해내고 있었다.

"어찌 어린 아이 몸에서 저런 애간장 끊는 슬픈 곡소리가 나온단 말인가."

문상 온 모든 사람들의 마음마저 깊은 슬픔에 잠기게 만들었다.

"시부시자(是父是子)라고 효자 아버지 밑에서 효자 나는 거지. 사간공 효심을 조선 팔도에 모르는 사람들이 없지 않는가."

"맞아. 고려 삼세불사 유훈을 지킨 집안 아닌가. 용인이씨 문중이."

문상객들의 이구동성처럼 쌍괴당 이홍간은 효자였다. 그 또한 13년이나 나이가 많은 형 집의공 이원간과 더불어 관직에 나가서도 어머니를 모시기 위해 외직을 청해 곤양(昆陽)과 옥천(沃川) 군수를 지냈으며, 이어 공주와 청주 광주 목사를 자청하였다. 이렇듯 효심 깊은 공은 어머니를 모시는 온화한 얼굴빛이 마지막까지 변함없었다고 전해 진다.

20세 이홍간의 자는 대립(大立), 호는 쌍괴당이다.

공이 태어난 때는 성종 17년인 1486년. 이때 부친의 나이는 36세 였다.

공은 깊은 효심과 더불어 곧은 절개로 《기묘록(己卯錄)》에 오른 기 묘명현(己卯名賢)의 한 분으로 유명하다.

《기묘록》은 중종 14년인 1519년에 일어난 기묘사화로 화를 입은 94명의 행적을 김정국(金正國)이 기록한 책으로 기묘사화는 남곤(南 袞)·홍경주(洪景舟) 등의 훈구파(勳舊派)에 의해 조광조(趙光祖) 등의 신진 사류(新進士類)들이 숙청된 사건을 말한다.

중종은 반정으로 연산군을 폐위시키고 왕위에 오르면서 두 차례의 사화로 희생된 사람들을 신원(伸寃)하고, 명망 있는 신진 사림파를 등 용하는 등 혁신적인 정책을 편다. 이때 등용된 인물이 바로 쌍괴당 이 홍간과 도의지교(道義之交)를 맺은 조광조를 비롯한 충암(冲庵) 김정 (金淨) 등이었다.

1513년(중종 8)에 28세로 대과에 급제한 공은 승문원의 다른 이름 이었던 괴원(槐院)을 시작으로 춘추관인 사국(史局), 호조와 예조, 병 조의 원외(員外;좌랑) 낭중(郎中;정랑)을 이어 역임하였다. 사헌부와 사 간원에서 각각 두 번의 장령(掌令), 한 번의 정언과 집의가 된 공은 이 어 임금에게 강의하는 강관(講官)인 사서(司書), 필선(弼善), 교리(校 理)를 각각 한 번을 지냈다. 이어 공은 음식을 맡아 보던 사옹원(司饔

院)과 병기군기들을 맡던 군기시(軍器寺), 종부시(宗簿寺)와 봉상시(奉常寺) 등에서 판관(判官)을 각각 역임하였다. 공은 이밖에도 평안도 평사(平安道評事)와 전라도 도사(全羅道都事)에도 올랐다.

뛰어난 실력으로 조정의 요직을 거치며 청렴하고 위급하고 힘든 사람들을 위한 정치를 했던 공은 그러나 기묘사화를 거치면서 큰 변화를 겪게 된다. "성품이 방정하고 엄격하여 큰 절개가 있었으며 조정에 벼슬할 적에 기개가 높고 정직하여 권세에 뜻을

• 공과 같은 시대를 살면서 조선왕조의 개혁에 앞장섰던 정암 조광조(1482~1519) 묘비문. 용인시 상현동에 있다.

굽히지 않았다"는 대제학 월사(月沙) 이정귀(李廷龜)의 표현처럼 기묘년의 사화를 당해 공이 보인 행동은 공의 성품으로 볼 때 어쩌면 당연한 것으로 보인다.

중종에 의해 조광조를 비롯해 김정 등과 함께 발탁된 공은 이상(理想) 정치를 실현하기 위해 왕에게 철인군주주의(哲人君主主義) 이론을 주청한다. 주청의 내용은 군자를 중용하고 소인(小人)을 멀리해야

하며, 미신을 타파해 미풍양속을 널리 퍼지게 하고, 향약(鄕約) 실시하
자는 것이었다.

그러나 공의 꿈은 무참히 짓밟혔다. 조광조를 비롯해 도의지교를
맺은 친구들은 죽임을 당하거나 유배당했다. 그럼에도 공의 절개는 굽
어지거나 변하지 않았다. 공의 이 같은 모습은

- 1545년 윤원형의 옥사로 사간(司諫) 곽순(郭珣)이 심문을 받다가
죽었을 때 세간의 주저함과 달리 당당히 조문한 것이나

- 영산군(靈山君) 전(恮)이 귀양을 갔을 때, '옛날 세종(世宗)이 양
녕대군(讓寧大君)을 석방한 고사'를 들어 그의 억울함을 경연에서 건
의해 중종에게서 석방을 이끌어낸 일.

- 그리고 사헌부(司憲府)에 있을 때 권력을 잡은 이조판서 양연(梁
淵)의 종이 이웃 양반댁 늙은 어미를 구타한 사건에 대해 양연이 한
집안의 일도 다스리지 못하면서 어찌 나라의 일을 맡을 수 있느냐면
서 책임을 물을 것을 주장하였다.

이 같은 행적들은 공이 얼마나 강직하고 올곧은 성품이 어떠하였는
지를 짐작케 한다.

공은 후에 정3품 통정대부(通政大夫)에 올랐고, 명종 2년인 1546년
1월 동지부사(冬至副使)로 연경에 다녀오다 풍윤(豐潤)에서 병으로 사
망했다. 명종은 공의 죽음을 애도하며 별도로 부의를 보냈다.

공은 고성이씨(固城李氏) 제용감정(濟用監正) 이규(李逵)의 딸과 결
혼하여 두 아들과 네 명의 딸을 두었다. 장남 영성(永成)은 대과 급제
후 예조정랑(禮曹正郎)을 지냈으며, 차남 향성(享成)은 홍산현감(鴻山

• 《중종실록》 93권, 중종 35년 5월 11일 이조판서 양연의 잘못을 지적한 이홍간이 광주목사로 나갔는데, 이는 양연의 보복에 의한 것이라고 사관(史官)은 기록하고 있다.

縣監)에 올랐으며, 공의 형에게 양자 갔다. 큰 딸은 현감 김표(金彪)에
게, 둘째 딸은 현감 한호(韓漢)에게, 셋째 딸은 조응현(趙應賢)에게, 막
내딸은 첨지 한성원(韓性源)에게 각각 출가하였다.

21세 홍산공 鴻山公

이향성 李享成, 1524-1592 (69)

백성들과 함께하는 삶,
정철과의 우정 지킨 풍운아

쌍괴당 이홍간의 둘째 아들로 큰아버지 집의공 이원간의 양자가 돼 대종가집 대를 이은 홍산공 이향성은 뛰어난 총명함과 대범함, 그리고 세상을 관조하는 초월의 대의(大意)를 가진 인물이었다.

자가 경휴(景休)인 공의 인품은 낚시하는 늙은이라는 공의 호, 조옹(釣翁)에서도 느낄 수 있다.

공의 총명함을 엿볼 수 있는 일화 하나.

집의공 이원간은 어느 날 동생 쌍괴당 이홍간의 두 아들 영성과 향성을 앞에 두고 참외 한 개씩을 쥐어주며 말했다. "자 먹어 보아라. 단 칼이나 다른 도구를 써서는 안 되느니라."

이때 집의공의 조카, 향성의 나이는 불과 세 살이었다.

그러나 공은 형과 달리 망설임 없이 바로 참외를 깨트려 먹었고, 이홍간은 그 총명함에 감탄하며 말했다. "오, 북송 사마광의 총명에 뒤지지 않구나!"

북송에서 명재상으로 이름을 날린 사마광은 어렸을 때 친구가 물이 가득 담긴 옹기에 빠졌을 때 어쩔 줄 몰라 하는 친구들과 달리 돌로 옹기를 깨트려 구했다는 일화를 가진 인물.

이 일화는 집의공이 큰 조카 영성 대신 공을 선택한 계기가 됐다고 한다.

공은 중종 19년인 1524년 태어나 음직으로 한성부 주위에 성첩, 수목 등을 보호하는 일을 맡았던 군직인 사산감역(四山監役)을 시작으로 정6품의 장예원(掌隸院) 사평(司評), 홍산현감(鴻山縣監)을 역임했다.

관직을 수행할 때 보인 행적들 또한 공의 바르고 공정하며 총명한 성품을 드러낸다. 공은 관직을 수행할 때 가난한 자를 구휼하는 일을 최우선에 두었다. 백성들이 먹고 공부하는 일을 중요하게 여겨 학교인 서원과 향교를 짓고 보수하는 데 중점을 두었다.

특히 공이 현감으로 있었던 홍산에는 모시와 밤이 생산되지 않음에도 불구하고 공물 품목이었다. 따라서 백성들은 비싼 돈을 주고 모시와 밤을 사 공물로 내는 일을 반복해야 했고, 공은 이 같은 고통을 없애기 위해 사람들 집에 모시와 밤나무를 심게 하고는 이 작물들이 잘 자라도록 보살폈다. 5년이 되지 않아 홍산 마을 곳곳은 잘 자란 모시와 밤나무로 무성하였고, 백성들의 고통은 사라졌다.

공은 또 홍산 곳간에 남은 곡식 수백 석을 서원과 향교를 짓는 재물로 삼고 고을 백성들의 공부를 독려하였다. 당연히 공에 대한 백성들의 공경은 높아졌다. 그러나 공은 더는 벼슬길에 나아가지 않았다. 서책을

좋아해 여러 번 향시에 오르기도 했던 공은 인왕산(仁王山) 기슭에 집을
마련해 술을 즐기고 시를 읊으며 초월의 삶을 즐겼다. 다음은 공의 이런
모습을 엿볼 수 있는 영의정을 지낸 백사 이항복(李恒福)의 글귀.

내가 젊어서 필운산(弼雲山) 아래서 노닐다가, 아름다운 숲 속
에 숨은 집을 보고 그 안에는 반드시 기이한 사람이 있으리라
생각하였다. 비스듬한 담장을 따라 들어가니 한 소녀가 말하기
를 "주인이 기다리고 계시니, 청컨대 손님을 즐겁게 해 드리겠
습니다" 해 가보니…… 소나무처럼 곧은 분이 빙그레 웃으면서
나를 맞이했다. 마련된 자리에는 진귀한 음식과 노래를 부르는
사람, 피리를 부는 사람, 거문고를 타는 사람들이 둘러앉아 있
었다. 나는 어리둥절하여 뒤에 마을 어른에게 물으니, 그 사람
이 말하기를, "우리 경휴(景休)를 보았는가? 이 분은 본디 북리
(北里)에서 재물로 남을 돕고 빈객을 좋아하며 승낙을 신중히
하고 신의를 지키는 일을 숭상하는 사람이다."라고 말했다.

이항복은 이어 공에 대해 "인간의 일을 잊고 세상으로부터 아무것
도 요구하지 않으니, 세상 사람들 또한 그에게 숨은 덕이 있는 줄을 모
르는데, 오직 같은 마을의 사암 박순, 송강 정철, 우계 성혼만이 그의
내력을 안다"고 하였다. "그로부터 수일 뒤에 홍산이 나를 찾아와서 장
시간 이야기를 나누고 마침내 나이를 잊고 어른인 체하는 것을 배제
하였다."라고 썼다.

• 송강 정철이 공에게 보낸 시(詩) "만인
(挽引)", 끌어서 당긴다는 뜻이 있음.

이항복의 기록처럼 공은 정철을 비롯한 사암, 성혼 등 이후 높은 벼슬과 학문으로 조선을 이끌어가는 이들과 함께 공부하며 우정을 쌓았다. 지금의 인왕산인 당시 필운산 아래에서였다. 공은 이들과의 우정을 생의 마지막까지 지킨다. 특히 벼슬길에서 유독 부침이 심했던 송강 정철에 대한 그의 우정은 그의 곧은 성품을 잘 드러낸다. 다음은 송강 정철과의 사이에서 공이 보인 일화.

송강 정철은 쓸쓸한 마음으로 귀양길에 올랐다. 높은 벼슬에 있을 때 그의 주위는 많은 사람들로 에워싸여 있었는데 지금 귀양길을 배웅하는 사람은 오직 한 사람 이향성뿐이었다. 송강 정철은 이향성의 손을 잡고 눈물을 흘렸다……

공은 이후에도 송강에게 안부를 묻고 선물을 보내는 것을 끊이지 않았다. 이런 공에 대한 정철의 고마움은 '먼 변방에 자주 편지를 전한다'는 시에 잘 드러난다.

먼 변방에서 자주 편지 전하였고, 강도(江都)에서는 함께 술잔 들었지. 난리 속에 헛되이 눈물 흘리고, 기로에서 또 다시 배회하였네……

《송강원집(松江原集)》 권1 '만인(挽引)'

공은 효심 또한 남달랐다. 공은 아픈 어머니를 위해 손가락을 베어 피를 먹여 낫게 하였다. 또한 공은 아버지 이홍간이 동지부사(冬至副使)로 연경에 다녀오다 돌아가시자 임종을 하지 못한 불효를 생이 다할 때까지 몹시 슬퍼하였다고 한다. 공은 40여 년 동안 기일이면 곡하기를 초상처럼 하였다고 한다. 용인이씨의 오랜 효의 정신을 이렇게 실천했던 것이다.

공은 1592년 임진왜란의 와중 홍양(洪陽)의 집에서 병으로 눈을 감았다. 69세였다. 이후 공은 정3품 통정대부(通政大夫) 승정원(承政院) 좌승지(左承旨)에 추증되었다.

공의 부인은 고양정(高陽正) 이억손(李億孫)의 딸이며, 안청군(安清君)의 손녀이다. 공은 부인과의 사이에 네 명의 아들과 일곱 명의 딸을 두었다.

당진현감을 지낸 옥계공 정민이 후사를 이었다.

이조민 李肇敏, 1541-미상

가문의 멸문지화를 막기 위해 윤원형 사위가 되다

"멸문지화(滅門之禍), 거절하면 가문이 큰 화를 당할지도 모른다."

22세 이조민은 윤원형의 청을 받고 깊은 고민에 빠져 있었다. "나의 딸과 혼인을 해줘야겠어." 윤원형은 며칠 전 그에게 말했다. 청이었으나 그것은 명령이었고 협박이었다. 중종의 제2계비인 문정왕후 동생인 윤원형은 왕실의 외척으로 조선에서 가장 강력한 권력을 가진 사람이었다.

이미 22세 육물공 이조민에게는 상처한 부인 원주원씨(原州元氏)가 있었다. 이때의 풍습은 양반은 서녀와 혼인하지 않는 것. 그럼에도 윤원형은 자신의 첩 정난정과의 사이에서 태어난 딸과 혼인하라고 요구했다. 모두 그가 잘난 것이 원인이었다. 훤칠한 용모에 뼈대 있는 가문, 우송(友松) 신규(申撰), 동은(峒隱) 등 아홉 명으로 구로회(九老會)를 만들 만큼 호걸스러운 성품.

이미 부친 홍산공은 윤원형의 청을 거절했다. 그럼에도 이조민이 고민한 건 이로 인해 가문이 받게 될 불행의 예견 때문이었다. 이미 홍산현감으로 있는 부친을 향한 모함은 시작되고 있었다. 근원을 알 수 없는 흉흉한 소문이 아버지를 향해 다가서고 있었다.

이조민은 고민을 끝내기로 결심하고 부친께 나아가 청했다.

"소자 윤원형의 청을 받으려 합니다. 대신 저는 장손으로서의 자리를 동생 정민에게 주고자 합니다."

가문을 위해 용인이씨 대종가 장손의 지위를 스스로 내려놓는 힘든 결정을 함께 내린 것이다.

이렇게 공은 윤원형과 정난정의 서녀와 혼인하였다. 공은 이후 윤원형의 집에서 기거하는데, 윤원형이 실권한 뒤에는 벼슬에 나가지 않고 조용한 여생을 보낸 것으로 전해진다.

스스로 선택하지 못하고 원치 않은, 선택 당한 삶을 살아야 했던 불행했던 인생. 공은 사망한 해도 정확히 남기지 않은 채 눈을 감았다. 정3품 통정대부 첨지중추부사를 올랐으며 공이 쓴 《괘일록(掛一錄)》이 있었다고 전해진다.

공은 윤원형의 서녀 파평윤씨(坡平尹氏)와의 사이에서 아들 한 명과 두 명의 딸을 두었다. 아들은 치중(致中)으로 판관을 지냈다.

22세 옥계공 玉谿公

이정민 李貞敏, 1556-1638 (83)

권력을 두려워하지 않은 강직함으로
삶을 풍미하다

선조 29년인 1596년 7월 찌는 듯한 무더위 속에 22세 옥계공 이정
민은 투구와 갑옷을 갖춰 입고 아버지 홍산공 이향성 등을 모신 사당
에서 출정을 고하고 있었다.

이정민이 향하려는 곳은 충남 홍성. 난을 일으킨 이몽학의 무리를
진압하기 위해서였다. 이몽학은 홍산현을 시작으로 임천 정산현, 청양
현, 대홍현을 차례로 습격해 함락시킨 상황이었으니 목숨을 보장할 수
없는 위험한 출정이었다.

22세 옥계공 이정민은 이 난을 진압하는 데 성공한다. 이 업적으로
공은 공신(功臣)이 되었고 부친 이향성은 정3품의 통정대부(通政大夫)
승정원(承政院) 좌승지(左承旨)에 추증되었으니 비록 돌아가신 뒤라
해도 큰 효도를 한 셈이다.

공은 명종 11년인 1556년에 태어났다. 자가 자정(子正), 호가 옥계

(玉谿)인 그는 선조 23년인 1590년 진사가 되었고, 이후 종5품의 의금부(義禁府) 도사(都事)와 당진현감(唐津縣監) 사헌부(司憲府) 감찰(監察)에 올랐다.

공은 부친의 성품을 닮아 매우 올곧았으며, 학문이 깊고 특히 문장에 뛰어났다. 수암(守菴) 박지화(朴枝華)와 율곡(栗谷) 이이(李珥)에게서 공부했는데, 박지화는 서경덕의 문인으로 유교와 불교, 그리고 선에까지 조예가 깊은 학자였으며, 율곡 이이는 덧붙일 필요 없는 조선 중기의 대유학자이니 공의 공부 깊이가 어떠했을지 짐작이 된다.

특히 공은 문장에 뛰어났는데 공이 율곡 이이의 죽음을 슬퍼하며 남긴 시를 비롯해 스스로 삶의 경계로 삼는 자경시(自警詩)와 그의 뒤를 이어 난을 진압하러 가는 아들을 격려하는 시 등에서 확인할 수 있다.

위로는 하늘에 부끄럽지 않고 아래로는 땅에 부끄럽지 않네.
굽어보나 우러러보나 부끄러운 바가 없으니
그런 뒤에야 군자가 될 수 있다오.
이 때문에 옛날 성인은 경계하고 삼감이 지극하지 않음이 없으셨네.
수사(洙泗)에 작은 소리 끊기니,
성인의 도가 영원히 막힘을 슬퍼하네,
황천은 이것을 염려하여 경술년에 성인(공자)을 탄생하였네.
경문이 처음으로 밝게 드러나서 가을 하늘에 북두성처럼 빛나네.
내 삼계(三季)의 뒤에 태어나 탄식하며 한갓 부질없이 서글퍼

하노라.

특히 그가 이괄(李适)의 난을 진압하기 위해 출정하는 아들 치상에게 쓴 시, "우리 집안은 대대로 본조를 섬겨서 여러 대에 충렬을 바쳤네……"는 충절의 용인이씨 가문의 정신이 잘 드러나 있다.

뛰어난 문장에도 드러나듯이 공의 성품은 부친의 성품을 닮아 매우 바르고 정직했다. 공의 이런 성품을 엿볼 수 있는 일화 몇 가지가 있다.

그 첫째, 공에게는 맏형 육물공(六勿公) 조민(肇敏)이 있었다. 조민은 당시 세도를 부려 사람들의 원성을 많이 샀던 윤원형의 협박을 받아 사위가 될 수밖에 없었는데, 이후 공은 다시는 윤원형을 대면하지 않았다고 한다. 비록 윤원형(尹元衡)이 중종의 제2계비인 문정왕후 동생으로 나는 새도 떨어뜨리는 권력을 가지고 있었다고 해도 공의 행동은 단호했던 것이다.

둘째, 공은 한 때 인왕산 아래 세심대(洗心臺)에 살았다. 이곳은 수석(水石)이 아름답고 경치가 도성 안의 으뜸으로 꼽히는 곳이었는데 광해군이 이를 보고 빼앗았다. 비록 관직으로 보상하고자 하였으나 이는 엄연한 권력을 동원한 탈취. 공은 이에 분노하여 관직을 받지 않은 채 홍주(洪州)의 봉수산(鳳岫山) 아래로 들어가 버렸다.

공은 이때의 마음을 다음과 같이 노래했다.

흐르는 시냇물도 수치심을 머금고
연기 낀 나무도 부끄러움을 띠고 있네.

이렇듯 강직한 성품이었던 공은 인생의 마지막은 충남 보령의 옥계에서 살았다. 공은 이곳에 집을 짓고 스스로 옥계자(玉谿子)라 호를 지었고, 날마다 일기를 썼는데, 이것이 《파안록(破顔錄)》이다. 《파안록》에는 당시의 일들이 수려한 필체로 기록돼 있었던 것으로 전해지는데 사람들이 '춘추(春秋)의 필법'이라 칭송했다고 한다. 현재 공이 살았던 옥계에는 공이 세운 옥계정(玉溪亭)과 공이 바위에 새겼다는 옥계(玉溪) 두 글자가 남아있다.

공은 이곳에서 유유자적 담대한 삶을 살다가 인조 16년인 1638년 83세로 세상을 등졌다. 공은 난을 평정한 공로로 정3품의 승정원(承政

• 옥계공이 써 바위에 새긴 '옥계(玉溪)' 글씨. 충남 보령시 청라면 옥계리에 있다.

院) 좌승지(左承旨)에 추증되었다.

공은 청송심씨(靑松沈氏) 절도사(節度使) 심암(沈巖) 딸과 사이에 1
남 1녀를 두었다. 아들은 치경(致敬)이고 딸은 현감 김해수(金海壽)에
게 출가하였다. 부인 광주안씨(廣州安氏)는 별좌(別坐) 안혜(安蕙)의
딸로 아들 둘과 딸 하나를 두었다. 아들은 치상(致祥), 치원(致遠)이며
딸은 첨정(僉正) 이율(李栗)에게 출가하였다.

이치상 李致祥, 1589-1637 (49)

이괄의 난에 아버지의 뜻을 이어
목숨 걸고 출정하다

1624년 3월 말, 새봄을 맞은 조선의 산천은 하루가 다르게 돋아나는 생명들로 생동했으나 조선의 정국은 이괄이 일으킨 난으로 뒤숭숭했다.

23세 이치상은 투구에 갑옷을 갖춰 입고 아버지 앞에 서서 출정의 길을 고했다. 이때 부친 이정민의 나이는 이미 69세. 나라의 위급 앞에 몸을 아끼지 않은 가문의 정신에 따라 출정을 나서는 아들을 부친은 47년 전 자신이 그랬던 것처럼 면계시(勉戒詩)를 지어 망설임 없이 격려했다.

우리 집안은 대대로 본조를 섬겨서 여러 대에 충렬을 바쳤네.
욕사(辱死)의 때를 당하여 날아다니는 홍진(紅塵) 대궐을 범하였네.

이제 나라 위해 영광되게 죽을 날은 왔다.

임금은 욕되게 피난길에 올랐으니 왕통을 어찌 보존하리.

이 세상에는 원차산(元次山) 같은 이도 없으니

근왕하러 가는 너를 전송하노라. 밤낮으로 충성을 다 하여라.

너를 낳아주신 부모에게 욕되지 않게 부디 나의 마음 위로하라.

여기서 원차산은 8세기 당나라 시인 원결(元結)로 안녹산의 난을 평정하는 데 일조한 인물. 아버지의 충정어린 격려를 받은 이치상은 곧 자신이 결집시킨 의병들을 이끌고 공주로 향했다. 공주에는 한양을 점령한 이괄을 피해 인조가 피난 가 있었다.

3월 초 난을 일으킨 이괄은 평안도의 순천(順川), 자산(慈山), 중화(中和), 황해도 수안(遂安), 황주(黃州), 개성(開城)을 거쳐 한양을 점령한 뒤 선조의 아들인 흥안군(興安君) 이제(李瑅)를 왕으로 추대한 뒤였다.

그러니까 인조는 한양을 점령한 이괄을 피해 공주로 피난 간 것이었고, 이치상은 인조를 역적의 무리로부터 호위하기 위해 출병을 감행한 것이었다.

공의 충정으로 이괄의 난은 곧 진압됐고, 공 또한 무사히 집으로 돌아온다.

자가 사화(士和) 호는 어은(漁隱)인 23세 이치상은 그의 호가 담고 있는 의미처럼 벼슬에 나가는 것보다 세거지에 은거하며 수신하는 것을 가치로 삼은 듯 보인다. 공이 난을 평정하는 데 공을 세웠음에도 생전에 한 벼슬은 종6품의 선무랑(宣務郎)과 역시 종6품의 어영청(御營廳) 종사관(從事官)에 그쳤다.

선조 24년인 1589년, 부친의 나이 34세에 태어난 공은 서기 1637년 49세라는 길지 않은 삶을 마감한다. 이때는 부친 이정민이 사망하기 1년 전이니 눈을 감는 공의 마음이 어떠했을지 짐작이 간다. 세세손손 극진한 효심으로 이름난 용인이씨 가문의 전통이었으니 개인의 힘으로 어쩔 수 없는 천명을 받는 공의 마음은 참담하기 그지없었을 것이다.

공은 해평윤씨(海平尹氏) 첨지(僉知) 윤종로(尹宗魯)의 딸과 혼인했으며 장남은 시혁(時爀)이다.

공은 정3품의 통정대부(通政大夫) 승정원(承政院) 좌승지(左承旨)를 추증받았으며, 부인도 숙부인(淑夫人)이 되었다.

24세

이시혁 李時爀, 1614-1674 (61)

정묘, 병자 두 호란의 고통을 겪으며 은둔의 삶을 살다

이시혁은 시조로부터는 24세이며 자는 이회(而晦)이다.

공은 조선 제15대 왕이었던 광해군 6년인 1614년 태어났다. 광해군을 반정으로 몰아내고 뒤이어 인조가 왕위에 오른 해가 1623년이니 이해 공의 나이는 10세였다.

공은 이후 인조가 붕어하고 뒤를 이어 17대 조선의 왕이 된 효종 즉위년인 1649년엔 36세, 18대 현종이 조선의 왕이 된 1659년에는 46세였으며, 이후 공은 현종과 같은 해인 1674년에 돌아가셨다. 세수 61세였다.

무엇보다 공의 삶에 각인됐을 나라의 사건은 정묘 병자 두 호란이었을 것이다.

인접한 중국대륙의 정세변화는 곧바로 조선에 영향을 미쳤고, 광해군과 달리 명나라의 재조지은(再造之恩)의 의리를 명분삼아 반정에

• 1638년 병자호란 당시
김준룡 장군이 광교산
에서 대승을 거둔 것을
기념하여 세운 전승비.

성공한 조선에게 청태종의 침입은 예견된 것이었다.

정묘 병자호란이 공에게 어떤 영향을 미쳤을까.

나라의 통치세력의 기반인 용인이씨라는 양반의 가문 후예로 공 또
한 고스란히 나라의 치욕과 고통을 함께했을 것이다. 더구나 병자호란
이 1638년 용인이씨의 터전이 자리한 광교산에서 전라병사 김준룡(金
俊龍)이 적장 액부양고리(額駙揚古利)를 죽이고 승첩을 거두었으나 전

군이 몰살당한 일은 충격으로 다가왔을 것이다.

이후 공의 삶은 전란으로 변화한 조선의 사회 정치적 변화 속에 은거한 채 지낸 것으로 추정된다. 효종 때 실시된 대동법(大同法)의 토지 정책의 변화에도 영향을 받았고, 새로운 화폐 상평통보(常平通寶) 또한 사용했을 것이다. 또한 현종 때 인조의 계비인 자의대비의 복상문제(服喪問題)와 이은 인선왕후의 상례를 두고 지루하게 계속된 예론정쟁의 정치시류 속에 선조들의 충절을 조용히 되새기며 품격 있는 삶을 유지했을 것이다.

"뜻이 있는 사람은 성취하지 못하고 스스로 은거하였으니 공 또한 과장에 나가지 않고 오직 시를 짓고 그림을 그리는 것으로 세상을 마치었다."는 공의 묘지에 새겨진 글귀는 의미심장하다.

공은 소과에 급제한 진사(進士) 양성이씨(陽城李氏) 이성후(李成厚)의 딸과 혼인하여 슬하에 두 아들과 세 명의 딸을 두었다. 첫째 장남은 천영(天英)이며, 차남은 하영(夏英)이다. 딸은 각각 나주(羅州)의 정도일(丁道一)과 안동(安東)의 김횡(金鑛), 그리고 반남(潘南) 박희태(朴熙泰)에게 시집갔다.

손자로는 장남 천영에게서 태어난 유항(維沆), 유잠(維潛), 유연(維淵), 유준(維浚)과 둘째 하영에게서 태어난 유제(維濟), 유점(維漸), 유택(維澤)이 있다.

25세
이천영李天英, 1642-1715 (74)

거유巨儒 송시열과 송준길이 스승,
산림山林에 은거하다

"정녕 받지 않으실 것인지요?"

25세 이천영은 묻는 부인 청송심씨를 바라봤다. 이유는 나라에서 온 관직제수를 정말 받지 않을 것인지에 대한 것이었다. 이천영에게 내려온 관직은 장사랑(將仕郎) 선공감가감역(繕工監假監役)이었다. 이천영이 받지 않기로 마음먹은 이유는 선공감가감역이란 관직이 종9품의 낮은 벼슬이라서가 아니었다. 일의 성격이 마음에 들지 않아서도 아니었다. 그는 이미 오래 전 벼슬에 나가지 않고 은둔하며 일생을 보내기로 마음을 먹었기 때문이었다.

이천영의 이 같은 삶의 궤적은 그가 조선 후기 정계와 학계를 주름잡은 거두 송시열(宋時烈)과 송준길(宋浚吉)에게 공부했음에도 정계에 나가지 않았다는 데서 짐작할 수 있다.

우의정과 좌의정을 역임한 송시열은 효종의 스승이었고, 효종과 더불어 존주대의(尊周大義), 즉 춘추대의에 의거하여 중화(中華)를 명나라로, 이적(夷賊)을 청나라로 구별하여 청나라에 당한 수치를 복수하고 설욕해야 한다고 주장한 강직한 성품의 인물. 학문에서도 조선 최고로 손꼽히는 인물이었다. 송준길 역시 한성부판관 이조판서 등에 임명되었으나 관직에 나가지 않고 재야에서의 삶을 선택한 사람이었다.

이처럼 스승 송시열과 송준길의 삶은 이천영이 스스로 은둔의 삶을 선택하는 데 영향을 주었을 것으로 짐작된다. 병란 이후 피폐해진 나라의 상황에서 세 번의 환국, 경신(1680, 숙종 6)·기사(1689, 숙종 15)·갑술환국(1694, 숙종 20)은 그에게 관직의 덧없음, 더 나아가 정치의 허무를 느끼게 했을 것으로 추정된다.

공은 부친 시혁공의 나이 29세인 인조 20년인 1642년에 태어났다.

어머니는 양성이씨(陽城李氏)로서 자는 형지(馨之)이며 아호는 검봉(黔峰)이다.

공은 스스로 용인이씨 세거지에 은둔하며 시를 짓고 그림을 그리는 것으로 일생을 소요하다 74세가 되던 해인 숙종 41년 1715년 3월 17일 눈을 감았다.

부인은 청송심씨(靑松沈氏) 심경의(沈景義)의 딸이며 사이에 4남 3녀를 두었다.

장남은 유항(維沆)이며, 둘째아들은 유잠(維潛)이고, 다음은 유연(維淵), 유준(維浚)이다. 딸은 각각 청주한겁(淸州韓极), 평산신협(平山申浹), 광주김화중(光州金華重)에게 시집갔다.

26세

이유항 李維沆, 1663-1728 (66)

지독한 정쟁政爭의 시기,
어지러운 세상을 피해 몸 감추며 살다

26세 이유항 또한 아버지의 뒤를 이어 평온하고 드러나지 않은 삶을 살았다.

공이 어머니 청송심씨와 아버지 이천영 사이에서 태어난 때는 현종이 왕위에 오른 지 4년이 되던 1663년이었다. 이때 부친 이천영의 나이는 22세였다.

공이 자라고 청년기와 장년기를 보낸 시기는 숙종이 왕으로 있을 때였다. 정치상황은 아버지의 생존시기와 크게 달라지지 않았다. 과학은 발전하고 소소한 제도의 변화들은 있었으나, 권력의 정점 왕권과 왕과 더불어 조선을 이끌어 가는 사대부들 사이의 치열한 세력다툼의 양상은 환국에서 보듯이 서인과 남인이 번갈아 가면서 집권하였고, 승리는 또다시 분당을 낳으며 시간과 더불어 조선의 정치지형을 바꾸어 나갔다. 숙종 때 조정은 서인에서 갈라진 소론과 노론 두 당으로 서로의 세를 만들며 나아갔다. 숙종은 환국을 통해 조선의 국정을 주도해 나갔고, 소론과 노론은 왕위 계승자를 두고 대립했다.

숙종 말 소론과 노론은 장희빈과 장희빈이 낳은 경종을 두고 대립 했으며, 경종의 즉위는 소론의 승리를 의미했다. 그러나 경종의 즉위 는 4년에 그쳤고 다시 노론이 지지한 영조가 왕위에 올랐다. 경종 대 에도 조정이 시끄럽기는 마찬가지였다. 세자를 얻지 못한 경종은 뒷날 영조가 되는 동생을 세제로 삼았고, 왕이 된 지 4년 만에 갑작스럽게 붕어하였다. 나라는 영조가 경종을 독살했다는 소문으로 뒤숭숭했고, 기어이 이인좌의 난이 일어났다.

이유항은 이인좌가 밀풍군을 왕으로 옹립하려는 난을 일으키고, 그 난이 진압되는 어지러운 권력싸움의 소용돌이를 지켜보다 66세의 나 이로 세상을 떠났다.

그러니까 공은 이런 어지러운 세상에 몸을 감추며 살았던 것이다.

욕심 없는 삶. 그러나 욕심이 없다고 한마저 없을 수는 없었을 것이 다. 더욱 안타까운 것은 공에게는 아들이 없었다는 점이다.

현재 수지 신봉동에 있는 묘소는 공과 함께 두 분의 아내가 합장돼 있으니, 첫 번째 부인은 평산신씨(平山申氏) 신단(申鏄)의 딸이며, 두 번째 부인은 청해이씨(靑海李氏) 원기(元夔)의 여식이다.

마땅히 장손으로서 해야 할 일, 대를 잇기 위해 두 분의 부인을 두 었으나 결국 공에게는 아들이 태어나지 않았다. 부득이 공은 동생 유 잠의 아들 종윤(宗胤)을 들여 후사를 이었다.

이종윤李宗胤, 1696-1728 (33)

반정反正의 숙종시대, 짧은 삶을 살다

27세 이종윤의 삶은 애잔하다.

1696년 숙종 22년에 태어난 공은 1728년 영조 4년 2월 17일 서른 셋이라는 짧은 나이로 생을 마감했다.

비록 환국과 정쟁으로 파란만장하였으나 전쟁 없었던 나라에서 선비로서 공부하고 소양을 키우며 산 공이 가졌을 선비로서의 큰 꿈도, 장부로서의 소소한 행복도 다 누리지 못한 채 눈을 감았다.

더욱 안타까운 건 양자로 들어간 양부 이유항이 세상을 뜬 같은 해였다는 점이다.

공의 자는 자주(子胄)이며, 공의 친아버지는 유잠(維潛)이고, 어머니는 남양홍씨(南陽洪氏) 홍위(洪霨)의 딸이다.

공은 김해김씨(金海金氏) 첨지(僉知) 김부(金溥)의 딸과 결혼하여 아들 기정(基鼎)을 낳았다. 공은 아들 기정에게서 산진(山鎭), 해진(海

鎭), 현진(賢鎭) 세 명의 손자를 보았다. 공의 두 번째 부인은 죽산박씨
(竹山朴氏) 박재도(朴載道)의 딸이다.

공은 뒤에 통훈대부(通訓大夫) 장악원(掌樂院), 그러니까 조선시대
궁중에서 연주되는 음악 및 무용에 관한 모든 일을 맡아보던 관청의
정3품 벼슬 정(正)에 증직되었고, 두 아내에게도 정3품의 부인에게 주
어지는 '숙인(淑人)'이 증품이 되었다.

• 공에게 증직된 장악원에서 담당한 종묘제례악을 오늘날 복원한 모습.

28세

이기정 李基鼎, 1719-1798 (80)

작은집 부자정승이 활동하던 시기, 선비의 품위를 지키며 살다

28세 이기정이 태어난 해는 숙종 45년 1719년이다.

자가 치화(穉和), 호는 봉연(鳳淵)인 공의 삶 대부분은 조선후기 문치의 시대라 일컫는 영조와 정조의 통치기간이었다.

이 시기는 용인이씨 가문이 비약적으로 발전한 시기이기도 하다.

27세손 이세백(李世白)은 노론의 핵심으로 숙종 23년인 1697년 이조판서, 1698년에는 숙종의 특명으로 우의정에 올랐으며, 1700년에는 좌의정이 되어 세자부(世子傅)를 겸하였다. 그는 노론(老論)을 이끌었고, 특히 예론(禮論)에 밝았다.

이세백의 아들 이의현(李宜顯)은 아버지의 뒤를 이어 영의정까지 올랐다.

이때가 영조 11년인 1735년. 특히 이의현은 노론의 영수로 영조 재위 당시 정국을 주도했다. 이조판서로 있으면서는 사사로운 보복에 급급했던 민진원(閔鎭遠)·조관빈(趙觀彬) 등의 전횡을 막으며 정론으로 노론을 이끌었다.

그러나 이기정은 이렇듯 용인이씨들이 현달하는 영조와 정조의 시기 아버지의 뒤를 이어 은거의 삶을 이어서 살았다.

탕평으로 정쟁을 없애려 노력하고, 일반 백성들에게 큰 부담이 되어온 군역 납포의 양을 일률적으로 한 필로 줄이는 균역법을 실시하고, 신해통공 정책을 통해 금난전권을 없애는 등 나라 경제를 개편하고, 장용영과 규장각을 설치해 문치를 펼친 영조 정조의 통치시대가 획기적인 대발전의 시기였다고는 하지만 평화와 고요만이 있던 시기는 아니었다. 정쟁은 여전히 존재했고, 특히 아버지가 아들을 죽여야만 했던 사도세자의 비극은 극심한 사회적 혼란을 불러왔다. 더욱이 정조를 향한 여러 번의 암살의 시도는 사람들을 불안케 만들었을 것이다.

공은 이런 시기 오직 공부를 즐기며 수신을 하는 것으로 여생을 보내다 정조가 붕어하기 2년 전인 1798년 80세로 눈을 감았다. 공은 후에 정3품의 통정대부(通政大夫) 공조참의(工曹參議)에 추증되었다.

어머니가 숙부인(淑夫人) 김해김씨(金海金氏)인 이기정은 호조참의(戶曹參議)를 지낸 장남 산진(山鎭)과 둘째아들 해진(海鎭), 그리고 한성좌윤(漢城左尹)을 지낸 현진(賢鎭)을 셋째아들로 두었다. 아들뿐만 아니라 손자, 증손자도 벼슬을 했다. 장손 한광(漢光)은 호조참판(戶曹參判)에 올랐고, 증손인 재유(在裕)는 종2품의 벼슬인 동지중추부사

• 공과 같은 시대를 살았던 작은집 부자정승인 이세백(27세손, 1635~1703) 좌의정과
  이의현(28세손, 1669~1745) 영의정 초상화. 이의현 초상화는 1732년 그림.

(同知中樞府事)를 지냈다.

묘는 숙부인(淑夫人) 연일정씨(延日鄭氏) 군수(郡守) 정래징(鄭來徵)의 딸인 첫부인과 숙부인 전주이씨(全州李氏) 이응기(李應耆)의 딸인 둘째부인과 더불어 합장돼 있다.

29세

이산진 李山鎭, 1747-1774 (28)

용인이씨 신봉동 후손들에게 재산을 마련해 주다

　29세 이산진은 참의공파 후손들에게는 특별한 분이다.

　우선 스물여덟이라는 길지 않은 삶이 그렇고, 무엇보다 공이 짧은 생애동안 재산을 축적해 후손들에게 물려주었다는 점에서 그러하다. 공이 물려준 재산으로 후손들은 용인이씨 가문의 후예에 어울리는 품격 있는 삶을 유지해 갈 수 있었다.

　공은 영조 23년인 1747년에 부친 이기정과 어머니 숙부인(淑夫人) 전주이씨(全州李氏) 이응기(李應耆) 딸의 장남으로 태어났다. 공에게는 두 분의 어머니가 있는데, 숙부인(淑夫人) 연일정씨(延日鄭氏) 군수(郡守) 정래징(鄭來徵)의 딸인 큰어머니는 자손이 없었다.

　공의 자는 공협(公挾)으로 가문의 가풍에 따라 학문과 수신의 삶을 살았을 것으로 추정된다.

　공이 어떤 연유로 짧은 삶 동안 많은 재산을 마련했는지에 대한 사연은 자세히 전해지지 않는다. 공에게는 경제를 바라보는 남다른 시야가 있었을 것으로 추정된다. 공이 살았던 시기에 영조가 탕평책으로 정국을 주도하면서 펼친 균역법, 서원철폐, 노비신공 감액 같은 여러 가지 경제정책의 변화 속에서 재산 형성이 이루어졌을 것으로 추정된다. 여기서 균역법은 16개월 2포를 군대 가는 대신 내던 것을 12개월 1포로 줄이는 정책이었다. 또 노비신공은 노비가 관이나 주인에게 내던 물품을 줄여주는 내용이었다.

공은 이후 통정대부(通政大夫) 이조참의(吏曹參議)에 증직되었는데, 이 관직은 정3품의 벼슬로 지금의 장관을 보좌하는 차관과 같다.

공에게는 숙부인(淑夫人) 경주김씨(慶州金氏) 김흥간(金興簡) 딸인 부인과의 사이에서 아들 한광(漢光)과 두 딸을 두었다. 딸은 창원(昌原)의 오일(吳佾)과 경주(慶州)의 김성우(金成雨)에게 각각 출가하였다. 또 손자로 재유와 재존을 두었는데, 재유는 종2품인 가선동지중추부사(嘉善同知中樞府事)에 올랐고, 둘째 재존(在存)은 진사였다.

공은 영조 50년 1774년, 그러니까 영조가 52년이라는 조선 500여 년 27대왕들 중 최장의 왕위재임기간을 기록한 52년을 2년 앞둔 이해 28세라는 짧은 생을 마감했다.

30세
이한광 李漢光, 1767-1815 (49)

정조시대, 정조를 닮은 삶을 살고 가다

　30세 이한광이 활동한 시기는 영조와 정조, 그리고 순조 시기였다. 공이 태어난 때는 영조가 왕이 오른 지 43년이 되던 1767년으로 영조의 치세(治世)가 마지막을 향해 나아가던 때였다. 이때부터 공은 정조 24년 재위기간 동안 어린 시절과 청년의 시간을 보냈다.

　공은 세거지에 은둔한 채 조용한 삶을 살았던 것으로 보인다. 그러나 선조들의 삶과 정신을 이어받은 공은 공부를 게을리하지 않았을 것이고, 유학을 바탕으로 한 끊임없는 수신은 인품의 향기 또한 남달랐을 것으로 추정된다. 아버지를 할아버지의 손에 잃고 왕위에 오른 정조, 그럼에도 사사로운 복수의 칼을 휘두르는 대신 문치로써 조선을 통치한 정조의 시기는 이런 공의 삶에도 영향을 주었을 것으로 짐작된다.

　이런 공의 삶은 종2품의 가선대부(嘉善大夫) 호조참판(戶曹參判)으

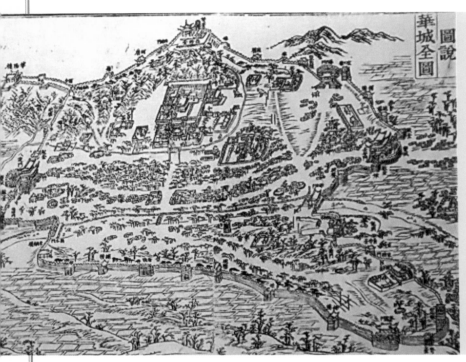

• 공이 살았던 개혁의 시기, 정조대왕이 수원에 축성한 화성전도.

로 추증됨으로써 빛을 보게 된다.

공의 자는 군명(君明)이고 부친 이산진과 숙부인(淑夫人) 경주김씨(慶州金氏) 김흥간(金興簡)의 딸인 어머니 사이에서 장남으로 태어났으며, 전주이씨(全州李氏) 첨지(僉知) 이지수(李枝秀)의 딸을 부인으로 맞았다.

공은 순조 15년 1815년 3월 19일 49세로 세상을 떠났다.

공은 부인과의 사이에 모두 두 아들과 두 딸을 두었다. 장남은 종2

품의 가선대부(嘉善大夫) 동지중추부사(同知中樞府事)에 오른 재유(在裕)이며, 둘째는 진사 재존(在存)이다. 딸은 창녕(昌寧)의 조학승(曺學承)과 청송(靑松) 심계의(沈啓義)에게 각각 출가하였다.

31세
이재유 李在裕, 1786-1871 (86)

'이효자李孝子'라 칭송받은 삶,
봉계당으로 신봉 후손들의 정신이 되다

31세 이재유는 중시조 이중인과 아들인 15세 이사영 이후 가문의 정신이 되는 효로 세상을 감동하게 한 인물이다.

공은 정조 10년인 1786년 태어났으며 자는 맹교(孟敎), 아호는 봉계(鳳溪)이다.

참의공파 후손들에게 공이 특별한 것은 신봉의 택지개발로 새롭게 조성된 참의공파 묘역의 재실 봉계당(鳳溪堂)이 바로 그의 아호를 택하고 있기 때문이다. 모두 공의 살아생전 뛰어난 행적을 본받고자 한 것이니, 묘비에는 공을 다음과 같이 평하고 있다.

"공은 정조 병오에 태어나 타고난 성품이 비범하였다. 부모에
효도하고 친구를 믿음으로 사귀었다. 한결같이 진실하고 덕과
신의로 말하고 행동했다. 덕의로 교화하였고 스스로 검소한 삶

• 공의 아호(雅號)로 명명한 봉계당 전경

• 봉계당 현판 글씨. 서예가 조병호가 씀.

을 실천하였다. 모두 이효자라 하였다."

공이 산 시대는 정조 대에 어린 시절(15세까지)을, 순조 대에는 청소년을 거쳐 장년시절(49세까지)를 보냈으며, 이후 1871년 고종 8년 공이 돌아기기 전까지 40여 년 노년기를 살았다. 조선의 마지막 부분을 지켜본 셈이다.

공이 산 조선의 시기는 왕이 왕으로서의 역할을 제대로 하지 못한 외척의 시기였다. 영조와 정조의 문치 시기를 거치면서도 완전히 청산하지 못한 당쟁의 후유증으로 순조 때 김조순의 세도정치(勢道政治)가 시작되면서 조선의 병폐가 드러나기 시작했다. 순조가 암행어사를 파견하고 국왕 친위부대를 강화하는 등 노력했지만 성과를 거두지 못했다. 이는 1809년의 유례없는 기근에 이어 1811년의 홍경래의 난이 일어나면서 드러나기 시작했으며 이 같은 조선의 기류는 헌종이 왕위에 오르고 나서도 크게 달라지지 않았다.

헌종 대에는 안동김씨(安東金氏)와 새로 등장한 풍양조씨(豊壤趙氏) 두 외척이 세력을 다투었고, 외척의 세도는 풍양조씨에서 다시 안동김씨로 옮겨가며 이어졌다.

공이 살았던 시기는 본격적으로 나라 바깥의 세력들이 조선에 들어오기 시작한 때이기도 했다. 정조 대 시작된 천주교도의 증가는 이때 더욱 확산돼 1839년에는 많은 천주교 신자를 학살한 기해박해(己亥迫害)가 일어났다.

공은 이런 나라의 상황 속에서도 선비로서 행할 도리를 묵묵히 실천해 나갔다. 부모에게 효도하고 친구에게는 한없이 신의를 지켰다.
공의 한결같은 덕행의 명성은 주위로 펴져 조정에까지 올라갔다. 조정
은 공에게 종2품의 가선대부(嘉善大夫) 동지중추부사(同知中樞府事)
관작을 내렸다.

공은 원주원씨(原州元氏) 진상(震常)의 딸과 혼인하여 두 아들과 외
동딸을 두었다. 장남은 응현(應鉉)이며 둘째아들은 복현(復鉉)이다. 딸
은 신평(新平)의 이한구(李漢龜)에게 시집갔다.

32세

이응현 李應鉉, 1816-1888 (73)

스러져가는 조선을 보며 조용히 은거의 삶을 살다

32세 이응현은 아버지 동지중추부사 이재유와 어머니 원주원씨 사이에서 순조 16년인 1816년에 태어났다. 이때 아버지 이재유의 나이는 31세였다. 다소 늦은 나이의 출생. 부모의 걱정이 짧지 않았음을 짐작케 한다.

공은 조선의 국운이 기울어가던 순조 이후 고종이 왕위로 있던 19세기를 살았다.

순조가 붕어하고 헌종이 즉위할 1834년에 공은 19세였고, 철종이 즉위한 1849년에는 34세로서 한창의 청년기를 살았으며 고종이 즉위한 1864년은 49세로 장년기를 지나고 있었다.

19세기 조선은 그야말로 개화와 수구, 발전과 쇠퇴의 기로에 선 시기였다.

세계는 발전된 과학으로 인류의 대변혁의 시기를 지나고 있었고, 막

• 공과 같은 시대를 살았던 작은집
이재관(1783~1837)이 그린 송하인물도를
배경으로 1971년 발행된 대한민국우표.
그림은 국립중앙박물관 소장

강한 경제력을 바탕으로 지구 곳곳을 침략 식민제국을 건설해 나갔다.

그러나 조선은 왕 대신 외척들의 세도정치가 기승을 부리며 나라
전체를 유린했다. 헌종 즉위 기간에는 안동김씨(安東金氏)와 풍양조씨
(豊壤趙氏)가, 철종대에는 다시 안동김씨가 세도를 부리며 나라를 몰
락으로 이끌었다. 고종 대신 집권한 대원군은 많은 치적에도 불구하고
세계변화에 빗장을 걸어서 조선을 망국(亡國)으로 끌고 갔다.

진주(晉州), 함경도 함흥(咸興), 전라도 전주(全州) 등지에서는 대규
모의 민란이 일어났고, 조선의 사상적 근간을 이루었던 유학 대신 신
사상 동학이 사람들의 마음을 얻었다. 천주교의 저변확대 또한 더는
조정이 무시할 수 없을 정도로 번져나갔다.

공이 이런 조선의 사회변화에 어떤 생각으로 삶을 살아갔는지는 알
수 없다.

그러나 유구한 용인이씨 가문의 사상과 정신을 생각했을 때, 나라에 대한 충의 마음은 누구보다 컸을 것으로 짐작된다. 1876년 일본과 체결된 강화도조약이 갖는 위험을 감지하며 절망했을 것이다.

공은 묵묵히 부모를 효로써 모시고, 대종가를 지키는 것으로 본분을 다하다가 고종 25년인 1888년 73세를 일기로 조용히 눈을 감았다.

공은 풍양조씨(豊壤趙氏)와 인천이씨(仁川李氏)를 각각 부인으로 두었으며 아들 셋을 두었다. 첫째는 원렴(源廉)이며, 둘째는 원영(源永), 셋째는 원달(源達)이다. 이중 둘째 원영은 숙부의 양자로 들어갔다.

33세
이원렴李源廉, 이원영李源永,
이원달李源達

구한말舊韓末 혼미한 나라의 정세에
가문의 충과 효를 생각하고

이응현의 세 아들인 33세 이원렴, 이원영, 이원달이 살았던 삶 또한 아버지와 크게 다르지 않았던 것으로 보인다.

어쩌면 더욱 기울어져 가는 나라의 모습을 보며 누구보다 큰 고통을 느꼈을 것이다. 이들이 산 시기는 조금씩 시기적 차이가 있으나 모두 기울어져 가는 조선의 끄트머리에 살았다.

동학과 일본의 침탈, 백성들의 반란, 개화와 수구로 나누어진 조정 대신들의 치열한 싸움. 결국 1882년에는 임오군란(壬午軍亂)이, 1884년에는 갑신정변(甲申政變)이 일어났다. 그리고 고종 31년인 1894년에는 동학혁명이 일어난다. 동학은 전라도 고부의 동학접주 전봉준(全琫準) 등이 동학교도와 농민들이 합세하여 일으킨 농민운동이었다.

이원렴을 비롯한 형제들은 혼란 속에서 가문을 지키며 충과 효의 가문의 정신을 지키며 살았을 것이다.

장남 이원렴은 23년이라는 짧은 삶을 살아 안타까움을 준다. 공이

• 공들이 살았던 1897년, 청의 사신을 맞는 영은문을 헐고 프랑스 개선문을 본떠
서 세운 독립문.

태어난 때는 헌종 2년인 1836년이었으니 아버지 이응현의 나이는 21
세였다. 공의 자는 자우(子佑)이며, 1858년 4월 4일 스물네 살의 생을
살아보지 못하고 생을 마감하였다.

　　전주유씨(全州柳氏) 화(譁)의 딸과 혼인했으며 외동아들을 두었다.

　　숙부에게 양자로 간 이응현의 둘째 아들 이원영(源永)은 자가 경행
(景行)이다.

　　헌종 5년인 1839년 태어나 1914년 2월 76세로 사망했다. 조선 제
19대 임금 숙종과 제1계비인 인현왕후를 모신 명릉(明陵)의 참봉(參

奉)을 지냈다.

　이응현의 셋째 아들 이원달의 자는 자익(子益)이다. 공은 헌종 12년인 1846년에 태어났으며, 1900년 윤달인 8월 23일 55세로 세상을 등졌다. 전주이씨(全州李氏) 종옥(鍾玉)의 딸과 처음 혼인했으나 자식을 두지 못했다. 이어 공은 전주이씨(全州李氏) 이강(李壃)의 딸과 혼인해 네 아들과 딸 하나를 두었다.

2장

우리들의 이야기

삶의 터전,
신봉

새 봄, 광교산은 온갖 나무들과 산벚꽃들이 피워낸 생명 빛으로 뭉글해진다.

연초록 몽실아름어리, 산벚꽃, 하얀 뭉글아름어리, 그 아래 진달래, 연분홍, 몽실아름어리……. 멀리 형제봉과 시루봉을 감싸는 광교산이 온통 연초록 하얀빛으로 피어오르면 광교산 품 안에 기대어 사는 용인이씨 후손들의 삶도 분주해진다.

밭들은 높아진 햇살에 푸슬푸슬 부풀어 오르고 우수를 지나면서 내린 빗물을 가둔 논에는 새 생명들이 꿈틀거린다. 가느다란 촉수 몇 가닥을 딱딱한 갑옷 밖으로 꺼내 탐색하며 움직이는 우렁이들이 가느다란 제 흔적을 남기며 움직인다. 겨우내 진흙 속에 숨죽이며 새봄을 기다리던 미꾸라지들도 짝짓기를 하며 새 삶을 준비하면, 부지런한 용인이씨 후손들의 걸음은 산과 들, 논밭으로 향한다.

여자들이 논밭으로 향하는 남자들보다 일찍 산과 들로 나서 느슨해진 땅을 밀고 올라오는 취나물, 고사리, 다래순, 두릅 같은 봄나물을 뜯으면, 남자들은 논밭으로 향한다. 그들이 하는 일은 밭과 논에 거름을 내고 무너진 논두렁을 손보는 일. 이미 집집의 마당에 쌓인 거름에서는 김이 모락모락 피어난 지 오래, 후손들이 거름을 논밭으로 실어 옮기기 시작하면 날이 더할수록 푸르러지는 광교산의 아름다움은 이제 뒷전이 된다.

이처럼 용인이씨 후손들이 사는 용인의 신봉지역은 광교산의 동쪽 자락 나지막한 산등성이에 등을 기대고 있다.

지구 위의 북37° 19′ 동 127° 4′ 고도 100m

- 약 400년대 고구려   駒城 또는 滅烏
- 약 700년대 경덕왕   용구현(龍駒縣)
- 통일신라시대   거서현(巨黍縣)
- 시조 이길권 고려개국시기   구성(駒城)
- 1500년대 조선시대   용구(龍駒)
- 대한민국   경기도 용인시 수지구 신봉동

시조 이길권이 880년 태어나면서 시작된 용인이씨 1천1백30여 년 시간,

40세(世)라는 긴긴 세월을 이어오는 동안 한민족이 일궈낸 고려, 조

선, 대한민국의 변화 속에 달라져 온 이름만큼이나 용인이씨 후손들이
살아온 신봉이 속한 용인의 변화도 이러했다.

　용인이씨 후손들이 대대손손 살아온 신봉은 수지 지역으로 서울로
부터 약 30킬로미터 떨어진 곳에 위치해 있다. 이런 지리적 요인이 현
재 신봉의 괄목할 만한 발전과 변화의 가장 큰 요인이 됐다.

　신봉은 백두대간에서 뻗어나간 한남정맥에서 연결된 산, 광교산 품
에 안겨 있다. 광교산 정상인 시루봉(582m)에 오르면 속리산으로부터
물결처럼 오르내리며 이어지는 칠현산이며 백운산, 바라산, 청계산 같

• 8, 90년대의 신봉리는 대부분의 지역이 논과 밭으로 이루어진
전형적인 농촌마을이었다. 김지용 제공

은 중요한 산들의 흐름을 볼 수 있다.

동쪽 아래로 시선을 내리면 멀리 서봉골을 타고 내리는 신봉천(옛 후손들은 이렇게 불렀다. 지금은 정평천이라 불린다) 계곡이 보이고 천을 사이에 두고 키를 재며 들어선 아파트 숲이 보인다.

이곳이 바로 용인이씨 후손들이 대를 이어 산 곳, 지금의 신봉동 이다.

그 중에서도 천(川)의 북쪽, 지금의 신봉초등학교 지역이 바로 그 중심.

   위쪽은 새탄말, 초등학교 부근은 중말, 그리고 아래 LG자이 5차 아파트 지역은 양지말이다.

   새탄말, 중말, 양지말처럼 다정한 이름으로 불리는 이곳은 불과 20여 년 전까지만 해도 용인이씨 후손들 14가구가 충과 효의 전통을 오롯이 지키며 살던 곳이었다.

   논을 매다, 감을 따다, 학교에서 돌아오다, 수원장에 다녀오다 시선을 들어 올리면 언제든지 보이는 종중(宗中)산인 안산(案山)과 뒷동산처럼 오르내리며 놀던 검두레산, 멀리 아득하게 보이는 시루봉과 형제

봉의 위용. 용인이씨 사람들에게 이런 광교산이 품은 이야기는 곧 그들의 이야기다.

광교산의 첫 이름은 광악산(光嶽山)이었다. 928년 후백제 견훤과의 전쟁에서 승리한 왕건(王建)은 광교산에 머물렀다. 왕건은 광교산에 머무르며 생과 사를 넘나드는 전장을 함께한 군사들을 위로했다. 그때 환하고 아름다운 거대한 빛무리가 산봉리를 감싸며 솟아올랐다. 왕건은 명했다.

선조들의 삶 우리들의 삶

"오, 이곳은 부처가 가르침을 내리는 산이로다! 지금부터 이 산
을 광교산(光敎山)이라 부르라."

용인군 《지도읍지》와 1872년 제작된 《수원부지도》에는 '서봉산(瑞
峯山)'으로 기록돼 있는 것으로 보아 《고려야사(高麗野史)》에 기록되
어 있다는 전설과 광교산의 이름이 사람들에게 더 친숙해 대표 이름
으로 정착된 것으로 보인다.

왕건의 말처럼 광교산에는 많은 절들이 있었다. 대표적인 절이 지
금은 터만 남은 '서봉사'다. 서봉사는 용인이씨들에게 학교 소풍이나
나들이 장소로 친숙한 곳.

지은 연대는 정확히 전해지지 않지만 보물 99호로 지정된 현오국
사탑비(玄悟國師塔碑)는 고려 명종 15년(1185)에 세워졌다. 현오국사
는 법력이 높아 사후 국사(國師)에 올라 '현오(玄悟)'라는 시호 받은 승
려다. 현재 복원작업이 이루어지고 있는 서봉사가 폐허가 된 데는 슬
픈 역사가 숨어 있는데 임진왜란 때 쌀뜨물이 떠내려 오는 것을 보고
왜병이 들어와 쑥대밭을 만들었다는 이야기가 그것.

신봉은 그 서봉사 앞을 흘러내리는 신봉천의 지류에 자리 잡고
있다.

광교산이 품은 수지는 크게 계곡에서 흘러내리는 천을 중심으로 성
복지역과 신봉지역, 그리고 동천지역으로 나뉜다. 그중 신봉은 성복의
부드럽고 순한 기운과 달리 매우 웅장하고 남성적 기세를 띤 것으로
평가된다. 또한 신봉지역은 신봉이라는 이름이 암시하듯 봉황이 서식

• 지금은 폐사지가 된 서봉사지 전경.

할 만한 곳, 더불어 세속을 초월한 탈속적인 기세가 있다고 보는데, 이는 광교산의 형제봉이 품은 기운으로 풀이한다고 기록되어 있다(《용인향교지》).

신봉의 풍수와 관련해 "우리 동네는 삼태기 형태여서 언젠가 부자 동네가 될 거다. 그러니 돈을 벌거든 이 동네에 땅을 사라고 아버지께서 말씀하셨다."는 후손의 말은 의미심장하다.

신봉은 또한 풍수적으로 중요하게 여기는 바람의 방향이나 세기에서도 매우 양호한 곳으로 여겨진다. 물론 광교산과 계곡이 주는 계절적인 바람이 아주 없지는 않았고, 특히 추운 겨울에 바람이 주는 추위에 대한 각별한 기억들은 모두 가지고 있긴 하지만 말이다.

그렇다면 신봉에 용인이씨 사람들은 언제부터 자리를 잡고 살게 되었을까.

용인이씨는 언제부터 신봉동에 살게 되었을까

안타깝게도 입향조(入鄕祖)에 대한 정확한 기록은 전해지지 않는다. 시조 이길권으로부터 시작된 용인에서의 삶은 이후 1천1백30여 년 세월 동안 지속된 것이 확실하다. 다만 이어지는 시간들 사이사이 관직 수행과 여러 이유들로 고향 용인을 떠나 청양 옥계나 한양 등의 지역에서 살던 시기가 있었던 것으로 보인다.

특히 용인이씨 후손들은 용인지역 중 주로 정평, 지금의 풍덕천 지역에 오랫동안 자리 잡고 살았던 곳으로 보이며, 이들이 신봉동으로 들어와 살게 된 것으로 추정된다. 이와 관련 38세손 이도한 씨는 "청양에서 산 20세부터 약 3대에 걸쳐 그곳에 살지 않았나…… 이후 신봉동으로 이주하지 않았을까…… 하지만 이것은 어디까지 추측이고 자료가 전혀 없다."고 밝혔다.

여기서 말하는 20세 선조는 집의공(執義公) 이원간(李元幹)으로 효도로 유명했던 인물을 말하며, 눌재(訥齋) 박상(朴祥)이 찬한 원간 묘갈명에 "효도를 위해 여러 차례 외직을 요청하여 목천 현감과 청주와 진주의 목사를 지냈다"는 내용이 추측의 근간이다. 더욱이 형제인 쌍괴당 이홍간(李弘幹) 또한 효도를 하기 위해 형과 같이 곤양과 옥천 군수, 그리고 공주와 청주, 광주 목사를 자청하였다.

22세 옥계공(玉谿公) 이정민(李貞敏)도 호가 옥계인 것처럼 이곳에서 거주한 것으로 보인다. 옥계공은 홍산, 지금의 부여에서도 현감을 지냈다.

현재 청양 옥계에는 용인이씨 선조들의 흔적들이 많이 남아있다.

이와 관련된 이도한 씨의 부언.

"청양에 가면 마을 이름이 정평, 신봉과 겹치는 이름들이 많아요. 모두 우리 선조님들이 가져가지고 만든 거예요."

"거주지가 당초에는 정평이에요. 거기서 수백 년 계시다가 무슨 벼슬 때문에 청양으로 내려가시는데……. 그러다가 수지 신봉으로 오시는데 무슨 곡절이 있었을 거예요……. 그런데 그거에 대한 기록이나 뭐가 없으니까……."

정확한 기록은 없지만 현재 수지 신봉에 거주했던 후손들은 모두 33세 이원렴, 이원달, 이원영 세 형제분의 후손들이다.

이에 대해 이종목 씨는 "정확하지 않지만 아마도 신봉동에 처음 터 잡으신 분은 고조할아버지 때인 것 같다"고 기억했다.

정평이 오랜 용인이씨 세거지이고, 신봉의 광교산 자락에 오랜 용인이씨 선산이 있었으니 자리를 조금 옮겨 신봉으로 들어오는 일이란 그리 어렵지 않았을 것으로 추정된다. 이때 신봉이 위치한 풍수적 이유도 중요하게 작용했을 것이다.

널찍하게 품어 내린 광교산 자락, 씩씩하게 솟은 장군봉이 보이는 신봉은 광교산에서 흘러내린 물이 모여 만든 내천을 앞에 두고(臨水) 북쪽 검두레산을 배산(背山)으로 삼아 농사를 지을 너른 양지말 뜰이 있었다. 농사를 짓기에 물을 끌어대기도 좋았고, 너른 들에서 불어댈 바람을 막아줄 광교산이 있었으며, 유달리 잦은 전쟁의 화를 피하기도 좋은 곳이었다.

이렇게 시작된 신봉에서 용인이씨 후손들은 벅찬 탄생을, 뿌듯한 성장을, 찬찬한 노년을, 그리고 품위 깊은 삶을 보내며 대를 이었다.

참봉 할아버지,
노비들을 해방시켜주다

신봉동에 살았던 선조들 중 후손들 마음속에 살아남아 삶의 지침을 주는 인물은 34세 이보상(李輔相)이다.

철종 5년인 1854년에 태어나 자가 신경(莘卿)인 이보상은 시대를 앞서간 매우 혁신적인 인물이었던 것으로 보인다.

"우리 보자 상자 할아버지는 일찍 노비문서를 태우고 노비들을 풀어준 분이었어요."

신봉동에 사는 후손들 중 유학에 밝은 37세 이종기(87/전 대종회장, 심곡서원장) 씨는 누구보다 이보상에 대한 이야기를 많이 안다. 그의 말에 따르면 이보상이 이때 풀어준 노비들은 대략 10여 명 정도였던 것으로 알려졌다.

"우리가 종가집이기 때문에 정자뜰이 대부분 우리 땅이었어요. 정자는 그러니까 지금의 정평인데, 옛날엔 정자뜰이라고 불렀거든. 거기에 우리 땅이 많았는데 보자 상자 할아버지가 살아계실 때 3년이나 흉

년이 든 해가 있었대요. 그때는 가을에 쌀을 거둬들이면 마당이나 사랑방 뜰에 쌓아놓는데, 그만 도둑을 맞았어요."

그러니까 이종기 씨의 말은 이 일을 계기로 이보상 공은 노비들을 신원시키기로 마음먹었다는 것. 대체 이 일이 어떻게 노비들을 풀어주는, 당시로서는 쉽게 할 수 없는 결단을 내리게 되었다는 것일까.

"그때 할아버지가 노비들의 이름이 적힌 족보를 주면서 '니들 배고파서 안 되겠다. 먹을 게 없으니 이제 니들은 나가 알아서 살아라.' 하면서 내보냈다는 거예요."

너른 정자뜰 농지에 농사를 짓기 위해서는 많은 노비들이 필요하고, 그 노비들 또한 식솔들이었으니 자는 것뿐만 아니라 세끼의 식사 또한 함께하였을 것이고, 먹을 양식이 없다는 것은 작은 일이 아니었을 것이다. 그러니까 3년의 흉년에 이어 수확한 부족한 쌀마저 도둑맞은 상황에서 공이 내린 결정이 노비신원, 노비들을 양민으로 환원시켜 풀어준 것이었던 셈이다.

그러나 이는 누구나 쉽게 내릴 수 없는 결정. 족보에 노비의 내력까지 자세히 기록해 관리할 정도로 조선사대부 집안의 재산 목록에서 노비는 매우 중요한 재산이었다. 시대를 정확히 보는 시각, 노비를 사람으로 바라본 따뜻한 인애의 마음이 없었다면 내릴 수 없는 결정이었다. 공이 살았던 시기는 조선이 마지막 숨을 몰아쉬던 위기의 때였고, 그 위기의 원인이 어디에 있었는지를 공은 인식하고 있었던 것으로 보인다.

"근방에서는 우리 할아버지가 처음이었다고 그래요. 노비를 신원시

켜준 일이."

이종기 씨는 이 이야기들을 집안의 사람에게서가 아니라 노비들과 더불어 농사며 집안일들을 해주던 다른 성씨들에게서 들었다고 했다. 아마도 이보상은 족보뿐만 아니라 집에 있던 재산들까지도 나가는 노비들에게 나누어 주었을 것이다.

"대신 자손들은 고생을 엄청 했다고 그래요."

이 말 속에는 더불어 사는 삶은 내 것을 나누는 것이고 나누는 일에는 희생이 따른다는 사실 또한 알 수 있게 한다.

이보상 공에 대한 기억은 또 있다.

"참봉할아버지가 목릉참봉을 하실 때였어요. 늦게 벼슬길에 나선 거지. 그런데 목릉참봉으로 계실 적에 어머님이 돌아가셨어요. 부모님이 돌아가시면 3년 시묘살이를 하잖아요. 할아버지는 시묘살이를 하셨어요. 그런데 1년 뒤에 나라에서 더 높은 벼슬을 내렸는데도 받지를 못하셨어요. 할아버지가 워낙 영특하시니까 상감이."

충과 효는 용인이씨 가문의 정신. 특히 효는 중시조 이래 수백 년 용인이씨 가문의 전통이었고, 이보상은 '3년 시묘살이'라는 효를 실천하느라 나라의 부름에 응할 수 없었던 것이다.

이종기 씨는 이를 두고 '벼슬운이 없다'는 말로 표현했지만 3년의 시묘살이는 강제가 아니라 자발적이라는 점을 생각할 때 공의 효심이 얼마나 지극했는지를 짐작케 한다.

공은 생전 조선 제14대 왕 선조와 의인왕후 박씨, 그리고 인목왕후 김씨를 모신 목릉(穆陵參奉)의 참봉과 종6품 봉직랑(奉職郎) 능도감

• 목릉 전경. 조선 제14대 왕 선조와 의인왕후 박씨 그리고 인목왕후 김씨를 모셨다.

(陵都監) 감조관(監造官)에 올랐으며 슬하에 네 아들과 두 명의 딸을 두었다.

이보상을 비롯한 이현상, 이필상, 이용상, 이일상, 이준상, 이의상이 살았던 나라 조선은 이제 망국으로 이어지는 처참한 시대였다. 같은 형제라 해도 삶의 길이에 따라 망국을 본 형제와 그렇지 않은 형제로 나뉘게 된 것이다.

이보상의 사촌동생인 이현상은 자가 순일(順一)로 1868년에 태어나 1928년 6월 25일 졸(卒)하였다. 부인은 전주이씨 이세용(李世容)의 딸이다.

이필상은 자가 명신이며 1871년 7월 20일 태어나 1936년 1월 19

일 졸(卒)하였다. 부인은 전주이씨 이상선의 딸이다.

이용상은 자가 도일(道一)로 1877년 7월 15일에 태어났다. 1931년 10월 7일 생을 마감했다. 부인은 안동권씨(安東權氏) 권중석(權重錫)의 딸이다.

이일상의 자는 성일(誠一)로 1882년 7월 20일 태어났고 1945년 3월 28일 해방되기 몇 달 전 돌아갔다. 부인은 경주이씨(慶州李氏) 이호선(李祜璇)의 딸이다.

이준상은 자가 덕경(德卿)으로 1860년에 태어나 1900년 사망했다.

이민상은 출계다.

이의상은 자가 공일(公一)로 1875년에 태어나 1900년 2월 23일 돌아갔다. 부인은 해주최씨(海州崔氏) 최창석(崔昌錫)의 딸이다.

철영 할아버지의 삶을
기억하다

1961년 4월 7일(음력 2월 22일). 광교산 아래 신봉 들녘은 봄이 무르익고 있었다. 산수유꽃, 살구꽃, 복숭아꽃, 벚꽃들이 노오랗고 연분홍빛의 꽃무리들을 터트려 세상을 물들여 놓았다.

그러나 나날이 부풀어가는 새봄 날, 35세손 이철영의 집에서는 엄숙한 기운이 감돌고 있었다. 여섯 살 이종욱은 할아버지 방에서 나오는 할머니의 다급한 표정에 지레 두려움을 느꼈다.

"가서 얼른 한영 아버지 좀 불러오너라!"

• 철영 할아버지(1889~1961) 생전 모습

이유는 묻지 않았다. 여섯 살 이종욱은 친구 이한영의 집으로 종종 내달렸다. 한영네 집은 비어 있었다. 한영 아버지는 집 곁 고추밭에 있었다. 약 2백여 미터를 쉬지 않고 내달린 이종욱은 숨이 턱에 받친 목소리로 소리 질렀다.

"얼른 오셔요! 얼른요!"

어린 이종욱의 다급한 부름에 한영 아버지는 고추밭을 나와 곧장 집으로 내달렸다.

37세손 이종욱 씨가 기억하는 다음 광경은 할아버지를 업고 중말로 뛰어 내려가는 한영 아버지의 뒷모습이다.

"업고 뛰어 내려가는 걸 조금 따라갔던 건 기억이 납니다. 다른 건 기억이 안 나요, 여섯 살이었으니까, 그때가."

죽음의 의미를 알기엔 너무 어린 나이. 다음의 광경을 이어받은 어린 37세손 이숙자 씨 또한 철영 할아버지의 죽음을 알기엔 아직 어렸다.

"할아부지가 돌아가시려 해요! 할아부지가 돌아가시려 해요!!"

이숙자 씨는 당시 중말을 향해 내달려오며 외치던 한영 아버지의 절규를 어머니와 함께 들었다. 구부정 업은 그의 몸통 옆으로 두 다리와 팔이 덜렁 흔들리고 있었다. 주위를 에둘러 보았으나 그들 외엔 아무도 없었다. 철영 할아버지의 넷째 아들의 며느리인 이숙자의 어머니, 이종순 씨는 철영 할아버지를 큰집(36세손 이민규 씨)의 집으로 모셨다. 큰집은 비어 있었다.

"지금도 너무 생생해요. 아무도 없는 큰집 안방에 할아버지를 눕히고…… 그러는데 금방 돌아가셨어요. 얼떨결에 엄마하고 나하고 임종을 지킨 거지."

이어지는 이숙자 씨의 그날 이야기.

"돌아가시니까 어머니가 눈을 감겨드리고 턱을 올려드렸어요. 그리고는 홑이불을 뜯어서 얼굴까지 덮어드렸어요."

그 사이 35세 이철영의 부고를 알리는 다급한 발걸음들은 신봉 전체로 이어졌다. 무르익어가는 봄, 대부분 신봉의 용인이씨들은 산과 들로 나가 있었고, 부고는 그 산과 들, 논밭 곳곳에 전해졌다. 그렇게 임종 뒤 30여 분쯤이 지나면서 사람들이 모이기 시작했다. 본격적인 초상이 시작된 것이다.

초상의 시작은 신봉에 살지 않는 친지와 인근의 사람들에게 부고를 띄우는 일이었다.

"저는 5일장이었는지 7일장이었는지 정확히 기억을 못해요. 그런데 5일장으로 기억하시는 분이 많네요."

이숙자 씨가 이처럼 기억하는 것은 초상의 규모 때문이었다.

"큰 장례였다고 들었어요. 훈장님이셔서 수지 일대의 사람들이 많이 왔고, 또 형제분들이 많았어요. 형제분들이 여섯이었으니까."

"그때는 상복을 모두 손으로 지었는데 지을 상복이 엄청 많았어요. 상복을 다 지을 수가 없어서 우리 어머니가 애를 먹어하시던 기억이 나요. 조문객이 얼마나 많은지 한 끼에 쌀 한 가마로 밥을 했으니까. 우리 집에서 부조를 두 가마를 했는데, 겨우 두 끼 식사밖에 못했어요."

이숙자 씨의 말에서 문상객의 규모가 그려진다. 이는 또한 살아생

전 이철영 공의 인품과 행적을 짐작케 한다.

이철영 공이 살아생전 한 일은 아이들을 가르치는 훈장과 아픈 이들을 치료하는 한의사. 특히 침을 잘 놓아 수지 전 지역의 사람들이 치료를 받았다고 전한다.

당시 수지 지역 병원은 박창호 병원이 유일했다는 점을 감안하면 수지 지역에서 이철영 공이 행한 의료 영향력은 막강했을 것으로 추정된다. 게다가 공의 치료는 거의 무상에 가까웠다.

"수지면 일대의 사람들이 침 맞으러 왔어요. 애기 업고 온 사람도 많았고. 용인군에서 잘 한다고 들썩들썩했어요. 하지만 침 놓고 받은 것은 잎담배 썰어 담은 누런 봉투 내미는 게 다였어요. 생전에도 그렇게 좋은 일 하신 거지."

이숙자 씨의 말은 대부분 용인이씨 후손들의 증언과 같다. 다음은 이에 대한 후손들의 기억.

"할아버지는 훈장선생님을 하셨어요. 공부하신 분들은 모두 우리 할아버지에게 공부를 하셨어요. 또 침을 놓으셨어요. 할머니가 조수를 하셨구요. 침 맞으면 사람들이 내는 건 담배도 내어놓고, 마늘도 가져오고…… 할아버지께 하늘천 따지,《천자문》공부하던 거 생각나요. 긴 곰방대에 담배를 넣고 '불 붙여라' 하시던 것도 생각나고…… 공부 잘못하면 곰방대로 쇠재털이를 땅! 쳤어요. 그러면 얼마나 무섭고 놀랐던지, 그런 것도 생각나고……."

"사형제 중에 우리 할아버님이 제일 영리했었던가 봐요. 한학 공부를 많이 하셨어요. 훈장을 하셨어요."

• 철영 할아버지의 장남인 이민규(1907~1976)가 생전에 사용한 안경, 침과 침통, 재떨이

"철영 할아버지 돌아가시고 나서 유명했다고 들었어요. 그치만 나에게는 그냥 할아버지야. 굉장히 무서운 할아버지. 나도 배가 아프고 그랬을 때 침을 맞은 적이 있어요. 기억이 나요."

"철영 할아버지 공부를 많이 하신 분입니다.《주역》에도 밝으셨고. 나한테는 때를 잘 타고 났다고 말씀하셨어요."

베푼 삶, 훌륭한 삶을 산 사람의 마지막은 외롭지 않은 법.

신봉 용인이씨 후손들은 너나없이 모두 초상이 치러지는 이철영 공의 큰집인 이민규 씨 댁에 모여 구름처럼 몰려드는 문상객들을 맞이했다.

부엌에서는 며느리와 딸들이 상에 올릴 음식이며 문상객에 대접할 음식들 준비에 힘을 합쳤고, 한 방에서는 끊어온 광목으로 20여 벌의 두건이며 바지저고리, 두루마기 같은 상복을 만드는데 너나없이 손을 보탰다. 여기에 먼 조카며느리들이 입는 행주치마와 여자들이 입는 치마저고리 상복에 행전, 직계 상주들이 머리와 허리에 하는 끈인 수질과 요질, 짚신, 그리고 상주의 지팡이인 대나무 작지까지 준비하느라 분주하였다. 대대로 용인이씨 집안에서 허드렛일을 해주던 도마치 고개 넘어 타성바지 성씨들도 함께 힘을 보탰다.

염은 돌아가신 다음날 이루어졌다. 이숙자 씨가 기억하는 그날의 풍경은 생생하다.

"입에 쌀 넣고, 동전 네 닙 넣고, 얼굴 싸매고, 손 장갑 일곱 매를 묶고……."

"염하기 전에 병풍 뒤에 모시는데 피를 많이 내놓으셨나 봐요. 원래 옛말에 반가운 사람이 오면 코피가 터진다는 말이 있다는데, 고모가 영등포에서 오셨는데 피가 계속 나와서 한강이라고. 고모가 '빠짝 말라서 무슨 피가 그렇게 나온데. 살이 하나도 없고 얼굴이 노랬는데 무슨 피가 그렇게 많이 나와.' 이렇게 말씀하신 게 생각나요. 윗목에 병풍 가까이로 갈 수가 없었어요. 뚝뚝 떨어져서……. 돌아가실 때는 깨끗하게 돌아가셨는데…… 큰어머니가 빨래하시느라 힘들었어요."

"반가운 이가 오면 그 반가운 마음에 코피 터진다"는 말과 더불어 이숙자 씨가 전한 당시의 터부시 풍속 하나는 '생리하는 여자는 주검을 모신 방에 들어가면 안 된다'는 것. 초상은 이 모든 규율들을 지키며 진행돼 갔다. 손님들이 오면 맞절을 하며 곡을 하는 것 외에도 새벽과 아침, 낮, 저녁 하루 네 번 상식을 올리고 곡을 했다. 남자 상주들은 꼬박 5일 동안 분향소 지키며 이철영 공에게 마지막 예를 다했다.

이렇게 5일이 지난 뒤 장사일. 비가 쏟아지고 있었다.

"비가 너무 쏟아져 장사를 치를 수 있을지 걱정이 많았어요."

비가 쏟아진 장사날의 기억들은 이숙자 씨만 아니라 후손들 모두 같은 풍경으로 기억한다.

"음식에 채를 덮어놓아도 비가 들이쳤어요. 땅은 파놓았는데 비가 너무 많이 쏟아지니 못 모신다, 그래도 모셔야 한다, 설왕설래 의견이 좀 분분했어요."

그럼에도 장사는 결정됐고, 비 속에 마지막 장례절차는 시작됐다. 마당에 놓인 상여 안에 시신을 놓고 발인제가 시작됐다. 진설된 음식들을 앞에 놓고 후손들은 다시 슬픈 울음을 토해냈다.

발인제가 끝나자 곧 타지인들이 상여를 둘러메고(용인이씨들은 상여를 메지 않았다. 상여를 메는 건 상놈들이 메는 거라는 인식이 있었고 이를 지켰다) 집을 나서자 수원에서 불러온 선소리꾼들이 만가를 부르기 시작했다.

"이제 가면 언제 오나……."

구슬픈 만가에 다시 후손들의 울음소리가 커졌다.

쏟아지는 빗속에서 울려 퍼진 만가의 장단은 얼마나 구슬펐을 것이며, 그 소리에 아버지와 할아버지를 떠나보내는 후손들의 슬픔이 어떠했을지 상상이 현실처럼 다가온다.

• 이근영(1909~1963)의 부인 이이순(1910~1988)이 돌아가셔서 상여 나가는 모습.

장사는 빗속에서도 성대하지만 무사히 치러졌다. 장지로 향하는 중간에 치러지는 한 번의 상식진설과 곡, 그리고 장지에서 이뤄지는 하관을 비롯한 절차들까지 빈틈없이 정성을 다해 치러졌다.

"여자들은 장지에 가지 못했어. 그래서 난 보지 못했어요."

이숙자 씨가 기억하는 이철영 공의 장사날 풍경은 이렇게 끝을 맺는다. 장례가 모두 끝난 뒤엔 집 한켠에 상청이 차려지고, 아침저녁 상식을 드리며 3년 동안 곡을 하는 '3년상'이 이어졌다. 넷째 집인 이숙자 씨는 초하루와 보름, 이렇게 한 달에 두 번씩 삼년상에 참석했다.

이장移葬 이모저모
도굴과 부장품

용인이씨의 장례 풍경을 볼 수 있는 또 하나의 일은 수지가 개발되면서 이장할 수밖에 없었던 새말(현재 수지성당 지역)에 있던 19세 사간공 이효독을 비롯한 20세 집의공 이원간, 감찰공 이형간, 이홍간 등 선조 묘지들을 이장할 때의 모습이다.

1995년 10월 30일, 이날은 이장을 위해 용인이씨 후손들이 잡아 놓은 길일이었다. 이른 아침 대종가집으로 모였던 후손들은 정갈한 차림과 마음으로 묘역을 향해 걸음을 옮겼다. 이장을 고하기 위해 준비한 음식이며 준비물들을 실은 짐을 앞장세웠다. 포클레인은 묘역에 와 있을 터였다.

늦은 춘설이 내리고 있었다. 질긴 겨울 끄트머리 추위가 후손들의 온몸을 파고들었다.

"진눈깨비가 오시는구만."

어쩔 수 없는 이장이라고는 하지만 내리는 진눈깨비가 행여 이장을 저어하는 선조들의 마음이 아닐까, 후손들의 마음은 괜히 송구해졌다.

포클레인은 이미 묘역 앞에 와 있었다. 멀리 개발이 시작된 풍덕천 풍경이 내려다보였다. 발전이 주는 기대감과 아쉬움이 후손들의 마음에 섞여들었다. 곧 이장 절차가 시작되었다. 가져온 음식들이 감찰공 할아버지를 비롯한 이장할 묘소들 앞에 놓고 예를 갖추었다. 이어 산소 위 정갈한 자리를 골라 북어포와 막걸리를 놓고 올리는 산신제가 치러졌다. 간단하지만 후손들은 산의 신들에게 이장을 알리고 무사 이장을 기원했다.

절차가 끝나자 곧 포클레인이 먼저 19세 사간공 이효독의 묘역 이장 작업에 들어갔다. 텅, 텅, 텅 땅을 내리 파는 포클레인 기계음이 산을 울렸다. 그렇게 얼마가 지났을까. 굉음이 멈추고, 후손 한 명이 소리쳤다.

"이게 뭐지?!"

사람들의 시선이 머문 곳에는 흙속에서도 선명한 상품명이 쓰여진 플라스틱 요구르트 병과 초코파이 비닐 봉지였다. 도굴 흔적이었다. 도굴을 하면서 먹다가 범죄은폐를 위해 파묻어버린 범죄증거물. 명문 용인이씨의 무덤들이 도굴꾼들의 표적이 됐다는 명백한 증거였다. 증거물들조차 손수 치우지 않은 도둑들의 바닥 모를 사악함에 후손들의 마음은 무참히 무너졌다. 참담한 마음을 안고 이장 작업은 다시 이어졌고 도굴의 흔적이 증명하듯 사간공 묘소에는 어떤 유물도 남아있지 않았다. 그마저도 후손들은 선조의 유골이 온전한 것에 감사했다.

이어 감찰공의 묘역을 이장하기 위한 작업에 들어갔다. 그렇게 얼마를 지났을까. 포클레인 굉음이 멈추고 기사가 소리쳤다.

"이상해요! 안 들어갑니다!"

후손들이 감찰공 무덤 안을 살폈다. 하얀 색 돌이 흙속에서 보였다.

"이건 회반죽이야."

다음은 이때의 일을 자세히 기억하는 이범한 씨의 말.

"처음엔 조그만 포클레인을 준비했어요. 그냥 일반산소라 생각했던 거죠. 그런데 당시 관직에 계신 분이어서인지 묘를 특별하게 쓰신 거예요."

회반죽은 당시 일반인은 쓸 엄두를 내지 못한 묘지 형태.

주로 높은 벼슬이나 그만큼의 지위에 있는 인물의 묘소에 사용했던 것으로 미루어 생전 용인이씨와 감찰공의 위치를 짐작케 한다.

"두께가 내 짐작으로는 30센티 정도는 되는 거 같았어요. 나무관 두께도 그 정도 됐고."

작업하고 있던 포클레인으로는 어림없는 두께였다. 후손들은 곧 회반죽을 뚫을 수 있는 큰 포클레인을 오게 했다. 그렇게 회반죽을 깨트리고 열린 감찰공의 관 안의 모습은 수백 년 세월을 고스란히 밀봉하고 있었다.

"아!"

후손들에게서 일제히 탄성이 터졌다. 관이 열린 순간, 안개 같은 연무가 화륵, 피어올랐기 때문이었다. 어디 그 뿐이랴. 열린 관 안에는 감찰공이 온전한 모습을 드러내고 있었다.

미이라였다.

밀봉된 세월이 고스란히 감찰공의 모습을 후손들에게 내보인 것이다.

회반죽으로 밀봉돼 도굴 당하지 않고 보존된 감찰공의 시신은 고운 명주요 위에 놓였는데, 시신은 하얀 명주상복을 입고 머리에는 두건을 썼으며, 버선을 신은 차림이었다. 시신의 머리 곁에는 갓이 놓여 있었다.

"시신 곁에는 도자기 몇 점도 있었어요. 술잔 같은 것도 있었고."

밀봉된 탓에 온전히 남아있는 도자기는 부장품으로 넣는 명기(明器)였다. 조선의 법전인 《경국대전》에는 묘제에 규제 내용이 있고, 이에 따르면 정6품의 감찰을 지냈던 공의 무덤에 넣을 수 있는 명기의 개수는 20개였다.

관 안에는 정확히 20개의 사기로 만든 명기가 나란히 사자(死者) 감찰공 이형간의 사후를 위해 부장돼 있었다. 연갈색을 띤 사기와 달빛 사기가 각각 10점씩이었다. 명기는 찻잔과 받침, 술잔과 술병, 항아리, 사발 등이었고, 색깔별로 정확히 모양과 종류가 같았다. 크기는 살아 있는 사람은 쓸 수 없고 오직 죽은 사람만이 쓸 수 있도록(귀신의 그릇) 형태만 갖추어 작게 만들어 엄지 손톱만한 크기였다.

이범한 씨의 말은 계속된다.

"갓 끈은 옥으로 되어 있더라고요. 그런데……."

진한 아쉬움은 긴 세월을 지킨 진공이 공기와 만나면서 곧바로 산화를 시작했기 때문이었다.

"햇볕을 보니까……바로 삭아버리더라구요."

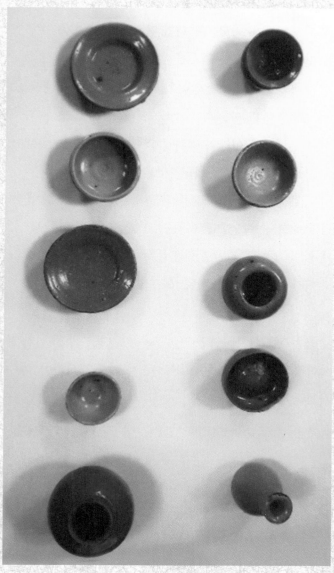

• 감찰공 이형간묘에서 나온 부장품.

안타까운 마음은 후손들 누구에게나 마찬가지였을 것이다.

"자세히 보니 바닥에도 회를 쳤는데, 핏물이 좀 고여 있더라구요. 흉
건이라고 할 정도는 아니고."

"상복을 걷어내니까 염하신 상태로 나오셨는데…… 그래서 운구를
할 수 없었어요."

원래 예정된 이장의 절차에 의하면 탈관을 할 차례였다. 말하자면
세월에 남았을 뼈들만 가려 모시는 단계.

"그래서 봉고차로 시신을 옮겼어요. 운구를 할 수 없으니까. 그날 엄
청 추웠고 진눈깨비도 내리고 바닥은 미끄럽고 시신은 젖고…… 어떻
게 할 수 없어서 비닐로 싸매서는……."

이장에 참여했던 후손들의 당시 마음이 얼마나 참담했을지 짐작
된다.

순식간에 삭아버린 옷과 갓…… 그리고 드문 미이라 등장이라는 역
사학적 의미를 생각하지 못했다는 아쉬움은 시간이 흐른 뒤 후손들이
겪어내야 할 마음이었다.

"오전 11시 반인가…… 아무튼 12시 이전에 신봉동 묘역으로 모셨
어요. 마무리는 다음날까지 했고."

"다른 분들 이장도 이날 같이 했어요. 다른 묘들은 모두 도굴이 다
됐고. 문인상도 같이 옮겨왔고."

"저희 집안은 탈관을 해요. 유골만 모시는. 바닥에 칠성판을 깔고 유
골을 일곱으로 묶고 창호지 깔고 칠성판 깔고 유골을 묶고, 이렇게 모
신 유골을 다시 이장한 곳에 그대로 놓는 거예요. 관은 태워버리거나

따로 묻거나 하고."

    그러니까 감찰공의 시신도 관에 넣어 옮기지 못한 이유가 탈관을 하는 용인이씨 장례풍습을 따르기 위한 방책이었던 것이다.

    감찰공을 비롯한 선조들의 이장의 절차는 다음날 제사로 마무리됐다. 이날 이장된 다섯 분의 선조 묘 중 이홍간 공의 묘는 이후 온양으로 다시 이장된다.

내가 본
시향時享 풍경

이렇게 이장된 묘역은 현재 하천 건너 LG 5차 아파트가 내려다보이는 곳에 자리 잡고 있다.

주소지로는 용인시 수지구 신봉동 산 179번지.

매년 음력 10월 3일과 7일 시향일이 되면 후손들은 이곳에 모인다.

하지만 대부분 신봉에 살았던 용인이씨 후손들에게 시향의 기억 장소는 이장하기 전 '새말'이다.

용인이씨 시제는 4일에 거처 치러지는 대행사다.

시제 날짜는 매년 10월 1, 2, 3일과 7일 이렇게 4일 동안 행해지는데, 이종기 씨에 의하면 이는 일제 강점기 때부터 해 온 전통이다. 그러니까 신봉리 후손들이 반드시 참여하는 새말에서의 시제는 마지막 7일에 치러지는 참의공파만의 행사인 셈이다.

매년 음력 8월 20일이 되면 후손들은 시제를 위한 대대적 행사, 벌초에 나선다.

이 또한 시제의 날짜처럼 정해놓았는데, 이 날이 되면 후손들은 의논해 정한 각지의 묘역들로 나누어 길을 나선다.

"21대, 20대, 19대까지 3대는 벌초살이라고 논밭을 해먹는 사람이 벌초를 해요."

이종기 씨의 말은 종손답이라고 일컫는 선조들이 마련해 대대로 물려준 종토에 농사를 짓는 사람들이 벌초를 한다는 뜻.

현재 이 논밭의 크기는 약 5~6천여 평이다.

이렇게 윗대의 선조들의 묘를 종손답을 짓는 이들이 하면 신봉동 후손들은 이후 선조들의 묘소를 나누어 벌초한다.

"직계 4대까지 벌초를 함께했어요."

이어지는 이종목 씨와 이승한 씨의 말.

"용인 삼가리 쪽 벌초도 하러 가셨을 거예요."

"난 세 군데 벌초를 했어요. 안산(지금의 묘역)하고 뒷산(현재 자이2차 뒷산), 그리고 새말."

"9대부터 18대까지 산소가 거의 다 신봉동에 모셔져 있었거든."

벌초에 대한 기억은 이어진다.

"무지 더웠어요. 벌초를 할 때면."

이는 벌초, '금초'에 참여한 후손들이라면 누구든 이구동성으로 하는 말.

"벌초하는 날이 잔칫날이기도 했지."

"자손들이 모여서 벌초, 그러니까 금초를 하면 아녀자들은 음식을 준비해요. 집성촌이라 다 십촌 십이촌 미만이요. 우리 집안이. 아래 윗

동네 모여 살기 때문에 모이면 많았어요. 남자 한 20명, 여자도 한 20명 정도."

이른 아침 종가집에는 벌초를 위해 일가들이 모여든다. 이때가 대략 오전 8시쯤. 그러면 준비한 밥을 먹고 정해진 대로 벌초길에 나선다. 이때 먼 곳의 이동수단은 경운기. 가까운 신봉동 쪽은 걸어서 이동했다.

"벌초가 끝나면 벌초한 풀들은 모두 가지고 돌아와 마당에 쌓았어요. 이 풀들을 널어 땔감으로 썼지."

그러니까 낫과 지게는 벌초하는 후손들의 필수품이었던 셈이다.

가시지 않은 더위에 비 오듯 흘렀을 땀, 성성한 여름 햇볕을 받고 무성히 자랐을 억센 풀들에 베였을 팔과 다리의 상처들, 가끔씩 집을 공격당한다고 여긴 벌들의 거센 공격……. 그럼에도 후손들에게 벌초 행사는 고역이 아닌 당연히 해야 할 경건한 행사였다.

"벌을 무서워하지 않았어요. 벌에 쏘이면서도 그냥 벌초를 한 거지. 내려와 된장 좀 바르고 그랬지요."

그렇게 벌초가 끝나면 후손들의 등 뒤엔 한가득 풀들이 지게 등짐져 있었다.

이때가 오후 2시쯤.

그 사이 종가집에 모인 여성 후손들의 손에 만들어진 음식들이 준비돼 있었다.

"사실 시제다 벌초다 뭐 이런 거 하면 애쓴 건 며느리들이었어요. 참 일들 많이 했어요. 수고는 집안여자들이 다 하고 그랬어요."

이 또한 남성 후손들이 한결같이 하는 말.

세상의 모든 일이 그러하듯 한 가문의 정신과 문화의 이어짐이란 어느 하나, 어느 한쪽의 노력만으로 가능한 일이 아닐 것이다. 벌초가 끝나고 10월 1일부터 시작되는 시제가 되면 시제 음식을 준비하는 용인이씨 며느리들의 손길은 더욱 바빠지고 힘들어진다.

"생각해보면 우리 집은 일 년 내내 시제 준비를 했던 거 같아요. 동네에서 돼지를 잡으면 돼지비계를 사서 천장에 매달아 놓은 것도 하나였지."

"돼지비계를 그렇게 해 놓은 건, 시제 때 전 같은 것 부칠 때, 솥뚜껑에 기름칠 하려고 그랬어요. 지금이야 식용유가 흔하지만 옛날엔 이걸로 다 했어. 돼지기름을 쓰면 응고되면서 음식물과 궁합이 좋았어요. 아주 고소했어요."

"아버지가 종손이니까 엄마가 고생을 엄청 하셨어요. 우리도 일 많이 도와드리고. 그래 봐야 잔심부름 정도지만."

"놋그릇 재로 닦던 거 기억나요? 지푸라기로 재를 묻혀서 닦았잖아요."

대종가집의 딸들이었던 영한 씨, 용자 씨의 기억은 일 년 전인 듯, 어제인 듯, 생생하다.

시제에 쓸 음식 중 많은 시간이 필요한 또 하나의 제물은 육포였다.

"육포를 쓰는데 소고기를 팔목까지 짜개서 건조해요. 말릴 때 파리가 못 들어가게 채등어리라는 채 안에서 말려요. 처마 밑에 매달아서.

지금은 호주육포가 많이 들어오지만 지금도 우리 문중은 우리 소고기를 두 마디 손목 지나서 안쪽만큼 말리는데, 말리는 일이 힘들어요. 상하면 안 되니까. 잘못하면 생고기라 잘 상해. 그래 파리도 못 들어가게 하고 또 바람도 중요해요. 신경을 많이 써야 하는 일이었지."

이종기 씨는 아침저녁으로 살피던 당숙모의 모습이 선하다고 말했다.

이처럼 정성이 많이 가는 육포 만드는 작업은 음력 7월 그믐이 시작이었다. 이때가 되면 선선한 바람이 불어오기 때문이라는 것. 이때 준비되는 양은 약 열한 근 정도였다.

시제에 준비되는 음식은 이밖에도 많았다. 다음은 시제에 올리는 음식들에 대한 후손들의 기억들.

"올렸던 음식 지금과 크게 다를 게 없고. 편 같은 걸 못하고 큰 떡가래를 대용해서 썼어요. 과일 같은 건 오색(다섯가지 색깔의 과일)을 썼고. 지금도 오색을 쓰잖아요. 큰 제사는 칠색을 쓰고 그래요. 과일은 아홉 가지를 올리고. 서쪽 밤 배 빈사과 손꾸락강정 다식 약과 감 대추 산자(유과)…… 아홉 가지."

"시제 전날 가면 떡을 괴었어요. 한 자씩 괴었어요. 밤을 쳐서 고이고, 대추 실 꿰서 돌돌 말아 올리고. 빈사과도 올리고. 편 위에는 쌀가루로 만든 웃기(작은 똥그란 전)를 놓고 가운데 주악(찹쌀가루를 반죽해 소를 넣어 송편처럼 만들어 기름에 지진 떡)을 놓았어요."

"왜정 때 살림살이가 넉넉지 않으니까 북어를 대체해서 썼어요. 문어포, 간천엽, 강정, 김치, 고사리, 도라지, 시금치를 올렸고……."

"떡을 한 자 괴었어요. 높이로 한 자. 모든 제물을 한 자씩 쌓았어요. 밤 치고, 깎아서 풀칠을 해서 고였고. 안에다 봉투를 만들어서 쌀을 담아서 삥 돌려서 밤을 밥풀로 붙였고요. 대추는 쌀 봉투 가운데 넣고 대추도 쌀풀로 붙였어요. 호두도 같은 방식으로 했고."

시제에 올리는 음식들 중 용인이씨만의 특징은 빈사과(종이로 만든 가짜 사과)를 쓴다는 것. 이종기 씨는 "지금이나 그때나 우리는 사과를 안 쓴다"며 유래는 자신도 알지 못한다고 밝혔다. 사과는 종이로 만드는데, 강정 모양이었다.

이렇게 벌초에 이어 음식까지 준비되면 10월 1일부터 3일 동안 이어지는 용인이씨의 연중 큰 행사인 시제가 시작되는데, 시제의 본격 준비는 9월 하순, 대종가집으로 사람들이 모여들면서다.

9월 하순,

광교산이 완만히 내려와 맷돌바위와 검두레산 사이 양지쪽에 자리 잡은 신봉 용인이씨들의 터전 새탄말과 중말, 그리고 양지말은 광교산 꼭대기부터 내려온 노오랗고 붉고 갈색의 가을빛 색깔들에 물들어가고 있었다. 양지말 너른 논은 추수를 끝낸 색이 바랜 벼 그루터기들과 군데군데 쌓아놓은 타작 끝낸 볏짚들이 가을 풍경을 만들고 있었다. 미처 하지 못한 몇 군데 논들에 자리한 알알이 익은 벼이삭들이 가을 바람에 촤르르륵, 제 몸 부딪치는 소리를 쏟아냈다.

바야흐로 시향의 계절이 다가온 것이다.

해마다 9월 말이 되면 신봉 용인이씨 사람들의 마음은 들썩이고 그들 모두의 마음은 양지말 대종가집을 향해 있다. 며칠 뒤면 사흘간의 대축제 시향의 시작이었다.

대종가집은 큰 대청을 가운데 둔 안채와 사랑채가 맞물리듯 자리하고 두 채의 가운데에는 너른 마당이 자리해 있었다.

"안채는 대들보 큰 게 있었어요. 거기에 상량문이 새겨져 있었고요. 또 우물이 있었고, 한쪽에 소 외양간이 있었어요. 화장실은 바깥에 있었고."

그리고 집의 뒤쪽 한쪽에 감추듯 모셔진 작은 나무집. 바로 신봉 용인이씨 사람들을 있게 한 4대 선조의 위패를 모신 사당이었다.

이종세 씨의 기억 속에 담긴 대종가집 그림은 이어진다. 지붕의 나무서까래를 지탱하기 위한 거대한 대들보, 그 아래 결 좋은 나무들이 가지런히 서로를 맞대고 짜인 대청마루, 마루 아래의 봉당, 봉당 아래 계단, 그 계단을 층층이 밟고 내려서면 있던 너른 마당…….

잔치의 시작은 깃발 같은 흰 천막을 치는 것부터 시작됐다.

"당겨요!"

"당깁니다!"

천막은 안채와 사랑채가 에두르고 있는 마당 전체에 쳐졌다.

안채와 사랑채를 귀퉁이 삼은 천이 팽팽히 당겨지면 대종가집 마당은 전혀 다른 세상으로 변했다. 그 천막 아래 대종가집 네 남매는 천방지축 동화 속 어린아이들처럼 즐거웠다.

"저는 네다섯 살 때부터 아버지를 따라 시향에 다녔어요. 하루 전날
이 되면 아버지 손을 잡고 시조발상지인 영덕 잔다리 종지기 집에서
잤는데……."

대종가집 종손답게 이주한 씨의 시제에 대한 기억은 내를 거슬러
오르는 연어들을 닮았다. 기억은 아득한 먼 옛날, 아장걸음을 걷던 네
살의 기억에까지 거슬러 오른다.

"영덕 잔다리 시향의 음식은 위토를 관리하면서 나온 재물로 관리

• 추원사에서 모시는 중시조 시향 모습

인들이 준비했어요. 당시 아버지 나 말고도 지방에서 올라온 종친들이 일고여덟 분 정도 됐어요. 전국 각지에서 오시니까. 그때야 어리니까 뭘 몰랐어요. 그냥 사람 많고 먹을 거 많으니 신기하고 즐거웠지. 시제 지내고 나면 봉송(封送)이라고 해서 시향 지낸 음식들을 나눠줬어요. 그게 좋았지. 당시엔 먹을 게 귀한 때였으니까."

10월 1일 아침이 되면 정숙한 분위기 속에 두루마기와 도포 제복으로 갈아입은 후손들의 시향이 준비된다. 준비한 모든 제수 음식들이 진설되면 초헌관 아헌관 종헌관의 주도 속에 시향이 시작된다.

"중시조 할아버지 시향에는 홀기를 읽고 제사를 지냅니다. 정2품 종3품 당하관들은, 그러니까 당상관 이상 벼슬을 하신 분들은 홀기를 읽어요. 그 이하는 홀기를 안 읽고. 홀기를 읽으면 한 시간 넘게 걸려요. 홀기를 안 읽으면 축문만 읽고 제사를 지내니 얼마 안 걸리고."

유학으로 심곡서원 원장을 지낸 이종기 씨의 설명은 상세하다.

홀기(笏記)는 시향을 지내는 순서를 적어놓은 것으로 '홀기를 읽는다'는 건 그 순서에 따라 제사를 지낸다는 의미. 대부분 '헌관급제집사개예(獻官及諸執事皆詣/헌관 및 모든 집사들은 앞으로 나오시오)'같이 제례를 시작하기 위한 참가자들의 행동을 정돈하는 말로 시작되는 홀기의 마지막은 '헌관급제집사이하개재배(獻官及諸執事以下皆再拜/헌관급 재집사 이하 모두 재배)' 국궁, 배, 흥, 배, 흥, 부복흥, 평신, 국궁(鞠躬/절을 할 마음을 가다듬고), 배(拜/무릎을 꿇고), 흥(興/허리를 펴 공수한 자세로 돌아오라), 부복흥(俯伏興/고개를 숙였다 들고), 평신(平身/몸을 일으켜라)과 '헌관지좌 분 축 지방 예필', 헌관지좌(獻官之左/헌관은 왼쪽으

130

로 나가) 분 축 지방(焚 祝 紙榜/축과 지방을 불사르고) 예필(禮畢/오늘 향
사를 모두 마친다)로 끝을 맺는다.

이종기 씨는 용인이씨 시향은 이후 헌관과 집사들이 올린 술을 나
누어 마시는 음복례(飮福禮)도 한다고 밝혔다.

"10시에 시제를 시작하는데, 다 끝나면 12시 반쯤 돼요. 그러면 점
심 먹고 헤어져. 나머지는 각 파별로 지내는데, 우리 큰집은 큰집파대
로 지내요. 그 이튿날 여섯 반상을 지내는 거지요. 22대에서 19대까지
4대를."

"이중 세 형제분인 19대조 할아버지가 양자로 들어가셨고, 그 따님
들이 위토를 장만해놓아 지금까지 시제를 지내드린다"고 했다. 그러니
까 비록 방계지만 이 분까지 여섯 분의 상을 지낸다는 뜻.

이에 대해 이주한 씨는 "음력 10월 2일은 상현동 묘역에서 지낸다.
지금 평은재라고 하는데 옛날엔 평은재라고 안 부르고 상현동묘역이
라고 불렀다"고 밝혔다.

시제는 다시 다음날, 그러니까 음력 10월 3일로 이어진다. 이날 시
제는 다시 각자 4개 파로 나뉘어 지냈는데, 이때 시향은 대종손댁에서
모든 제사가 준비된다.

"18대조, 17대조, 16대조(방조할아버지가 한 분 계신다), 15대조, 14대조
이렇게 5대 제사를 지내요. 여기에 자손 없는 분이 한 분 계셔요. 그래서
거기도 지내요. 그래서 아홉 반상을 지냅니다. 경주파도 거기서 같이 지
내요. 가만 있어보자…… 경주 세 분, 여섯 분 하고 해서 조자 민자 할아
버지가 방조 할아버지…… 맞아 모두 아홉 반상을 지내요."

"3일 동안 지내는 시제는 너무 힘들어요. 나이 드신 분들은 너무 힘들어 앉아서 묵념만 하시기도 할 정도로. 나는 이제까지 그래보지는 않았는데 근력이 없으면 천상 그렇게 할 수밖에 없어요. 그래서 마지막 참의공 시제는 한 사날 쉬었다가 지낸다고. 7일에 지내요. 힘드니까 일부러 날짜를 그렇게 잡은 거죠."

또 다른 이유로 여기 저기 흩어져 있던 산소도 한몫했다고 한다.

"그 전에는 산소가 용인도 있었고, 저기 자연농원 거기도 있었어요. 13대가 자연농원이고, 용인은 14대 중조 선산에 모셔져 있었고."

"이렇게 삼일 쉬고 7일 이어지는 시향은 13대하고…… 4대까지 열두 분 상을 지내면 우리는 끝이야. 시제가 다 끝나요."

그러니까 7일 신봉동 후손들이 지내는 참의공파 선조들은 24세 참의공 이시혁 할아버지부터 34세 이보상 할아버지까지 열두 분 상. 마치 장중한 한 편의 드라마를 보는 듯한 시향의 여정이다.

대종가집 종손 이주한 씨는 3일 간의 간격을 두는 또 다른 이유로 제사 음식 준비에 어려움이 있기 때문이라고 말했다. 온 집안 며느리와 딸들이 모두 모여 음식을 준비한다고 해도 4일 동안 올릴 제사음식 준비는 참으로 힘들고 고된 과정이었을 것이다. 이렇게 준비된 음식은 '당가'라고 불리는 교자에 메고 날랐다.

후손들에게 남아있는 시제에 대한 기억들은 조금씩 느낌을 달리한다.

"수지초등학교 뒤에 참판공 묘소가 있었어요. 시제 때 거기에 가면

• 봉계당에서 모시는 시향 모습

정평 아이들도 와요. 그러면 우리 시제에 왜 왔냐고 한 적이 있어요.
그때는 항렬이 뭔지도 모르고. 동창이 원자 상자 항렬도 있어요.”

　“아버지 따라 시향 따라다녔는데, 축문 읽는 거 흉내 내던 거 기억
나요. ‘유세차’를 ‘밤 대추……’ 하면서 운율에 따라 바꿔하던 것이.”

　“새말 뒷산에 선산이 있었는데 거기 시제를 가면 어르신들이 봉송
을 싸주시는데, 당시는 비닐이 없어가지고 양회푸대 누런 종이 거기
다 주셨어요. 그러면 논 볏짚으로 둘둘 말아서 집에 오던 게 생각나
요. 그때까지만 해도 먹을 게 많지 않았으니까 어린 마음에 그게 즐거
웠어요.”

"엄마가 시제준비 하면 곁에서 놀고 그랬던 기억이 나요. 정한이 집에서 차리면 놀고 자고 온 적도 있었어."

"시제 지내면 산에 같이 갔었어요. 가방 메고 따라 갔던 기억이 있어요. 남자들이 교자상을 메고, 들고 가면 따라갔었어요."

"난 따라간 기억은 안 나. 아마 없었던 거 같아요."

"수지초등학교 뒷동산 거기 많이 갔었어요. 산소에 가면 먹을 것도 많이 주고 그러니까. 그러면 어른들이 선조들에게 절하라고 했어요. 그래서 했어요. 절 하고 나서 음식 먹고 했지. 그때는 먹는 게 궁해가지고……. 뭐를 주면 받아가지고 오는 재미가 좋았지."

"이 분이 몇 대조이시고 함자는 뭐고 간단히 설명을 해줘가면서 시제를 지내면 더 좋겠어요. 옛날도 그렇지만 지금도 시제 가면 절만 하고 오는 것 같아요. 축문을 읽는데 알아듣는 사람이 얼마나 되겠어요. 나이든 사람들은 알겠지만……."

시간이 변하면서 시제의 모습이 달라지는 건 어쩌면 당연할 수도 있다. 참의공 후손들의 경우에도 선조 묘역을 이장하면서 모습이 많이 바뀌었다.

"한꺼번에 모시니 편리성에서 좋아졌어요. 제수 만들고 홀기 만들고 이런 절차 내가 다 만들었어요. 제기도 안성 유기점에 가서 다 맞추고."

이때 이종기 씨는 대종회 부회장 직함으로 종회 일을 볼 때였다.

이종기 씨는 더불어 용인이씨 전체 후손들의 화합에도 힘을 쏟는다고 밝혔다.

"13대 위폐를 모신 사당에 중시조 할아버지 아버지의 형제분(이광시)도 함께 모셨어요. 이 분 후손들이 주로 북한쪽 분들이에요. 음력 3월 열나흘 날 대제를 지내는데, 이분 후손들에게 꼭 헌관을 줘요. 다 우리 일가 아니에요. 다 껴안고 갈려고 그렇게 만들었어요."

화합을 위한 노력은 여기에 그치지 않는다.

"이사회도 같이 하고 부회장도 시키고 해요. 현재 용인대학교 이사장이 그쪽 분인데, 며느리가 총장을 해요. 아들은 이사장이고."

현재 용인이씨 인구는 약 4만여 명. 북한 지역에도 용인이씨들이 살고 있으니 통일된다면 용인이씨의 인구는 이보다 많을 것이고, 시향에 참여하는 후손들의 규모 또한 커질 것이다.

신봉리 잔치는
동네잔치

한 사람이 태어나 죽으며 겪는 중요한 전환기마다 한 사회는 중요한 의식(통과의례)을 준비했고, 신봉 용인이씨 후손들 또한 이 의식을 소중히 여기며 기념했다. 특히 혼인과 환갑은 생의 어떤 의식보다 소중한 의미였고, 당연히 용인이씨 한 집안에서 치러진 혼례식과 환갑 행사는 한 집안의 행사를 넘어 온 수지 지역 전체의 잔치가 됐다.

이중 집안의 한 사람이 태어나고 자라 60년이란 시간을 살아내고 맞는 환갑은 자식들이 부모에게 베푸는 감사의 잔치. 당연히 즐거움의 축제가 됐다.

현재 용인이씨 후손들이 부모님의 환갑을 맞이할 당시인 50~70년대는 수명이 길지 않았고, 환갑은 장수의 상징이었다.

잔치준비는 몇 년 전, 혹은 몇 달 전부터 시작됐다.

"환갑계라고 계를 묶었어요. 그 계에서 나온 돈으로 환갑을 치렀어요."

"몇 달 전부터 부모님 한복이며 두루마리 맞추고 음식준비하고 그랬지요."

환갑은 3일에 걸쳐 이루어졌다.

이때 중간 크기의 소 한 마리 값이 비용으로 들어갔다고. 비용 대부분은 환갑 맞이한 부모님 옷과 형제들 옷, 그리고 잔치비용에 쓰였다. 그렇다면 당시 축하객들의 부주는 어떠했을까?

"축하객들 중 부주로 돈 주시는 분은 거의 없었어요. 가끔 200원을 내면 많은 축이고 보통은 100원이나 50원."

그러나 이는 극히 드문 경우. 부주는 대부분 감주 한 동이, 술 한 동이, 국수 한 관, 콩나물 한 동이가 전부였다. 그러니까 당시 황소 한 마리 값이면 논 나쁜 거는 1000평, 좋은 논은 5~6백 평을 사던 시기였으니 잔치의 규모가 대단했음을 알 수 있다.

본격적인 환갑잔치는 초대하는 안내장을 우체국에 부치는 것으로 시작됐다. 그리고 잔칫날 아침, 자식들이 맞춰 준 고운 한복에 두루마리까지 갖춰 입은 주인공이 과일 떡 등 20여 가지 음식을 한 자 높이로 괴어 만든 잔치상 앞에 앉아 아들딸, 손자, 조카, 형제 등 친족들의 축하인사를 받았다.

다음은 누구보다 부모님의 환갑을 치러줄 때의 기억이 생생한 이종기, 이종린, 이주한 씨의 추억들.

"수원우시장에서 가져온 소머리 삶아 확 풀어지게 해 그릇에다 푸어 손님들 상에 내어놓으면 먹을 만했어요. 양념 좀 하고 실고치 썰어놓으면 보기도 좋고 맛도 좋고."

• 이민규(1907~1976) 회갑연 모습. 1968년 촬영

• 제36대 대종손 이종국(1917~1985) 회갑연 모습. 1978년 촬영

"첫날은 기생을 부르고 장구치고 춤추며 술 마시며 놀았어요."

"신봉 친족들은 물론이고 동천, 고기리, 성복리, 정평, 수지 지역 모든 사람들이 다 와서 축하해줬어요. 사흘 동안 했으니까. 근방의 거지들도 모두 와서 먹었어요."

"3일 동안 동네사람들은 집에서 밥을 안 먹었어요. 죄다 회갑잔치하는 집에서 먹었지."

이때 사흘 동안 온 축하객은 어림잡아 300여 명. 신봉과 수원 두 군데에서 아버지 회갑잔치를 열어드린 이종린 씨는 600여 명쯤으로 기억했다. 그러니까 신봉 용인이씨의 잔치는 주변 거지들 또한 모두 모여들어 함께 먹는 대동단결의 어울림장이 되었던 것이다.

혼례식 또한 수지 전 지역의 잔칫날이었다. 집안의 한 사람이 태어나고 자라 혼례를 치른다는 것은 독립된 하나의 가정을 이루며 제 역사를 이룬다는 의미. 당연히 혼례식 또한 지역 모든 사람들이 와 축하해주며 잔치를 벌였다.

"장가 들 때 쓰리쿼터를 타고 처가댁으로 가서 혼례식을 했어요."

이종기 씨의 혼례식날 기억은 당시 혼례풍습을 엿보게 한다.

"처가댁에 도착하면 채단이며 패물이 든 함이 신부방으로 들어가요."

이때 대청에는 혼례식 준비가 끝나 있었는데, 초례상 위에는 팥, 콩, 산닭, 청실홍실로 치장한 나무기러기 한 쌍 등이 놓여졌다.

"원삼 입고 족두리 쓴 신부가 양쪽에서 거드는 두 명과 함께 등장하면 사회자의 안내에 따라 혼례식이 치러졌어요. 먼저 신부 절을 시키는 두 사람이 신부 얼굴 보이지 않게 인사를 시켜요. 먼저 여자가 세 번, 신랑은 한 번 해요. 그러고서 앉아요. 청실홍실 술잔에 신부가 술을 따르면 거드는 이들이 술잔을 신랑에게 줘요. 그러면 신랑은 받아먹고 신부에게도 맑은 감주 한 잔을 줘요."

이종기 씨는 그래서 "죽어 삼 배 살아 삼 배"라는 말이 있는 것이라고 덧붙였다.

혼례가 끝나고 이종기 씨는 타고 갔던 쓰리쿼터에 신부와 혼수를 싣고 신봉으로 돌아왔다.

"우리 시절엔 첫날밤을 처갓집에서 안 잤어요. 할아버지 대에는 처갓집에서 잤어요."

신봉 용인이씨의 독특한 풍습은 신부가 신랑의 집에 첫 발을 디디면서 이뤄졌다.

"집으로 들어가기 전 문에서 식구수대로 숟가락을 줘요. 그러면 신부는 양푼에서 딸그락 소리가 나게 떨어트려요. 첫 관문인 셈이에요."

아마도 숟가락을 떨어뜨리는 의미는 시집식구들 숫자를 알리는 과정이 아니었겠느냐는 게 이종기 씨의 설명. 당시 이종기 씨는 대식구라 숟가락 숫자가 많았다.

이종린 씨도 신봉에서 혼례식을 치렀다. 혼례날 아침 쓰리쿼터를 타고 신부집으로 가서 혼례를 치른 뒤 그날 신랑 집으로 오는 과정은 이종기 씨와 같았다. 다른 점은 피난민이었던 처가댁의 형편 탓에 인

• 이종린과 김란자 혼례사진. 1955년 촬영

천에서 신식혼례식을 간단하게 다시 치른 게 다르다면 다른 점.

"집 사람 될 사람이 인천에서 신봉 중말에 피난 와 있었는데 당숙할머니가 중매를 서서 혼인을 하게 됐어요."

혼례풍습 중 이종린 씨 기억에 유별난 것은 신랑에게 재 던지는 풍습.

"혼인날 재를 삼태기로 갔다가 머리에서부터 뒤집어 씌워가지고 명주바지며 혼례복이며 다 재 범벅이 됐어요. 성질이 좀 났지만 좋은 날에 좋은 마음으로 하는 일이니 뭐라 할 수도 없었어요. 참 장난이 심했어요."

재는 삼태기째로 붓는 것뿐 아니라 신문지에 눈덩이처럼 돌돌 말아 던지기도 했고, 그 뭉친 재 안에 돌을 넣어 던지기도 했다.

잔치는 이런 모든 혼례과정이 끝나고 신부와 함께 신랑 집으로 오면서 시작됐다.

"그때 잔치음식은 모두 국수였어요."

물론 국수는 주 메뉴였고, 전(煎)이며 다른 음식들도 차려 내어졌다.

"잔치라고 동네사람 다 와서 먹고 그랬어요. 친구들은 그날 안 갔어요. 사랑방 두 칸에 친구들이 밤새도록 술 먹고 놀다가 갔어요."

신랑의 두 발을 묶어 대들보에 묶고 북어로 때리는 일도 피로연 과정에서 이루어졌다.

이처럼 온동네를 넘어 수지 전지역의 잔치가 되었던 신봉 용인이씨들의 환갑, 혼례 잔치의 풍습은 그러나 80년대를 넘어오며 옛풍습과 호텔 등 건물에서 하는 새로운 풍습이 공존하다 90년대 들어서면서 옛잔치의 모습은 사라지게 된다.

대종가집의 시련
대화재와 6·25 전쟁

이종세 씨는 그날을 기억했다.

"내가 아주 조그마할 때였는데, 우리 집에 불이 났어요. 그래 튀어 나왔는데……."

어머니의 손에 끌려 튀어나왔을 때 어린 이종세의 눈에 비치던 불 길은 두려움 그 자체였을 것이다.

"밤이었어요. 캄캄했는데. 사당에도 불이 붙어 타고 있었어요. 안채도 타고 있었어요."

한밤중에 난 불, 불타는 사당, 사당 안에 모셔져 있던 위패들, 불타는 안채, 안채 뒤 툇마루에 쌓여 있던 대종가집 서적들. 어느 것 하나 귀하 지 않은 것이 없었으나 이종세 씨 아버지가 구한 1순위는 위패였다.

"아버지가 불타는 사당에서 뛰쳐나오셨는데, 손에 위패가 들려 있 었어요. 위패 한 귀퉁이가 불이 붙어 까맣게 변해 있었던 게 기억나 요."

자칫 몸에 불이 붙을 수도 있던 상황, 그럼에도 이종세 씨의 아버지, 36세 이장규 공은 위험을 무릅쓰고 선조들의 혼령을 모신 위패를 구해냈던 것이다.

　"아버지는 귀에 화상을 입었어요. 귀가 붉었었어요."

　다행히 이장규 씨의 이 화상을 제외하면 사람 피해는 없었다. 그러나 안채는 모두 불탔고, 툇마루에 있던 서적들과 유품들은 모조리 화마 속에 사라져버렸다.

　불 난 당시의 상황을 기억하는 또 다른 후손은 이종화 씨다.

　"아주 어릴 때였는데 방 창이 불길로 환했어요. 종가집이 우리 집과 지근거리였는데 불길이 솟아오르더라고."

　이종화 씨의 집과 대종가집과는 가운데 채마밭과 방앗간을 사이에 두고 있던 상태. 불난 상황을 새탄말이나 중말의 어느 집보다 먼저 알아차렸던 것이다.

　"막 달려갔던 기억이 있어요."

　이종화 씨의 기억은 여기까지. 그러나 대종가집의 불을 끄기 위해 가까운 양지말의 사람들부터 중말, 그리고 새탄말의 사람들은 숨이 턱에 닿도록 물 담은 그릇들을 들고 내달려 와 혼신의 힘을 다했을 것이다.

　그렇다면 불은 왜 났던 것일까?

　"이유는 모르겠어요. 당시엔 전기가 없었잖아요. 기름 넣은 등잔불을 썼었는데, 등잔불을 놓은 등잔걸이가 나무등잔걸이에요. 아마도 석유 붓다가 불이 난 건지……."

이후 종가집 안채는 각 파에서 추렴을 해 그 자리에 다시 지어진다.

38세 대종가집 종손 이주한 씨에게는 긴 세월이 지나도 사라지지 않는 한이 있다. 신봉의 입향조가 누구인지 궁금할 때마다, 안채 뒤 툇마루에 쌓였던 수많은 선조의 서적들을 생각할 때마다, 때로는 안타까움이 때로는 죄책감이 사실적인 책임과는 상관없이 그를 힘들게 한다.

한 번도 뵌 적 없는 할아버지에 대한 감정 또한 이와 비슷하다. 오직 상상으로만 그려보는 할아버지는 아버지의 말씀만이 추억이다.

"저희에게는 할아버지를 모신 실묘가 없습니다."

사연의 시작은 6·25 전쟁에서 시작됐다. 나라의 일이 어떻게 한 가문의 전통과 한 개인의 삶과 죽음에 영향을 주는지 용인이씨 가문에서도 확인할 수 있는 것이다.

"아버님께 들은 말로 할아버지는 1·4후퇴 때 피난 가시다가 실종이 되셨어요. 작은아버님 두 분이 경찰관이셨거든요. 경찰 가족은 인민군이 다 죽인다니까 할아버지 혼자 우마차에 족보하고 옛날 서적들 싣고 떠나신 거죠."

그러니까 가족들의 죽음뿐만 아니라 대종가집의 종손으로서 가문 대대로 물려 내려온 족보며 서적이며 유품들을 지키기 위해 할아버지는 홀로 우마차를 끌고 집을 나선 것이다.

"할아버지 풍채가 좋으셨다고 해요."

혼자서도 지킬 수 있다는 자신감은 지켜야겠다는 간절함이 낸 용기였을 것이다. 그러나 당시는 인간의 존엄이나 유교적 체면 따위 아랑

곳 없는, 상대편은 죽여도 된다는 합법적 살육이 나라 전체에 자행되던 전쟁 와중.

"나무궤짝 같은 거도 함께 실었다는 걸로 봐서 아마도 귀중품 같은 것도 함께 싣지 않았을까 싶어요……."

말 줄임 속에 담긴 아쉬움은 듣지 않아도 충분히 상상이 되는 상황.

그렇게 할아버지의 흔적은 사라졌다. 함께 실려나간 용인이씨 유품들 또한 흔적 없다.

"아마 귀금속 같은 것도 실려 있지 않았을까…… 그러니 위험한 상황에 처하게 되고…… 추측만 하는 거예요."

"그렇게 실종되셔 가지고 저희가 나가신 날로 제사를 모시고 있어요. 묘소는 할머니 옆에 허묘로 모셨어요. 이름만 새겨서."

이 허묘는 현재 안성시 가사동에 있다.

이렇듯 화재로 유품을 잃은 용인이씨 대종가댁은 6·25전쟁으로 다시 아픔을 겪는다.

"종가댁임에도 자료가 없어요……."

두고두고 후손들이 간직한 아쉬움이 남는 여운만이 가득하다.

끊임없이
이어지는 삶

■ 나라 잃은 일제강점기

한 나라를 이루는 한 사람 한 사람의 존재,

한 나라를 이루는 한 가문 한 가문의 존재,

그 모든 존재들이 씨실과 날실로 엮어서 이루어낸 '나라'라는 공동체.

그러기에 한 '국가'가 겪는 흥망성쇠의 일은 고스란히 한 개인의 생사를, 한 가문의 흥망성쇠의 일이 된다.

일제강점기 신봉에 자리 잡고 산 용인이씨 후손들의 삶 또한 나라 잃은 사람들이었고 일제의 탈취와 억압에 고통 받아야 했다.

이 시기의 기억을 가진 용인이씨 후손들은 현재 80세 이상의 고령인 분들.

37세 이종세 씨는 36년생이니 현재 84세다.

이종세 씨가 독립을 맞이한 해는 10세 때.

그가 기억하는 일제 강점기의 기억은 어린이의 시야에 머물러 있을 것이다.

"왜정 시대 말도 못해요. 내게는 종국, 종헌, 종일 이렇게 오빠가 셋이 있었어요. 내가 막내였고. 일제 때 오빠가 탄광에 끌려갔어요. 남양 군도."

여기서의 오빠는 큰오빠 종국씨. 당시 광교산 자락의 깊은 시골이었을 신봉에도 악마 같은 일제의 손길은 피할 수 없었던 것이다.

"그뿐만이 아니에요. 일본놈들이 공출하라고 해 쌀을 다 가져갔어요. 우리 집이 대종가집이라 농사가 많았는데, 가을에 그네(천치)라고 해서 거기에 나락을 훑어서 멍석에 널어놓는데, 그걸 일본놈들이 와서 공출이라고 해 다 가져가 버렸어요. 그래 쌀이 부족하니까 감자를 쪄서 밥을 해 먹었어요."

그러니까 교과서로만 배우던 일제의 수탈은 조선의 땅 어느 곳이든 피할 수 없었던 셈이다.

"일본놈들은 뭐든 맘대로 못하게 했어. 먹는 것도 감시를 하는 거지, 다 걷어가고도 혹 숨긴 쌀이 어디 있나 하고 집을 뒤졌어요. 군복을 입고. 일본놈이 군복을 입고 와서 감시를 하고 그랬어. 늘 왔다 갔다 한두 명씩 와서는…… 일주일에 두어 번 씩 총 메고 동네를 한 바퀴씩 돌고 그랬어요."

탄압은 자료로 배운 이후 세대들의 상상을 초월한다. 이종세 씨가 기억하는 일제 강점기의 수탈은 학교에서도 어김없었다.

"왜정 때는 자유가 하나도 없었어요. 학교에서는 한국말을 못하게 했어요. 수지초등학교 일학년 때인가…… 일본 절이 있었어. 산 위에다 지어놨는데, 계단을 이렇게 만들어서 일주일에 한 번씩 끌고 가서…… 가미사교…… 단체로 끌고 가서 묵념하게 하고……. 조회하고…… 일본말로…… 하이…… 지금은 하나도 생각이 안 나, 안 쓰니까. 잊어버리는 거야. 지겨워서 생각을 안 하니까."

어린 소녀가 일제에 대항해 할 수 있는 건 그저 싫어하는 마음을 내는 것뿐.

"일본 사람만 봐도 진저리가 났어요."

해방이 됐을 때의 기쁨이 어떠했을지는 이종세 씨의 말을 듣지 않아도 짐작 가능한 일. 이종세 씨의 기억에도 만세를 부르며 마을길을 내달리던 마을 일가친척들의 모습이 선하다. 집집마다 내걸렸던 태극기들도.

"학교 다닐 때 정말 힘들었어요. 신발이 짚세기라 발이 얼마나 시리던지. 발바닥에 얼음이 베기고 학교 갔다 오면 학질에 걸려 앓기도 했어요."

이제부터 이종세 씨의 말은 일제강점기 전후의 기억들.

"당시 정자뜰에 병원 하나 있었는데, 너무 비싸서 못 갔어요. 학질 같은 건 병도 아니야."

당시 그가 기억하는 민간요법은 미신에 가깝다.

"당시 학교 뒤에 산소, 참판공 할아버지 산소가 있었는데, 열십자로 넘고 또 넘으면 낫는다고 했어. 그래서 그렇게 했어요."

또 다른 민간요법은 이가 아프면 하던 처방.

"할미꽃 뿌리를 캐다가 뚝배기에다 기름을 넣어 끓여서 밤새 잇몸에 다 댔어요. 뜨거운 기름에 충이 죽잖아. 그런데 잇몸이 상해버리더라고. 지금 다 틀니예요."

슬픈 이야기는 계속된다.

"모내기 하는 날 가서 하기도 했는데, 거머리라고 그때 우리는 검절이라고 했어요. 납작하게 다리에 달렸어요. 피 뜯어먹으려고. 그럼 피가 나고 엄청 가려웠어. 근데 뭐 약이 있나……."

고통을 온전히 고통으로 느끼고 받아들여야 했던 시절이었던 셈이다.

도깨비에 대한 기억 또한 잊을 수 없는 경험이다.

"도깨비가 많았어요. 다섯 살 땐가…… 작은 집이 있었어요. 초가집에 싸릿문을 해 놨는데, 도깨비가 문간에 딱 서 있는 거야. 눈이 빤딱빤딱…… 생생해. 뿔이 이렇게 나고 옷도 짚 치마를 입었어. 위는 검은 것을 입었고. 지팽이를 짚었어. 눈이 옆으로 퍼졌어. 빨개…… 소리 지르고 기절을 해 버렸어요."

지금도 도깨비가 있다고 믿는다.

그렇듯 생생하게 두 눈으로 보았는데 어떻게 잊을 수 있으며 존재하지 않는다고 생각할 수 있을까 여긴다. 그가 본 도깨비는 또 있다.

"새말 종중산에 골창이 있는데, 어둑어둑한데 모래를 끼얹어. 도깨비들이 장난을 하는 거야. 어릴 때 아버지하고 사랑방을 같이 썼는데 한 시나 두 시쯤 되면 도깨비들이 절구질을 하는 거야. 빈집에서. 매일처럼. 도깨비들이 장난을 치는 거야."

그런 도깨비들이 부린다고 여긴 현상들은 그러나 해방이 되면서 사라졌다고.

그 이유가 무엇일까? 답은 이종세 씨의 말 속에 있는지도 모르겠다.

"옛날에는 심심했어요. 심심해서 못살았어요. 아무튼 해방되고 한참 되니까 다 없어졌어······."

대종가집 딸로 태어나 해방이 된 후 당시 수원여고를 나온 이종세 씨의 어린 시절 기억은 이밖에도 많다.

"일제시대 쌀은 다 뺏기고 배추는 땅이 있어서 해 먹었어요. 목화를 심어 그 솜을 쐐기로 틀어서 물레질로 저고리를 해 입었고, 이불솜도 만들었고."

"그때는 농사를 짓는 게 다였지. 아버지가 대종손이니까 밭이고 논이고 많았어요. 아버지가 논 가운데 밤나무도 수천 그루를 심어놓았어요. 뒷골 돌아가면 미골이 있어요. 거기 감나무를 많이 심었어요. 가을이면 그거 따서 연시 앉혀서 먹고."

"그 당시엔 농사를 지어서 생활을 하는데 돈이 없었어요. 돈이 돌아가지 않아. 나무 같은 걸 팔아서 돈을 만들었어요. 솔가지를 모아서 소양쪽에 거는 게 있어요. 양팔을 벌려 이만하게. 그 시절에는 교통이 불편했어요. 차가 하나도 없었어요. 소로 교통수단을 만들어서 다녔지. 소가 얼마나 힘들었겠어. 수원 매향동 다리가 시장통이야. 거기다 팔았지."

"나는 아버지가 하라는 대로 했어요. 소나무 이런 거. 그땐 소나무가 많았잖아요. 장작을 잘라서 일고여덟 개를 머리에 이고 산동네 매향동 길을 고불고불 올라갔다 내려갔다……."

"그때 가던 고갯길에 서낭당이 있었어요. 돌이 많이 쌓여 있는데 갈 때마다 돌 하나씩 하나씩을 던졌어요. 무사하게 해달라고. 부잣집 딸 인데 아버지가 용돈 벌어 쓰라고……."

오래도록 사람들 마음에 등불같이 되었을 민간 신앙은 서낭당과 더불어 굿판에도 남아 있었다.

"우리 어머니는 애들이 아프면 죽을 쑤어서 버렸어요. 귀신 쫓아낸 다고. 이게 그 시절에는 감쪽같이 낫는 거야. 푸닥거리도 했고. 태봉골 에 절이 하나 있었는데, 엄마 따라 절에 가서 절하고 오고 그랬어요."

감당할 수 없는 불행이 닥쳤을 때 불행의 원인자를 찾아 해결하고자 하는 노력들은 이렇게 긴 역사 속에서 민속의 모습으로 살아 있었다.

1940년대 이종세 씨가 기억하는 광교산은 호랑이도 품은 산이었다.

"그 시대 호랑이가 내려오면 애들도 잡아가고 어른도 잡아간다고 그랬어요. 전에 어른이 잡혀서 죽었다는 말도 들었어요. 광교산이 험 해. 거기서 호랑이가 나와요. 호랑이가 으르렁거리고. 올 때는 산에서 반딱반딱하는 게 보여. 저기 호랑이 왔다고 하면 놀라서 나가지도 못 했어요."

호랑이도 있으니 족제비며 여우같은 다른 동물들은 말할 것도 없었 을 것이다.

"늑대도 있었어요. 노루도 있었고. 사람 눈에 잘 안 보이지. 경찰하던 우리 작은 오빠가 효도하느라고 밭에다가 꿩덫을 놓았어요. 안산밭에. 그때 오빠가 이렇게 기도한대요. '엄마 아빠 드리게 잡히게 해주세요.' 효도하는 마음에서 기도하는 거지. 그러면 영락없이 잡아와. 수꿩 얼마나 맛있는지. 볶아서 먹으면. 비가 많이 오면 개천으로 달려가 팬티 하나 입고 헤엄치고 했던 것도 기억나고. 물이 꽤 깊었어요. 파란 물이 출렁출렁……."

지금도 깍깍, 무리지어 짖는 까치며, 다리와 목이 길어 우아한 황새의 날갯짓이며, 훨훨 난 황새가 고목나무에 앉는 풍경들이 아련하다.

• 수지초등학교 제12회 졸업식 사진. 넷째 줄 좌측에서 세번째 이종린. 1946년 촬영

■ 해방 이후의 신봉동

나라를 되찾으면서 50년대 거쳐 60년대 70년대의 신봉 모습도 달라진다.

남과 북이 나뉘었으나 온전한 주권으로 나라의 경영을 우리의 손으로 해 나가는 국가의 정책에 따라 신봉의 모습도 발맞추어 변화해간다. 비록 1948년 시작된 이승만 집권기며, 1960년 4대 대통령이 된 윤보선, 1963년부터 1979년까지 대통령을 지낸 박정희 집권기, 그리고 1979년 최규하 대통령에 이은 1980년 집권한 전두환 집권기까지의 시기별로 변화의 시기를 정확히 구분해 기억할 수 없지만 신봉 용인 이씨 참의공파 후손들의 삶의 변화는 각 정권의 정책들의 변화 속에서 함께 호흡하며 변화해 왔다.

■ 피해갈 수 없는 전쟁

이 같은 현대사의 변화에 가장 큰 영향력을 가진 상황은 남북 분단과 이로 인해 발발한 6·25전쟁. 이후 우리나라는 남북대치라는 절대적 상황이 주는 영향 안에서 움직여 왔고, 이는 통일을 이루지 못한 지금까지 현재형이다.

신봉의 용인이씨 후손들의 삶 또한 예외일 수 없었다. 이들이 겪은 일, 검두레산에 널린 해골들과 탄피, 간첩소동, 미군들의 훈련과 관련된 일화들은 모두 남북분단이라는 대치상황에 얽혀 있다.

특히 대종가집은 36세 장규 공의 실종과 사료의 분실에 이어 장규 공의 셋째 아들, 37세 이종일을 잃었다.

"육이오 사변이 나니까 셋째오빠가 민주경찰로 전쟁에 나갔어요. 용인 구봉산에서 싸움이 붙었는데, 그만…… 머리에 총을 맞아 전사했어요. 아버지가 실신을 하시고……."

주검으로 관 속에 담겨 돌아온 아들을 보고 실신해버린 아버지의 모습이 생생하다.

"이슬처럼 사라져버리니 얼마나 불쌍하고 충격이었겠어요."

이후 가족 모두는 나뉘어 피난을 가게 된다. 종세 씨는 집안의 가보를 지키기 위해 우마차에 서적이며 유품을 궤짝으로 싣고 먼저 떠난 아버지 뒤를 이어 어머니와 두 조카들을 데리고 대구를 향해 피난길에 나서는데 이 길이 아버지와 마지막이었다.

"열네 살에 피난길에 나서는데, 오빠가 기차표를 사 줬어요. 엄마랑 열차 안에 타지 못해 기차 밖에 매달려서 갔어요. 아버지가 대구로 피난가신다고 해서 아버지 만나러 가는 거였어. 근데 아버지를 만나지 못했어요. 아버지 찾으려고 광고도 내고 했는데……."

이종세 씨의 생생한 증언은 계속된다.

"고생고생 말도 못해요. 내가 살림 다 했어요. 떡 장사를 다 해봤어……. 계피떡을 사다가 역 앞에 놓고. 사람들 많은데 부끄럼도 모르고 팔았어요. 살아야 하니까. 꽤 잘 사갔어요."

이렇게 아버지를 찾기 위해 애를 쓰던 어머니와 종세 씨는 1년 뒤 신

• 전쟁의 포화를 피해 고향을 등지고 떠나는 피난열차. 1951년 촬영. 수원역사박물관 제공

봉으로 귀가한다.

6·25를 당해 피난갔다가 신봉동에 돌아온 후손들 중에는 이종린 씨도 있었다.

"그때 아버지가 공무원이셨는데, 전쟁통에 부상을 당하셨어요. 전쟁이 끝나고 고향 신봉으로 돌아오는데 집이 불에 안 타고 남아 있는지 궁금했어요. 부상당한 아버지를 모시고 도마치 고개를 넘어오는데 집이 불이 다 타버렸으면 어떡하나 어찌나 가슴이 조마조마하던지. 근데 도마치 고개를 딱 넘어서니까 집 지붕이 보이는 거예요."

그러나 살 집이 남아 있다는 기쁨도 잠시 중공군들이 점령해 쓴 집은 엉망이었다.

"방에 멍석이 깔려 있고 소는 이미 잡아먹어버려 없고, 집 뒤에 반 공호를 파서 숨겨놓은 쌀 두 가마, 콩 한 가마, 벼 몇가마는 다 캐어가서 없고……."

하지만 그대로 주저앉아 있을 수는 없는 노릇, 이종린 씨는 엉망진창이 되어 있는 집을 치우고 아버지의 부상을 위해 페니실린을 구하고 수원 도립병원 누님간호사들에게 주사 놓는 법까지 배워 지극으로 간호했다.

이승한 씨의 기억도 6·25와 직접 맞닿아 있다.

"광교산이 6·25 격전지였어요. 적군이 먼저 와서 퇴로를 막았어요. 중공군이 들어왔을 때. 우리 어머니 말씀하시는 걸 들어보면 총알이 비 오듯 쏟아졌대요."

이때 이승한 씨 어머니가 피난 간 곳은 광교산 자락, 양지말 뒷산인 검두레산.

"거기 맷돌바위라고 부르는 곳이 있었어요. 지금 LG자이 2차 아파트 뒤. 거기로 피난했대요."

"우리 어머니는 1·4후퇴 때 남양으로 피난 갔어요."

이는 이종목 씨의 말.

"지금 화성 비봉면 상기리인데 대고모댁이 부자니까, 그리고 상기리가 오지라 큰 피해는 없었대요."

신봉에서 일어난 6·25에 대한 증언은 계속 이어진다.

"우리 동네가 격전지였어요. 홍천말은 인민군이 점령할 때 젊은 남자들이 많이 죽었어요. 그래 옛날 할머니 또래들은 과부가 많이 있었

• 6·25사변의 격전지인 광교산에서 전사자 유해 발굴 모습. 2019년 촬영

어요."

　이종찬 씨의 말은 우리가 잘 알고 있는 지리산 기슭에서 일어났던 밤은 인민군 세상, 낮은 국군 세상의 일이 신봉에서도 일어났음을 알려준다.

　"홍천말에 느티나무가 많았어요. 아름드리 느티나무가 몇 그루가 있었는데 6·25사변 때 북한군이 거기에서 사람들을 죽였대요. 십여 명 죽었대요. 나는 직접 보지는 못했지만……."

　이종세 씨의 증언은 참혹함의 상상마저 불가능하게 한다. 이후 검두레산에서 무수히 나왔다는 해골이며 뼈들, 그리고 탄피들은 6·25가 남긴 증거물.

선조들의 삶　우리들의 삶

"검두레산에 파편이 많았어요. 주워서 엿 바꿔 먹었어요."

"쇠 캐는 쇠꾼들이 캐는 걸 여러 번 봤어요. 그때 죽은 인민군 형제가 총채 매고 죽어 있는 시체도 봤어요."

"맷돌바위 쪽으로 나무하러 가면 해골이 굴러다녔어. 총알 주워 엿 바꿔 먹고 그랬어요. 유해발굴은 거기서 해야 돼."

"태봉골로 나무하러 많이 갔어요. 태봉골은 왕실에서 태어난 왕자나 공주의 태를 묻었다고 해서 태봉골이에요. 집에서 올라가면 태봉골 있고 맷돌바위가 있고 그랬는데, 그 맷돌바위 근처에 반공구덩이가 있어요. 피신하고 하던. 그 구덩이에 해골이 있었어요. 뼈들도 있고. 총알도 캐고 그랬지."

증거물들은 또다시 그곳을 터전으로 살아가는 사람들에게 잊지 못할 사건들을 남겼다. 다음은 이주한 씨의 증언.

"2년 선배 김주경이라고 있었어요. 동녘말에 살았는데 하루는 수류탄을 주웠어요. 하필 만년필수류탄을 주웠는데 그걸 불에 태우다가 터져 실명을 했어요. 지금도 실명한 채이고……."

6·25라는 민족상잔이 남긴 흔적은 이렇게 이후 대한민국 사람들의 삶을, 신봉 용인이씨들의 삶에 지대한 영향을 끼친다. 간첩 또한 그 하나다.

"중학교 때였어요. 동녘말에 이종열이라고 타성이 살았는데 예비군 훈련 받기 싫어 검두레산에 간첩이 나타났다고 허위 신고를 했어요. 공수부대 한 부대가 뜨고 난리가 났었어요."

예비군 제도는 1968년 4월 1일 '조국의 비상사태에 대처하여 자주국방태세 확립과 후방방위를 더욱 강화하기 위하여' 만든 제도. 당시 군대에 다녀온 남자들은 다시 예비군에 편입돼 정해진 훈련을 받아야 했다. 이주한 씨는 당시 이종열 씨는 간첩이 내려온 것처럼 보이기 위해 밥을 먹은 흔적을 꾸몄다고 덧붙였다. 하지만 어설픈 조작은 금세 드러나기 마련.

• 당시 간첩신고 포스터.

간첩에 얽힌 기억은 이종찬 씨도 가지고 있다.

"초등학교 때 겨울이 되면 땔나무를 하기 위해 풍무골 맷돌바위 상지배고개(새탄말마을에서 산으로 오르면 있다)를 올라가곤 했어요. 그 산에 맷돌바위, 꿩바위, 범바위가 있었는데 거기에 뱀들이 많았어요. 땅꾼들이 뱀을 잡기 위해 많이 왔었어요. 땅꾼들이 불을 때면 뱀이 기어나오는데, 아마 수백 마리가 나왔을 거예요. 제가 초등학교 3학년 때, 형은 5학년 땐데 풍무골 위 꼭대기, 거기 우리 논이 있었어요. 노고미테라고 했는데, 거기 파란 옷을 입은 사람이 있더라고. 그때는 간첩이 많은 때라 간첩인 줄 알고 신고하고 난리가 났었어요."

■ **통행금지의 추억**

　광교산에서 훈련하는 미군들과 관련된 일화 또한 남과 북의 대치가 만들어낸 상황이다.

　"미군이 오면 새말 앞 개울에 미군들이 텐트 치고 훈련을 했어요. 신기하니까 우리가 가면 초콜릿도 던져주고 그랬어. 추우니까 장작으로 불 피워 불 쬐는 거야. 미군들이. 장작 갖다 주면 담배 한 갑도 주고, 또 간스메(통조림)도 이만큼 주는 거야."

　이때 받은 담배가 30여 갑, 간스메는 '얼마든지 많았던 것'으로 이승한 씨는 기억했다. 다음은 이종목 씨의 기억.

　"기브미 초콜렛, 기브미 시가렛 많이 했어요. 미군들이 새말 동네앞 하천에서 텐트 치고 훈련을 많이 했어요. "

　이밖에 국민교육헌장이 선포되고 외워야 했던 것도, 학교에서 교련 수업이 편성되어 훈련을 받아야 했던 것도, 통금으로 시간의 통제를 받았던 것도 남북대치가 불러온 풍경이었다.

　"아마 68년 김신조가 청와대를 습격하는 사건 때문에 생겼을 거예요, 교련수업이."

　"교련수업은 1학년부터 3학년 때까지 했어."

　"대학교에도 교련 과목이 있었어."

　"교련은 군인과 똑같은 훈련이었어. 연대장이 있었잖아."

　"문무대 갔다 오면 2개월 빼줬던 거 생각나네."

"일주일에 한 시간씩 했는데 정말 빡세게 했어. 포복 총검술 각개전투 제식훈련 행군 눈 가리고 소총 맞추기……."

"경진대회도 했잖아."

"맞아. 수원공설운동장에서 했어. 수류탄 멀리 던지기, 안착시키기, 총검술 사낭(모래주머니)나르기 40키로를. 이건 자루에 메고 뛰는 것이었어."

"여자들도 했어."

"맞아. 여자들도 교련시간에 간호장교들이 와서 인공호흡 같은 구급하는 걸 배웠어."

"아마 80년도에 없어졌을 걸?"

함께 모인 신봉 용인이씨 남자후손들의 증언들은 이어달리기 바통을 이어받듯 계속됐다.

"통행금지도 생각나네. 통금시간이 되면 사이렌이 울렸잖아."

"우리는 시골에 살아서 통행금지를 모르고 살았어."

"사이렌이 불면 방범순찰대가 순찰을 돌며 단속을 했잖아. 걸리면 경찰서 가야 했어요. 그곳에서 자야 했지. 그러면 새벽 4시에 나와."

"그래서 일부러 통금 시간이 되면 파출소에 들어가기도 했어."

"그때는 간첩이 많았어요. 그래서 통금이 있었어."

"그거 아세요? 충북에만 통금이 없었어요. 한 번은 장호원에 사는 친구 집에 놀러 갔는데, 친구가 여기서 12시까지만 있어보래. 재미있

• 신봉 젊은이들의 많이 찾은 수원 중앙극장의 설날 모습.
1984년 촬영 수원역사박물관 제공

는 일 보여주겠다고. 그리고는 12시가 되니까 다리 하나를 건너가요.
거기가 충북이야.”

"나이트클럽에서 4시까지 놀다가 나오기도 했어."

"크리스마스이브 날하고 연말 12월 31일만 통금이 없었어요. 아유
그날이면 다 나와 가지고 시내 거리는 부딪쳐서 다니질 못해. 가게들
은 다 따블 금액으로 받고."

"그날이 명절날이야. 일탈의 날이지. 그날이면 마음이 들떴어. 그날
집에 들어가면 왠지 바보 같고."

"다 수원으로 나왔어요. 그리고는 다음날 들어가는 거지. 쓸데없이

이리저리 몰려다니고 그랬어."

■ 벌거숭이 광교산

해골과 탄피, 간첩, 예비군훈련, 교련수업, 통금에 얽힌 기억들이 남과 북의 단절이 가져온 이야기들이라면 애향단이며 새마을운동과 부역, 밀주제조금지령, 나무심기, 벌목단속, 퇴비장려, 4H운동 등은 6·25로 파괴된 나라를 일으켜 세우기 위한 정책이 만들어준 삶의 소재들이다.

"50~60년대에는 산에 나무가 하나도 없었어요."
"일제 때 일본놈들이 다 베어 갔어요. 일제강점기 때는 먹고살기 정말 힘든 시기였어요. 나무들을 많이 해서 땔감도 때고 팔기도 하고."
"광교산 꼭대기나 좀 나무들이 버티고 있었어. 그리 도시락 싸 가지고 가서야 한 짐 겨우 해 올 수 있었어."
"고기리, 말구리고개까지 가서 나무를 해 오기도 했지."
"맞아. 낙엽들도 다 긁어버려 산이 빨갰어."

모인 남자들의 증언을 빌리면 산을 살리기 위한 정책이 시작됐고, 그 시기는 65년 정도에 5년쯤 입산금지 정책이 시행됐으며, 나무심기 정책 또한 함께 시행됐다.

"광교산으로 묘목 심으러 다녔어. 잣나무 심었어."

"나무심기 부역을 나가면 밀가루를 줬어요. 어른들은 한 포, 아이들은 반 포. 리키다소나무가 많은데 이때 집중적으로 심은 거예요."

"그 다음엔 잣나무를 심기 시작했어. 지금 LG자이1차 뒷산에 잣나무를 다 심었어."

"지금은 칡덩쿨이 많지만 옛날엔 없었어. 다 캐 먹어서."

"나무 심을 때도 학생들 동원 많이 했어."

이후 정책은 이렇게 심은 나무들을 지키기 위한 것. 산에 출입을 금하는 입산금지정책과 벌목금지, 그리고 송충이 잡기는 모두 산림녹화를 위한 정책이었다.

"산림감시원이 있었어. 그 사람에게 걸리면 벌금 물고 그랬지."

"갈퀴나무는 괜찮았지만 소나무 베는 건 단속했어. 청솔가지 때면 걸렸어."

"감시 피하려고 미리 베어놓았어. 칠월에 가지를 베어놓아 풀도 베어놓고. 잘못하면 썩으니까 시기를 잘 맞춰서. 파란 거는 걸리니까."

"학교에서 송충이를 잡아오라고 했어. 나무 갉아먹는 송충이 없앨라고."

이런 노력들은 서서히 결과를 맺어 지금의 우리 산하가 됐다. 그러니까 신봉동 광교산 자락의 푸르름에는 용인이씨 후손들의 땀과 노력이 들어가 만들어진 결과인 셈이다.

▪ 새마을운동과 4H로 뭉친 우리들

입산금지 벌목금지가 산을 살리기 위한 노력이었다면 밀주제조금
지령은 먹고사는 문제를 해결하기 위해 쌀 소비를 막기 위한 것이었
고, 퇴비 만들기는 보다 많은 쌀을 생산하기 위한 정책이었다.

"갑자기 가게에서도 술을 못 팔게 했어. 술 단속이 뜨면 두엄 속에
감추고 땔나무 쌓아놓은 속에 감추고 땅 파고 감췄어요."

"시골에서는 밀주를 안 담가먹을 수가 없었어. 그 정책 때문에 각
지역마다 특성 있는 술이 다 없어졌지."

"양조장 만들어서 술 만드는 게 그때 시작됐어요. 밀가루로 막걸리
만들던 것도 그때 시작됐고. 지금도 밀가루 막걸리를 많이 만들어요.
원래는 쌀로만 막걸리를 만들었는데."

"옛날에는 막걸리도 맘대로 못 만들어 먹었어요. 오직 양조장에서
만 술을 만들어 팔았어. 산림감시원 권력이 엄청 컸어. 산림 감시하던
그 사람들이 양조장 관리까지 다 했어요. 몰래 만든 술은 나뭇간에다
묻는다고, 나무 쌓아놓는다고 난리를 피우고. 밀주라고 해가지고."

"여름에는 퇴비를 많이 했어요. 신봉동 냇가 논둑 밭둑에서 많이 베
었지. 대여섯 명 그룹을 지어서 품앗이로 했어요. 퇴비를 많이 해서 수

• 4H를 중심으로 퇴비증산 및 생활개선 운동이 활발히 일어났다.

지면에서 상도 받고 그랬어요. 퇴비는 각자 퇴비간이 있어서 쌓아놓았어. 봄에는 그 퇴비를 논밭에 뿌렸고. 그때는 황토 객토를 안 했으니까."

"방학 때면 퇴비하라고 풀 깎는 데 나가고 했어요."

"봄에 떡갈나무 갈잎 뜯어다 논에 뿌리면 나무가 젖어서 썩는 게 까맣게 우러나요."

"빵쑥을 뜯어다가 누룩을 만들었던 기억이 있어요. 밀주 조사가 나오면 술항아리 숨기느라고 이리 뛰고 저리 뛰고 난리가 아니었어."

당시 술은 농사짓는 신봉 용인이씨 후손들에게 없어서는 안 될 중요 음식이었다. 무엇보다 많은 제사에 올려야 했고, 농사를 짓는 일군들에게도 먹여야 했다. 여자 후손들의 기억은 감추는 것보다 만드는 과정을 자세히 기억했지만 신봉 어떤 집도 걸려서 벌금을 냈다는 이야기는 듣지 못했다고 했다.

이 같은 잘살기 위한 정책들은 애향단이며 새마을운동과 부역, 4H 운동으로 추진력을 높였다.

"어렸을 때 집집마다 라디오에서 '새벽종이 울렸네.' 이 노래가 나왔어요. 그러면 새벽체조부터 했던 게 생각나요. 학교 다니면서는 물 뿌리고 길 청소했어요. 당시엔 흙길이었으니까. 특히 추석이 되면 외부 손님들이 오니까. 부역도 많이 했어요."

"애향단을 했어요. 꽃길 가꾸기 하고, 일주일 한 번씩 마을 청소하고 그랬어요. 학생들이 했어요. 이때 초가집에서 스레이트 지붕으로 바뀌었어요."

"방학 때 애향단 활동했던 게 생각나요. 서너 번씩 길에 풀도 깎고 흙길 메꾸는 일을 했어요."

"학교 평가에 들어가기 때문에 빠지지도 못했어."

애향단이 구체적으로 언제 누구에 의해 시행되었는지 알 수 없지만 학생들을 대상으로 꾸려지는 이 단체의 주된 일은 마을 청소와 동네 화단가꾸기, 꽃길 가꾸기 같은 것. 특히 용인이씨 50대 후반에서

60~70대 또래 후손들에게 4H운동에 얽힌 기억들은 각별했다.

"시골은 국가에서 정책으로 4H를 한 거니까 모두가 참여를 했지. 새마을운동하기 직전에 4H가 시작됐어요."

4H는 한국이 아닌 미국에서 1914년 청소년 민간단체로 시작됐다. 이것이 한국에 들어온 것은 독립한 이후인 1947년 3월. 목적은 '낙후된 농촌의 생활 향상과 기술 개량을 도모하고 청소년들을 고무하기 위해서'였다. 4H의 네 단어는 명석한 머리(Head, 知), 충성스런 마음(Heart, 德), 부지런한 손(Hands, 勞), 건강한 몸(Health, 體)을 뜻한다.

4H는 농촌의 마을과 학교를 단위로 한 4-H구락부로 처음 우리나라에 조직되었고. 1972년 새마을 4-H구락부로, 1979년에는 새마을 4-H후원회로, 1988년에는 한국 4-H후원회로 그리고 2001년에는 한국 4-H본부 등으로 명칭이 변경되며 이어져 오고 있다.

"4H는 힘이 컸어. 봉사활동하고. 건전하게 모였지. 일요일 모이면 화단 가꾸고 꽃심고. 농촌계몽운동이었어요."

남자후손들이 기억하는 것처럼 4H의 주요활동은 크게 교육과 봉사로 나뉜다. 이중 경진대회·야영교육·청소년의 달 행사 등은 교육에 중점을 둔 활동이었고, 공공시설물 환경정화나 자연보호 캠페인 등은 봉사였다.

다음은 이어지는 남자후손들의 4H 활동에 관한 추억들.

"동네 반장이 있었어요. 방학 때면 아침 일찍 나가서 풀 뽑고."
"친척집 놀러가려면 반장에게 허가를 받아야 했어. 뭐 4H가 삶이었

• 70년대 어느 집 안방 벽에 걸려 있던 액자.

지. 최고였어. 집안의 일들은 뒷전이었을 정도로."

"주로 저녁에 모였어. 새마을회관에서 저녁 먹고 모였지."

"박정희 대통령이 추진한 새마을운동 안에 젊은이가 주축이 되는 4H였어. 지덕노체인가…… 뭐 그런 강령이 있었어. 나의 머리는…… 나의 손은…… 뭐 그런 거였는데."

"경진대회를 했어. 경진대회하기 전에 농산물 갖다가 전시하고 품평회하고 그랬지."

"레크리에이션도 했어. 유희였지. 남녀가 손잡고. 포크댄스 그런 거. 연습하고 그랬어. 북한의 젊은이들 춤추는 것과 비슷해. 마을에서 가르치고 그랬어요."

"노래자랑하고 연극도 했어요. 대본 봤던 게 생각 나. 4H에서. 친정 아버지가 가설무대를 꾸며서 했어요. 난 엄마 역할을 했어요. 주한네 마당에서 했어요.…… 연극은 한 번하고 노래자랑 콩클대회도 한 번인가 했어요."

"댄스는 다 나름대로 창작을 해서 했어. 경진대회를 했으니까."

"그때가 좋았어. 밤도 꼬박 새고. 유니폼도 맞춰 입고 그랬어."

"체계가 잡힌 건 우리 때야. 엄청 잘 뭉쳤어. 밤새는 게 일이었어. 가마니 짜서 팔고 그랬는데. 얼마나 극성이었는데. 토끼도 키우고 닭도 키우고 장사도 했어."

"맞아. 동네 물품, 먹을 것들, 라면, 활명수 같은 거 수원에서 떼어다가 집집마다 팔았어. 정월 되면 복조리개 만들어 팔고 그랬지."

"돌도 팔았어. 지금은 없지만 옛날 지금은 정평천이라고 하지만 냇

가에 돌들이 엄청 많았어요. 그 돌들을 팔아서 썼어요. 타지 사람들은
못 팔지만 우리가 팔면 어른들도 뭐라고 하지 않았어. 옛날엔 돌을 깨
서 자갈을 만들려고 돌을 사러 차가 왔었어요."
　"맞아 돌을 쌓아놓으면 덤프트럭이 와서 사 갔어."

　남자 후손들이 말하는 추억들 중 복조리와 관련된 일화는 세시풍속
과도 맞닿아 있다. 복조리는 정월대보름을 맞아 집집마다 복을 사라는
의미로 던져놓는데, 후손들은 잘 사는 집은 서너 개씩, 못 사는 집은
한 개씩 던져 놓고 나중에 수금을 다녔다.
　후손들이 이처럼 비용 마련에 열을 올렸던 이유는 4H 활동에 필요
한 비용을 마련하기 위해서였다.

　"돈 받아 기금으로 썼지. 활동하는 데 썼어요."
　"체육대회가 있었어요. 매년 8월 15일 광복절날 수지면체육대회가

• 새해를 맞아 복을 빌었
　던 복조리.

열렸는데 거기 출전하려면 유니폼도 사야 하고 여러 가지 비용이 필요했어요."

"우리가 단합도 잘 되고 엄청 극성스러웠어요."

"맞아. 대회가 열리면 고기리에서 합숙도 했어요. 거기 저수지 앞에 텐트 쳐 놓고."

"승부욕이 엄청 강했어, 우리가. 제일 작았는데 제일 극성 맞았어. 정자뜰 사람들이 드세다고 그랬는데도 우리한테는 못 이겼으니까."

"똥볼을 찼는데 골이 들어갔던 일도 기억나네. 어쩌다 한 번 뻥 찼는데 들어가기도 하고."

"냇가 옆 공터에서 배구하고 축구도 했어. 양지말 하천부지가 꽤 넓었었거든요. 배구 네트도 걸어놓고 축구 골대도 있고…… 규격은 좀 모자라도. 엄청 뛰었으니까, 꽤 넓었어요."

"큰집 뒤도 넓은 공터가 있었어. 거기서도 많이 했지."

경진대회의 종목은 달리기 마라톤 축구 등이 있었지만 남자후손들이 주력한 것은 '사생결단을 벌였다'고 표현하는 축구. 승리를 위한 단합은 부가적으로 얻는 열매였다.

"대회 준비에 들어가면 한 20명 정도가 전지훈련에 들어가는데 여자들이 음식들을 다 해줬어요."

"신봉동 부녀회에서 해 줬지. 김치고 뭐고 다 해주는 거야."

"형들한테 궁둥이도 많이 맞았어. 줄 빠따 치고. 모두 동네 형들이고 집안이니까."

"그래도 불만 없이 다 맞고 똘똘 뭉쳐서 했지."

"4H 하면서 뭉쳐지게 된 거야. 타성들도 붙어서 함께했지. 신봉은 우리가 주체였으니까 다 우리 쪽으로 들어온 거지 타성들은. 우리 때가 전성기였어."

이렇듯 4H운동을 비롯한 열성을 다한 여러 노력 덕분에 신봉은 점점 발전하게 된다. 그중 전기가 들어온 일은 신봉의 용인이씨 후손들이 기억하는 가장 드라마틱한 기억이다. 이후 선풍기를 비롯한 전기제품들의 등장은 신봉의 일상생활을 바꿔놓는다.

"74년에 전기가 들어왔는데 선풍기를 샀을 때 정말 좋았어요. 딴 세상이더라고요. 별천지 같더라고요."

"새마을운동으로 마을에 전기가 들어왔어요. 새마을 운동으로 마을이 좋아진 거지."

"광식이네가 텔레비전을 제일 먼저 샀어. 광식이네 스무 명씩 모여서 봤어요. 다 집안이니까."

"박정희 대통령이 굶는 거 살려놓은 거예요. 도로 놓고 산림 녹화사업하고 통일벼 개발해서."

그러나 신봉의 발전은 다른 곳에 비해 더디 이루어졌다. 가장 큰 이유는 수지지역이 군사작전지역이었기 때문. 남자후손들에 따르면 수

원에서 광주로 이어지는 수지의 큰 도로가 포장된 것이 1988년도로,
이는 다른 지역과 비교해 '제일 늦은' 포장이라고 했다.

"신봉 길은 소문이 났어요. 아스팔트가 늦게 됐어. 옛날엔 다리가 없
어서 비만 오면 내를 못 건넜고, 뭐 일이 있어 경운기에 그릇들을 싣고
갈라치면 얼마나 덜거덕 댔는지 냄비 뚜껑이 개밥그릇이 됐어요. 사람
도 이리저리 뛰고. 길이 비포장 길이었어요."

그러니까 수지 신봉의 개발은 도로가 포장된 1990년이 되면서 시
작된 것이다.

• 60년대 신봉주민들이 다녔던 수원 창용문 모습. 옛 마을의 모습을 그대로 간직하고 있다.

1964년 촬영, 수원역사박물관 제공

신봉동의 자연, 그 품안에서
놀고, 먹고, 살다

　신봉이 개발되면서 새탄말, 중말, 양지말의 옛 모습이 사라지기 시작한 시점이 90년부터라는 것을 감안하면, 대부분 신봉에서 어린 시절을 보낸 용인이씨 후손들에게 신봉에서의 추억은 60년대와 70년대, 그리고 80년대에 걸쳐 있다.

　신봉으로 들어가는 길, 신봉이 세상으로 나가는 길은 광교산을 제외한다면 동쪽과 남쪽으로 나 있다. 이중 남쪽은 도마치 고개를 넘어 수원으로 나가는 길이고, 동쪽의 길은 수지의 면소재지 풍덕천으로 나가는 길이다.

　동쪽 길의 시작점은 넓게는 지금의 풍덕천, 가까이는 정평으로 나 있는 길인데, 신봉 용인이씨들의 발길이 가장 많이 닿는 곳은 수지초등학교다.

　광교산에서 흘러내린 하천을 북으로 두고 자리한 이 학교는 용인이씨 후손들이라면 누구든 다녔던 최초의 학교. 학교는, 지금은 도로로 잘리고 아파트가 들어서며 깎여 평지가 되어버린 용인이씨의 종중산인 안산이 부드러운 물결을 이루며 이어진 산 앞에 자리해 있다.

"수지초등학교 뒷동산에 참판공파 묘소가 있었어요. 학교 다닐 때 시제에 갔는데 왜 우리 시제에 왔냐고, 말했던 기억이 납니다. 같은 동창도 고조, 증조할아버지뻘 되는 분들이신데, 그때는 같은 참판공 후손들이었는데 항렬이 어떻게 되는지도 모를 때였어요."

이종목 씨가 겪은 수지초등학교 근처에서의 일화는 대부분 같은 또래 후손들 또한 공유하는 것. 이종학 씨 또한 시제가 있을 때면 이 묘역에서 음식도 먹고 하던 기억이 있다. 그러나 이런 설움은 참의공파 묘소가 있는 검두레산 자락(현재 수지성당. 골프연습장)으로 옮겨가면 달라진다. 이곳 산소는 어린 후손들에게 때로는 놀이터가 되고, 시제 때는 엄숙한 추모 장소가 된다.

▌학교 다니던 길

용인이씨 후손들이 수지초등학교에서 겪은 일들은 각자의 개성에 따라 기억의 양과 질을 달리한 채 시대의 풍경을 담고 있다.

"수지 성복리에 성주이씨가 많이 살았어요, 선생님이 성주이씨였는데 잘 되라고 성주이씨와 용인이씨 애들만 때렸던 기억이 있어요."

"학교에서 강냉이죽을 쑤어줬었어. 5학년 때였나? 어려운 아이들에게 나눠주고 그랬는데. 또 우유 찌면 노오라니 딱딱한 게 맛있었어요."

"난 국어 과목이 좋았어요. 송국현 교장선생님한테 사랑을 많이 받았어."

"인자라고 성복리 사는 쌍둥이들이 나를 미워했었어요. 그는 6학년, 나를 왜 미워했는지 모르겠네. 모범상 타고 그랬는데."

"심심하면 급식소에서 풍금 치던 생각이 나요. 풍금 치느라고 집에 올 줄도 모르고. 취미가 있어 가지고 음표를 보고 쳤지. 5학년 때 선생님이 음표를 보는 걸 가르쳐서 배워 가지고. 초등학교 노래는 다 쳤어요."

"이봉규 선생님이라고 6학년 때 담임이었는데, 우리 아버지랑 이름이 같은데. 집 봐달라고 해서 봐 준 적이 있어요."

"학교에서 솔방울을 가져오라고 했던 게 생각나요. 난로 피울 때 쓰려고."

"송충이도 잡아오라고 시켰어요. 쥐 꼬랭이 잘라오라고도 했고."

"미골에 송충이가 소나무를 다 갉아먹은 거야. 그래서 송충이 잡아오라고 시켰어요. 그걸 잡아서 깡통에 담아서 갔었어요."

"수업시간에도 뒷산에 잡으러 가기도 했어요."

"난 중학교 과학시간에 개구리 껍질 벗겨오라고 해서 벗겨 말려놓았는데 닭이 다 먹어서 울던 기억이 나."

"억새 씨도 받아오라고 시켰어요. 그거 씨 받으러 훑다가 손에 피도

위	수지초교 전경. 1971년 촬영
가운데	수지초교 학생들이 가을 운동회를 하고 있다. 1971년 촬영
아래	수지초등학교 학생들이 조광조 묘역으로 소풍을 가서 놀고 있는 모습. 1970년 촬영

났어요."

이종찬 씨는 "학교에서 솔방울을 한 자루씩 해오라고 했다"며, 그러면 산에 올라 한 자루씩 솔방울을 주워 학교에 냈다고 했다. 다음은 이종학 씨의 기억.

"짓궂었어요. 초등학교 1학년인가 2학년 담임선생이 순영 선생님이라고 집안뻘이었는데, 할머니뻘. 그 선생님 치맛속을 들쳐 들어가고 그랬어요. 뭘 몰랐으니까. 그땐 선생님이 선녀같이 예뻤어요. 근데 교직에 물러난 뒤 나중에 뵀었는데 뚱뚱해졌더라고. 선생님이 니가 신봉동 종학이냐고, 몰라보게 됐다, 그러시더라고요. 그래 죄송스럽다고 사과했어요. 그랬더니 뭘 집안간이고 그러니까 그랬지, 그러시더라고."

"부모에게 감사해라, 너나없이 농촌지역이니 부모님 일손을 도와야 한다고 말씀하시던 선생님들이 생각나요. 숙제 못해 가 아버지하고 일하느라 못했다고 하면 봐줬어요. 알면서도 봐주시는 거예요. 그런 게 저런 게 고마우니 선생님댁 아궁이에 나무해서 대주기도 했고……."

이밖에도 학교 시절에 대한 기억은 더 있다.

"수학선생님이 신봉동 앞집에 사는 분 친구였어요. 편지를 주고받았는데, 그 편지심부름을 내가 했어요. 맨날, 야 종학이 일루와, 하고는 편지를 써 가지고 황명수 씨 갖다 주고 답장을 받아와라, 이래요. 그러면 갖다 주고 답장을 받아 주곤 했어. 연락망 노릇을 한 거지. 졸업식날인가 담배를 피다가 털털거리는 자전거 소리가 나서 쳐다보니 그

수학선생님이야. '나쁜 거다. 하지 마라' 하고는 지나가시는 거예요. 그래 그냥 해 본 거예요, 이렇게 대답했지."

교사의 권위를 내세우는 대신 애정 있는 따뜻함이 느껴지는 일화를 남긴 이 선생님은 후에 이종학 씨가 진학을 포기한다는 거를 알고는 야간고등학교라도 가라는 조언을 해 줬다고.

▌집으로 가는 길

수지에 하나밖에 없는 중학교였던 문정중학교와 수지초등학교에서 집으로 돌아가는 길의 풍경은 길에 따라 다르다. 그 하나는 참의공 묘소가 있는 안산으로 이어지는 산자락을 타고 가는 것(지금의 성북동수원으로 가는 도로와 우남아파트 LG3차 안산으로 이어지는)과 냇가를 끼고 홍천말로 이어지는 '행길'을 따라 가는 길. 어린 후손들 대부분은 행길로 이어지는 두 번째 루트를 따랐다.

먼저 안산을 따라 가는 길에 대한 이종택 씨의 추억.

"학교 끝나고 나면 수지초등학교 뒤쪽으로 산을 타고 쭉 가다보면 도마치 고개까지 가요. 성복동 도마치 고개로 해서 집으로 가고 했던 기억이 납니다. 그 산에 곱돌이라고 불리던 하얀돌이 있었어요. 땅바닥에 쓰면 하얗게 써져요. 가끔 가다가 그거 주워서 가지고 온 기억이 있고. 비슷하게 생긴 돌에 오줌을 누면 곱돌이 된다는 그런 이야기가 있어 그렇게 해보기도 했는데. 하얗게 써지니까 특별하게 취급했어요."

산을 타고 가는 산길에서는 산 아래가 훤히 내려다 보였다. 높낮이와 돌부리들을 피해가며 흘러내려간 물길이 만든 구불구불한 실개천들이며, 냇가 건너 마을로 들어가는 행길이며, 행길을 앞에 두고 북으로 자리한 홍천말이.

정자뜰을 지나 행길과 안길을 따라 집으로 돌아가는 길에 어린 용인이씨 후손들이 맞닥뜨리는 첫 번째 풍경은 '단무지용 무 밭'이었다.

"정자뜰에 다꽝(단무지)무가 많이 심어 있었어요. 학교 끝나고 집으로 돌아오는 길이면 그거 뽑아서 먹으며 가던 게 생각나네."

밭들이 행길 양쪽으로 자리한 정평을 지나 홍천말 입구에 들어서면 신봉천이 그들을 가로 막았다. 구멍 숭숭 뚫린 쇠널판 다리가 놓이기 전까지 신봉천에 놓인 돌 징검다리들은 신봉과 학교를 잇는 유일한 길. 당연히 비가 와 징검다리가 잠기면 길도 사라졌다.

"초등학교 때 장마가 져 개울물이 불어나면 징검다리가 떠내려가 버려요. 그럼 건너갈 수가 없었어요. 학교를 갈 수가 없었지. 어떻게든 가려고 가방 머리에 쓰고 건너고, 여럿이 손 붙들고 건너가던 게 생각나요."

"초등학교 1학년 때인가, 2학년 때인가, 홍수가 크게 났어요. 학교를 간다고 내려갔는데 물이 불어나 건널 수가 없었어요. 근데 누군지 모르겠는데 어른이 업어서 건네줬어. 그런데 건너가면서 그만 신고 있던 흰 고무신이 벗겨져 떠내려가 잃어버려 야단맞고 하던 게 생각이 납

• 신봉의 젖줄인 신봉천

니다."

"비 많이 오면 학교 못 갔어요. 혹은 아버지들이 와서 허리에 줄 잇 대어 매고 건너주고 그랬고."

"당시는 양회독이라고 세면(시멘트)으로 만든 양회독을 징검다리처 럼 열댓 개 놓았어. 근데 비가 많이 오면 그 징검다리가 떠내려가 버 려요."

"학교에서 비 많이 오면 일찍 보내주고 그랬어요."

이들의 이야기는 그래도 아직은 건널 만큼만 물이 불어났을 때 가 능한 일. 불어난 물이 넘칠 듯 넘실거리면 아이들은 학교를 아예 가지 못하거나 하교하던 아이들은 내 건너기를 포기하고 안산 언덕을 향 했다.

"홍천말 건너편 안산 밑에 윤명국 씨네 집이 있었어요. 내를 못 건 너면 집에 못 가니까 그 집으로 갔어요. 돌배나무가 있던 집인데, 그 집에 가면 국수도 해주고 수제비도 해주고 그랬어요. 그거 먹고 비 그 치기 기다렸던 게 기억이 나요. 그 양반 지금은 돌아가셨어……."

그러니까 지금의 대광교회 위쪽 홍천중학교 올라가는 언덕쯤에 자 리한 '외딴집'이었던 윤명국 씨네 집은 수지초등학교와 문정중학교 를 다니던 용인이씨 후손 아이들의 피난처였던 셈이다. 비를 맞아 추 웠을 아이들, 추위에 한껏 웅크려 좁아진 어깨에 배마저 고팠을 아이 들을 따뜻하게 받아 더운 김나는 수제비와 국수를 끓여 내어주던 가 슴 넓은 윤명국 씨네의 모습을 후손들은 기억하는 것으로 고마움을 대신한다.

윤명국 씨 댁의 따뜻함은 비단 아이들에게만이 아니었다. 신봉의 용인이씨에게 시집온 며느리들의 고단한 삶 속에도 윤명국 씨가 베푼 고마움은 남아 있었다.

"수원으로 나가 장사할 때 비가 많이 와서 내를 못 건너면 그 집으로 갔어요. 명국이네. 그러면 밥 먹고 옷 주고 거기서 자기도 했어요."

이런 윤명국 씨네와 멀지 않은 곳에는 신봉리 용인이씨 어린이들에게 감히 가까이 할 수 없는, 두려운 장소가 있었다.

"홍천말 지나다보면 상여집이 있었어요. 그 근처 지나가면 머리가 쭈빗쭈빗 서던 게 기억나요. 아마 대광교회 앞 개울건너쯤으로 기억돼요. 소나무들이 쭉 있었는데, 그 소나무 숲속에 있었어요. 상여집이."

상여집은 마을에 초상이 났을 때 쓰는 상여를 보관해 두던 곳으로 아이들에게는 삶과 죽음의 거리만큼이나 두려움의 대상으로 여겨졌던 곳. 그럼에도 아이들은 학교를 오갈 때마다 눈길을 주지 않을 수 없었을 이곳은 행길과 신봉천 건너편 홍천말에서 잘 건너다 보였다.

수지초등학교와 문정중학교를 다니던 아이들이 주로 다니던 길은 윤명국 씨네 집에서 내려다보이는 신봉천을 건너 안길로 이어지는 길이었다. 비만 오면 길이 끊기는 신봉천을 건너면 안길이 나타나고, 안길은 곧 나무들 사이로 몸을 감추는데, 이 나무들은 장막처럼 신봉 안쪽을 가로막는 수풍림(현재 대광교회 건너편 신리초등학교 위로 이어지는 길 부분)이었다. 보림(保林)이라고도 불리는 수풍림은 마을을 큰길에서 들여다보지 못하도록 보호해주는 역할을 하도록 인위적으로 심은 나무들로 주로 수종은 느티나무와 벚나무였다.

남자후손들은 특히 이곳에서의 추억이 많다.

"거기가 학교 가기 전 우리가 모이는 장소였어요."

"학교 가기 전에 모여서 학교 가는 거예요. 쉬어가는 장소였지."

"새말동네에 재명 씨네가 있었는데 닭도 잡아먹고 그랬어요.

"맞아. 그랬지."

당시 서리의 추억은 닭뿐 아니라 종류도 다양했고, 당시를 살던 사람들 모두의 추억 같은 것.

"밤에도 자주 모였어요. 암튼 거긴 우리 모임장소였어요. 자주하진 않았고."

"닭 잡는 건 누워서 떡 먹기였어요. 날개를 잡아서 목을 비틀면 소리도 안 나요."

이렇듯 개구진 남자후손들의 추억이 많은 수풍림 사이로 들어서면 비로소 마을이 드러났다. 처음 만나는 마을은 홍천말. 그러니까 홍천말은 수지초등학교에서 신봉 안쪽 용인이씨 세거지를 들어가기 전 입구에 자리한 첫 번째 마을인 셈이다.

"홍천말에는 남양홍씨들이 많이 살았어요. 상홍천말 하홍천말 이렇게 나뉘어져 있었어. 수풀이 많았어요."

이종린 씨의 기억이다. 앞부분, 6·25전쟁 때 북한군에 죽어 젊은 남자가 없어 과부들만 있었다는 바로 그 마을. 홍천말이란 마을 이름은 남양홍씨들의 거주지라는 것에서 붙은 것으로 추정된다.

▌ 바지뜰의 너른 벼 물결

그 홍천말을 지나면 용인이씨 신봉 세거지(世居地)인 양지말인데, 먼저 아이들의 시선 가득 담기는 건 대부분 용인이씨들의 농토였던 너른 바지뜰의 농토였다.

이른 봄이면 뒤채어진 붉은 흙들이 지평선처럼 펼쳐지고, 여름이면 푸른 모들이 바람에 잔물결을 일렁이고, 가을이면 노오란 황금빛 벼들이 바람에 서로의 몸 비비며 바스락대던 곳. 아이들은 그 길을 따라 입학하던 3월의 이른 봄부터 방학하던 여름과 한 학기를 마치던 겨울까지를 내달리며 키를 키우고, 마음을 키우고, 꿈을 키웠다.

후손들에게 바지뜰은 김야평야처럼 드넓고 넓은 뜰로 기억된다.

"검두레산 아래 양짓말 동네 아래로 다 논이었어요. 엄청 넓었어요. 《토지》최 참판댁에 나오는 너른 논들 있죠? 그런 풍경이었어요. 새말 동네 앞 정자뜰에는 호밀밭도 있었는데 문둥이 나온다는 소문에 무서워 가지도 못했어요. 그 호밀밭 앞에서는 문둥이 나올까 무서워 무조건 뛰었어요. 그러면 보자기에 둘둘 말아 싸 등에 맨 빈 도시락 속에 있는 숟가락, 젓가락이 얼마나 딸그락 거렸는지……. 중학교 가서야 거짓말이라는 걸 알았어요."

"학교 가는 길이 안길, 바깥길 이렇게 있었어요. 바깥길을 벌길이라고도 했는데, 벌길은 도라꾸(트럭)가 다니고 안길은 구루마 한 대 정도 다니는 길. 길옆은 거의가 밭이고 양짓말, 홍천말 사이는 거의 뜰이니

• 홍천말에서 양짓말로 들어오는 초입(初入)에 자리한 이범한 옛 집.

까 가을되면 누런 황금벌판이었어요."

"저희집 앞이 다 벌판이었어요. 저희 집이 양지말로 들어가는 첫 집
이었거든요."

특히 이범한 씨는 집에서 보이는 바지뜰(양지뜰이라고도 함)의 사계
절 풍경을 선명하게 기억하고 있다.

"4월 아지랑이가 피어오르면서 논에 내어 놓은 두엄이 썩으면서 김

이 막 올라와요. 개구리가 두엄 속에서 울었어요. 그 소리가 그렇게 좋았어요."

이른 봄 따뜻한 곳을 찾아 움직였을 개구리의 움직임이 그려지는 풍경이다.

"우리집 퇴상이 좀 높았어요. 그 퇴상에 올라 보면 너른 들이 변해가는 모습이 아주 잘 보였어요."

양지말에서 거의 유일하게 바지뜰 전경이 한눈에 잡히는 이범한 씨는 그 퇴상 위에서 바라본 바지뜰의 사계를 가슴에 품고 있다.

"처음 모를 내면 연두색으로 바지뜰이 물들어요. 그 연두색이 시간이 지나면서 점점 초록색으로 변해가구요."

초록의 들은 벼이삭이 패기 시작하면서 흰빛을 품고, 다시 벼가 알이 들고 익어가면서 황금빛으로 물들어갔을 것이다. 또 겨울이면 베인 벼들을 묶어놓은 볏짚단이며 베인 그루터기들이 검회색 빛으로 쓸쓸함을 풍겨냈을 것이다.

그 바지뜰에 두 개의 깊은 웅덩이가 있었다. 다음은 그 웅덩이에 얽힌 사고 이야기.

"갈래댁 막내딸이 웅덩이에 빠지는 큰 사고가 있었어요. 웅덩이가 깊지 않았는데……."

아픈 기억에는 순리의 삶을 살다 죽지 못한 이에 대한 안타까움이 담겨 있다.

더욱이 가족인 이종례 씨에게 그날 기억은 눈 감아도 잊을 수 없는 현재의 고통.

"엄마가 동녘말 참외나 지켜라 시킨 거예요. 그래 지키러 간 거야. 근데 가다가 친구네 집에 들어간 거야. 여럿이 갔는데 내 동생이 먼저 뛰어 들어간 거지. 웅덩이 속으로. 점프를 뛰었다고 그러더라고."

아마도 밥을 먹고 얼마 되지 않아 찬물에 들어간 것이 심장마비를 일으킨 것 같다고 덧붙인다.

"남수가 종님이 죽었다고 울면서 뛰어 내려오더라고 중말에서.

그게 생각이 나요⋯⋯ 걔하고 한 반이었거든."

"어른들 잘못으로 사고 난 거지. 웅덩이가 깊었어. 처음 청년들이 와서도 못 꺼냈어⋯⋯ 사람들 몇이 들어가서도 못 꺼내고⋯⋯ 결국 오빠가 와서 꺼냈어. 처음에는 가족은 못 들어가게 했는데⋯⋯."

"박창호가 온 거를 봤어요. 인공호흡을 하더라고. 몸을 만져봤는데 뜨듯하더라고. 넋을 잃어 울음도 그때는 안 났어요. 집에 가서 대문을 보니까 그때야 눈물이 쏟아지기 시작하더라고⋯⋯. 사랑방에 들어가 동생이 펼쳐놓은 책을 보니 눈물이 얼마나 쏟아지는지⋯⋯."

▌양지말, 중말, 새탄말

태어나고, 살아가고, 죽고, 즐겁고, 기쁘고, 슬픈 삶의 온갖 다양한
풍상을 함께 한 신봉의 자연은 그렇게 묵묵히 용인후손들의 삶을 끌
어안았다. 사고가 났던 양지뜰이 품은 바지뜰의 웅덩이도 너른 뜰을
안고 자리한 양지뜰도, 그 위 중말도, 중말 위 새탄말도.

이중 양지말은 신봉 용인이씨들의 중심 대종가집이 자리한 마을.
집의 앞과 뒤에 옹기종기 텃밭들을 거느리는 양지말 안길을 따라 다
시 200~300미터쯤 안으로 들어가면 감나무며 앵두나무들이 종종종
자리한 중말이 자리한다. 이어 중말 위로 다시 100미터쯤 올라가면 산
아래 새탄말이 자리해 있었다.

"원래 신봉리 우리 집안은 11집이었어요. 양지말에 네 집이 살고,
중말에 일곱 집이 살고. 이렇게 11집이 살았는데 해방 후 도한, 종학이
네 두 집이 이사 와서 13집이 됐어요."

용인이씨 37세손로 1934년 태어난 이종린 씨의 기억은 1945년 전
후로까지 거슬러 오른다. 다음은 이후 신봉에 거주한 양지말과 중말
그리고 새탄말에 대한 후손들의 기억을 종합한 마을 약도.

그러니까 이 약도는 해방전후를 지나 70년대 마을의 약도가 되겠다.

이 세 마을길을 내달리며 서로의 시간을 공유했던 용인이씨 후손들에게 마을에서의 기억은 곧 어린 시절 삶의 기록.

"큰대부네 밭에 큰 대추나무가 있었는데 고모 시집갈 때 쓰리쿼터 구경하다가 야단맞았어요. 콩 타작하면 마당 밖으로 튀어나간 콩도 기어 다니며 주웠던 기억도 있고요."

"어머니 말씀에 따르면 3월에 할아버지 환갑을 해드렸는데 동짓달에 할아버지가 돌아가시고, 고모가 만삭이 되어 아버지 장례에 참석도 못하고 이종기 씨댁 건넌방에서 해산했다고 해요. 저도 할아버지 상여가 집에서 벌길로 나가 갈래댁 밤나무 밭 옆으로 해서 미골 장지로 간 것이 기억이 납니다. 상여가 떠나고 할머니가 앞마당 감나무 밑에서 할아버지 옷가지 등 유품을 태운 기억이 지금도 생생해요."

"봄이 되면 소쩍새가 울고 개구리 울고…… 정말 좋았어요."

"원식이네 고염나무가 있었어요. 한영이네도 있었고. 앵두나무들도 많았어요. 열매가 열리면 가지가 휘어졌어요. 종목 회장네도 앵두나무가 많았고, 새탄말 올라가는 데도 많았어."

"모내고 나면 너른 논들에서 올챙이가 생겨났고, 맹꽁이들이 그렇게 울었어요. 5월이면 반딧불들도 많았고."

맹꽁맹꽁…… 귓속 가득 울어댔을 맹꽁이의 울음소리가 들리는 듯하다. 맹꽁이 울음은 조용한 밤 신봉 공간을 가득 메웠을 것이다. 그름의 어두운 밤 반짝반짝 반딧불들이 만들어냈을 환상적인 정경은 또 어떠했을까.

"봄이면 산 양쪽에 벚꽃이 예쁘게 피었어요. 진달래도 많이 피었었고. 봄이 오면 온 산이 붉은 진달래 밭이었어요. 벚꽃은 군데군데 많았고. 개나리는 한강댁에만 있었어."

"저희집은 감나무가 많았어요. 얼마나 감나무가 많은지 밖에서 우리 집이 보이지 않았으니까"

"봄이 되면 저희 집이 굉장히 예뻤어요. 야생 복숭아가 있었는데 복숭아꽃, 살구꽃들이 피고 개나리, 찔레꽃들도 피고. 찔레는 많이 꺾어 먹었어요. 꽃향기들은 또 얼마나 좋았는지 몰라요. 앵두나무도 좀 있었어요. 여름 되면 살구가 익었고 가을에는 감나무 밤나무에서 밤과 감이 열리고……. 감나무는 어느 집이나 많았어요. 특히 우리 집이 많았어요."

이명자 씨와 동생 이종찬 씨의 집은 불당골. 신봉 자연에 대한 예찬은 신비로움마저 느끼게 만든다.

"여름이면 마당에 모깃불 피워놓고 멍석을 펴놓고 놀았어요. 멍석 위에 누워 하늘을 보면 눈 안에 별들이 한가득 담겨요. 사람 눈 안에 별들이 6천 개가 들어온대요."

한 사람이 볼 수 있는 별의 숫자를 모두 헤아려보면 6천 개라는 말은 맑게 드높은 우주의 별들을 바라보는 신봉 용인이씨 사람들의 우주관이 담긴 듯 천진스럽다.

• 제37대 대종손 이문한(1942 ~ 2013) 모습

• 대종가집 영한, 지한, 주한 삼 남매. 멀리 대종가집과 옆 방앗간이 보인다. 1971년 촬영

"일찍 들어와야 되는데 밤 늦게까지 있곤 했어요. 그럴 때면 홑이불이 축축해졌어요."

그 모든 별들을 다 헤아리느라 홑이불이 이슬에 젖도록 밤 깊은 줄 몰랐을까.

이종찬 씨의 신봉 예찬은 계속된다.

"여름 큰 내가 없으니까 지금 커피숍 있는 곳 내까지 올라가요. 거기서 돌로 물을 막아놓고선 발 담그며 놀고 그랬어요. 그 물에 김치 수박 넣어 놓고 먹기도 하고."

어디 그뿐이랴. 한갓진 물놀이에도 풍류를 즐겼다.

"종이에 찰 한자(寒)를 써 놓기도 했어요. 한굴이라고 이름 붙이기도 했는데, 광교산꼭대기에서 흘러나온 물이어서인지 한여름에도 물이 차가워 몇 분을 못 담그고 있었어요."

그의 옛 기억은 계속된다.

"덕한 씨 할아버지댁 가까이에 작은 도랑이 있었어요. 그 도랑물을 막아 가지고 등목을 하기도 했어요. 봄이 되면 가재도 많이 잡고 그랬고. 그리고 풍무골 자락에 99칸 다랑이 논이 있었어요. 그 다랑이 논으로 오르는 길이며 논 위에서 내려다보이는 우리 마을은 정말 아름다웠어요."

신봉의 자연에 대한 예찬은 후손들에게는 이구동성.

"아카시아나무가 많았어. 아카시아나무들이 고목이었어. 도랑을 사이로 두고 엄청 많았어. 5월이 되면 향기가 엄청 좋았어요. 아침에 일어나면 사방이 산이야. 앞을 봐도 산이고 옆을 봐도 산이고 뒤를 봐도 산이고. 하늘만 보이는 거야."

"여름밤에 마당에 멍석 깔고 별을 보면 별이 그렇게 많았었는데. 이 제 어디 가서도 그걸 못 봐요. 은하수에 북두칠성에 다 보이고. 향숙이 네 마당에서 자주 봤던 거 같애."

"여름에 매미 우는 소리가 좋았어."

"아카시아 향기가 정말 좋았어요. 해 넘어갈 때 향기가 더욱 많이 났어."

"나는 못 맡았는데. 언니는 그 집 부근에 살아서 그 향기를 더 맡은 거 같아. 우리 집은 아래에 있었으니까. 향기를 못 맡은 거 같아. 그냥 아름다웠던 풍경만 생각 나."

"겨울에 광교산에 눈이 하얗게 오면 마을이 아주 조용했어요. 그러 면 수원 쪽에서 서울 가는 기차 기적소리가 들렸어."

"날 좋은 날 광교산에 올라가면 수원이 보였었어."

"도마치 큰집 밭고랑에 달래가 많았어. 캤던 생각이 나. 포도쟁이도 많았고."

"포도쟁이는 물가에 많이 자라고, 논두렁에는 돈나물이 많이 자랐 어. 그거 뜯어 김치해 먹고 그랬어."

"개나리는 개울가에 많았어요. 복숭아도 많았고, 개복숭아. 꽃이 예 뻤지. 과일은 먹지 않았어요. 향숙이네 집 너머 산에 진달래가 많았어. 진달래꽃 꺾어다가 볍씨 담궈 놓은 물에 꽂아 놓으면 오래 볼 수 있었 어."

"난 검두레산은 무섭다는 느낌만 있었어."

"봄 되면 소쩍새가 피 나게 울었어. 너무 들으면 무서웠어. 이제는 들을 수도 없어."

"쓰르라 쓰르람 쓰으람…… 홍천말 느티나무 많은 곳에서는 매미가 많이 울었지. 홍천말로 언니 마중 나갔다가 매미가 울면 여름이 왔구나, 그런 생각을 했었어."

"비가 오면 도랑물이 넘쳐흘렀어. 보통은 말라 있는데. 그러면 거기서 목욕도 많이 했어. 빨래들도 많이 하고 그랬어."

"난 울타리 하얀 조팝나무 필 때가 좋았어. 이팝나무꽃, 싸리나무꽃이라 불렀지. 울타리 늘어진 채로 피니까, 넝쿨로 많이 지니까 좋았어. 향기는 생각이 안 나지만."

"봄이면 목사님 댁 주위에서 씀바귀 캐고 그랬던 거 생각나네."

"우리는 대추나무가 많았어. 밤나무 심기 전에 대추나무가 아름드리였는데, 아마 몇백 년 됐을 거야. 대추가 엄청 크게 열렸는데 떨어져 맞으면 머리가 아팠어."

"우리 마을에는 살구나무 앵두나무 복숭아나무 감나무 대추나무 밤나무 고염나무…… 없는 게 없었어."

"할미꽃이 진짜 예뻤어. 나물하러 다니면 묘마다 핀 할미꽃이 그렇게 예뻤다. 자주색에 솜털이 하얗게 뒤덮여 있는데……."

"정렬적인 자주색이야. 생각해도 좋네. 옛날 그런 말이 있었어. 죽은 꼬부랑할머니 혼이 나와 핀 거라고. 묘 옆에만 피었잖아."

"고사리도 묘 옆에 많았어."

여치에 대한 추억도 있다.

"여치가 산기슭 숲 풀에서도 울고 찔레꽃 속에서도 울었어요. 그 여치를 잡기도 했어요. 잡아 밀집인지에 가둬놓고 그랬었는데. 그러면 여치가 찌르륵, 하고 울어요. 등산 다니다 청량산에선가 오랜만에 여치소리를 듣는데 참 반가웠어요. 신봉동에서는 사라져버려서."

노루는 꽤 자주 본 동물이었고 삵 또한 가까이 있는 동물이었다.

"직접 보지는 못했지만 삵이 닭장을 습격해서 홰에 올라있는 닭들을 공격했어요. 밤중에 닭들이 요란하게 울면 삵이 나타난 걸 알았지."

광교산에는 또 토끼도 많았다.

"겨울에 눈이 많이 내리면 토끼 잡으러 광교산에 갔어요."

눈 싸인 광교산에서의 이종화 씨의 토끼잡이 기억은 자세하다.

"산에 가면 토끼가 똥을 싼 자리가 있어요. 발자국도 나 있고요. 토끼가 자귀나무 껍질을 벗겨먹고 그랬어요. 그 자리를 확인하고는 소쿠리 같은 걸로 덮치기를 하는 거예요."

그러기 위해 먼저 나무를 소쿠리 같은 삼각형으로 엮어 만든다. 소쿠리는 나무로 엮어서 기둥을 두 개 놓고 소쿠리를 얹어놓는다. 이때 엮는 줄은 칡넝쿨. 토끼가 그 칡넝쿨을 먹으려 끊으면 소쿠리가 넘어져 토끼가 갇힌다.

토끼를 잡기 위한 또 다른 방법은 솔가지를 이용하는 것. 먼저 솔가지를 약 5미터나 10미터씩 십자로 늘어놓고 가운데 토끼를 덮칠 수 있는 소쿠리를 놓는다. 이때 구조는 지게다리모양. 이렇게 덫을 놓고 새벽에 올라가 갇힌 토끼를 가져왔다.

"산토끼는 집토끼와 달리 가죽은 얇아요. 무를 넣고 삶으면 맛있어요. 하지만 가죽이 얇아서 귀 싸개는 못 만들어요. 귀싸개(귀마개의 방언)는 가죽이 두꺼운 집토끼로만 만들어서 썼어요."

▌ 우물가에서

우물에 대한 기억은 유독 여자 후손들에게 많다.

옛날부터 우물은 여자들의 공간. 물은 밥을 짓고 빨래를 하는 데 없어서는 안 될 생명수이기에 우물이라는 공간은 하루에도 몇 번씩 들러야 했던 집 밖 공간이었다. 당연히 우물이라는 공간은 마을의 여자들이 모이는 곳이기도 했다.

이곳에서 여자들은 그들만이 할 수 있는 이야기들을 나누며 마음속 가두었던 답답함을 풀어내기도 했다. 때로 집안에서는 털어놓기 힘든 시부모 이야기며 남편 이야기 시누이에게 쌓인 감정들도 풀어냈다.

신봉의 용인이씨에 시집 온 며느리들 또한 그러했을 것이다.

딸이라는 이유로 차별받은 용인이씨의 딸들 또한 우물가에 모여 남자들과는 나눌 수 없는 그들만의 이야기들을 나누었을 것이다.

"도한 회장네 집 앞에 우물이 있었어요. 두 집마다 우물을 파기 전까지 중말 사람들은 그 우물이 마을 우물이었어. 아침에도 우물에 물을 긷지만, 저녁이 돼 하루 일이 끝나면 우물가에 모여 빨래도 하고 그랬어요."

"물이 모자라진 않았어, 그치? 난 해질 녘 되면 물 길러 갔어."

"맞아, 물이 항상 흘러내렸어. 어쩌다 퍼내고 청소하고 그랬어. 그 안에 들어가서 퍼내고 그랬었어. 그래도 여전히 샘이 잘 나서 흘러넘쳤어."

"저녁이면 엄마들이 멱을 감거나 목물도 하고 그랬어요."

"비 안 오면 여자들이 비 오라고 우산 쓰고 그 위에다 물을 퍼붓고 그랬어요. 일종의 기우제였던 거지."

"기우제 지낼 때는 작은엄마부터 여자들이 모두 모였어요. 여자들만 모였어요."

"아마 물 긷는 건 여자들이니까 여자들만 모여 그랬던 거 같아요. 우물에서 남자들이 물 길어가는 건 본 기억이 없어요."

이 이야기에는 마을 단위나 한 지역, 더 크게 국가적인 기우제와는 규모와 절차는 많이 다르지만 자그마한 마을 단위에서 이루어지는 아낙들의 간절한 기우제의 풍속이 엿보인다. 더구나 이들의 증언에서 신봉 용인이씨 세거지에서도 우물은 여자들만의 공간이었음이 드러난다.

"우물이 도한 회장네 마당 끝에 있었어요. 바가지로 뜨는 물. 물이 깨끗하고 물맛이 좋았어요. 그 속에 미꾸라지들이 아주 많았어. 깜깜한 밤에 물을 뜨면 미꾸라지도 떠졌어요. 어두우니 알 수가 없었지. 그러면 그 미꾸라지들은 도로 넣어주었어요. 우물에 있는 미꾸라지들은 안 잡아먹었어요. 이유는 모르겠지만……."

논이나 하천에 사는 미꾸라지는 가을이나 겨울철 용인이씨들의 중요한 먹거리들 중 하나였음을 상기한다면 우물을 소중히 대하는 용인이씨 후손들의 마음을 느끼게 한다.

이런 우물가의 풍경은 이들에게 꿈결 같은 아름다움으로 남아있다.

"거기에 수국, 우리는 사발꽃이라고 했는데, 그 꽃이 처음엔 작았다가 엄청 크게 불어. 엄청 커져. 수북해 진짜. 정말 예뻤어."

"아카시아나무 많았고, 감나무도 하나 있었고……. 수국이 정말 예뻤어요."

"우물 옆에 감자들을 넣은 항아리들이 죽 있었어요. 집집마다 놓은 항아리들이었지. 항아리 안에 감자를 넣고 썩히는 거예요. 그걸로 감자떡도 해먹고, 송편도 해 먹고……. 감자가 썩으면 냄새가 꼬리꼬리 똥내가 났어요. 은행 열매 같은 그런 냄새가 났어."

그러니까 이 풍경은 감자가 수확되는 6월에서 7월의 풍경. 항아리에 넣어진 감자는 보통 15일에서 20일 동안 숙성된다. 그렇다면 냄새 나는 이 감자 항아리를 왜 우물 곁에 줄을 지어 놓았을까.

"물을 계속 갈아줘야 해요. 물이 탁해지면 다시 갈아주고, 다시 그러면 또 갈아주고."

우물가에는 미나리도 많이 자랐다.

• 우물이 끝나는 곳에서 이명규 부인 정연희(1929 ~2013)와
이종호 부인 허정례(1930 ~ 2002) 모습

"물이 항시 넘쳐흐르니까 미나리가 많이 자랐어요. 그 미나리 많이 뜯어 먹었어요."

그러나 이 우물은 집 가까이 우물이 생기면서 점차 사람들의 발길은 줄게 된다.

"승한이네 영직이 아줌마네하고 울타리가 없었고 우물이 사이에 있었어요. 종목이네는 우물이 혼자 있었고. 무당은 할머니네하고 같이 썼어."

"대부분, 두 집이 한 우물을 파서 같이 먹었어요. 담은 있지만 우물이 경계였어요. 울타리는 나무울타리였고. 이승한, 이한상네가 우물을 같이 이용했어요."

물론 대종가집처럼 집 안에 우물이 있는 집도 있었다.

▌겨울, 지독히 추웠으나 아름다웠던 계절

겨울은 인류에게 오래도록 견디기 힘든 계절. 비약적인 발전으로 추위를 피할 나름의 대책들이 만들어지기 이전 시기를 살았던 신봉의 사람들에게도 겨울은 고통스런 기억으로 남아있다.

"겨울에는 추웠어요. 당시는 빈곤해서 옷이 제대로 있습니까? 양발도 떨어지면 엄마 누나가 앉아서 양발 깁는 것이 일이었어요. 근데, 기우면 뭐해, 밖에 나가 놀면 금방 빵구가 다시 나는 걸."

• 추운 겨울날 신봉 벌판에서 당시 유행한 나팔바지를 입고 떨고 있는 이주한.
1976년 촬영

"겨울 되면 기억나는 게 손이 곱다보니까 얼음이 잘 박히더라고. 얼음 박혀가지고 고생하던 게 생각나요. 흉터가 지금까지 있을 정도예요. 그 당시에는 손 털장갑이라든가 그런 게 별로 없으니까."

"고등학교 다닐 땐데, 당번인가 뭔가 겨울이었는데 학교에서 늦게 집으로 오는 길이었어요. 눈이 많이 왔는데 그만 미끄러져 도랑에 빠졌어요. 허우적거리던 기억이 납니다. 지금 서수지IC 부근인데, 그땐 굉장히 깊었어요."

휘몰아치는 바람, 산과 산 사이의 골을 타고 불어대는 바람. 내린 눈을 쓸어 낮은 곳부터 쌓이는 눈. 그 눈에 감춰진 계곡 사이에 난 길. 산도 길도 골도 뭉개버린 온통 흰 눈 세상 속에서 홀로 어둠 속에서 길을 걸었을 검은 교복의 소년. 그러다 길 아래로 굴러 떨어졌을 소년의 공포가, 그 막연한 아름다움이 슬프게 다가온다.

바로 이 지점에서 또 다른 신봉 용인이씨 며느리가 겪은 고통스럽고 아픈 기억이 있다.

"엿을 팔러 겨울에 수원에 갔다가 돌아오는데 눈이 얼마나 많이 오는지. 지금 서수지IC 근처에 둑이 있어요. 그 아래는 개울이야. 눈이 쌓이니 어디가 길이고 어디가 개울인지 분간을 할 수가 있어야지. 그만 개울로 굴러 떨어졌어요. 기어서 올라오는데 저울추를 잃어버렸어. 그 저울추를 찾느라 눈을 온통 손으로 주물럭거려 찾아 집에 오니 밤 12시야. 딸들이 마중을 나왔는데 안 오니까 걱정을 해가지고…… 아휴……."

내일 또다시 해야 할 장사에서 없어서는 안 될 저울추를 찾기 위해 시린 손의 고통을 아랑곳 않고 눈 속을 주물주물 휘저었을 용인이씨 며느리의 절박함과 고통이 눈에 보이듯 선하다.

"정월 가래떡 뽑으려면 정자뜰을 가야 했어요. 수지초등학교 있는데. 길이 다 빙판길인데 미끄러지기라도 하면. 가래떡을 땅바닥에 안 떨어뜨릴려고 안간힘을 쓰던 게 생각 나. 올케네 사촌이 다 같이 오다가 넘어졌는데, 글쎄 머리에 인 떡은 그대로 안 엎고 이고 있더라니까."

"그땐 눈도 많이 왔어요. 거기가 바람이 불어 눈을 옮겨다 쌓아놓으면 길인지 뭔지 몰랐어요. 이도 많았어요. 내복에 이가 많아서 등잔불에 지지고 그랬어요.”

"우리 때는 겨울에 자리끼라고 냉수 떠다놓으면 탱탱 얼어 터질 것 같았어요. 아침에 일어나 보면. 누런 코가 이만큼씩 내려오고.”

"옛날 집은 반자라고 천장이 있었어요. 그 천장이 쥐 운동장이었어요. 쥐가 이리 달리고 저리 달리고 오줌 누고. 천장이 쥐 오줌으로 누렇게 되고 그랬어요.”

"그땐 종이가 귀해 화장실 가면 지푸라기 빼가지고 뒤 닦고 그랬어요.”

"학교가 워낙 멀어서 겨울에 학교 다닐라 치면 손도 터지고 볼도 터져서 갈라졌어요. 그땐 장갑이 있나 뭐가 있나, 그냥 손이 빨갛게 통통 부은 채로 다녔어요. 광교산이 바람이 참 셌어요.”

갈라 터진 손은 소죽을 쑨 소죽물에 손을 담가서 닦아 치료했다. 치료법은 또 있다.

"마늘대라고 있어요. 그 삶은 물에 손을 담그면 얼음이 빠진다고 그랬어요. 그래 그 물에 손을 담그고 그랬지.”

그러나 고통에서 한 걸음 물러서면 신봉의 겨울은 고요하고 아름다웠다.

"겨울에 광교산 눈이 하얗게 오면 온 마을이 조용했어요. 그러면 수원에서 서울 가는 기적소리가 들렸어요……. 뚜우우…… 뿌우우…….”

온 마을을 뒤덮은 눈 쌓인 새탄말과 중말과 양지말, 그리고 바지뜰의 흰 세상을 감싸고 들렸을 먼 기적소리의 아련함으로 겨울풍경은 용인이씨 후손들 기억에 남아있다.

▌내가 놀았던 어릴 적 재미난 놀이들

후손들에게 겨울은 놀이의 시간이기도 했다. 바쁜 봄부터 가을까지의 시간이 지나 겨울이 오면 신봉 용인이씨 사람들에게도 놀이를 즐길 넉넉한 여유가 찾아온다. 유난히 세시풍속이 많은 것 또한 여유로운 겨울의 시간 탓.

무엇보다 겨울의 세시풍속 중 가장 후손들의 기억에 많이 남는 건 음력 1월 1일 설날부터 보름을 지나 한 달 동안 이루어졌던 세시풍속들이다.

▪ 때마다 했던 관습, 세시풍속들

새해 아침, 눈 쌓인 동화 속 세상으로 변한 용인이씨들의 세거지 신봉의 길들은 줄지어 길을 나선 후손들의 발길로 길이 나 있다.

"설날 전날 저녁이면 외지에 나갔던 친척들이 종목이네 목장에 모여서 밤이 새도록 놀다가 날이 훤하게 밝아오면 각자 차례를 지내러 갔어요."

이런 놀이는 설날뿐만 아니라 추석 때도 마찬가지였다고.

"제사 지낼 때 같이 무조건 합동 세배를 했어요."

어린 이주한 씨에게 이날은 세뱃돈을 받는 날이기도 했다.

"10환 종이 돈을 받았던 기억이 있습니다."

• 설날이 되면 집집마다 명절음식인 가래떡으로 떡국을 즐겼다.

설날 신봉 용인이씨의 이 같은 기억은 다른 이들에게도 마찬가지
이다.

"구정이면 세배 다니고 그랬어요. 가면 주는 게 다식이니 엿이니 그
런 거여서 먹고 그랬던 게 생각나요. 마을 전체가 일가고 집안이니까
어른들 계신 집은 세배를 다 다녔어요."

"설날 집집마다 세배를 다 다녔어요. 세배를 다 하려면 삼사 일 걸
렸던 거 같아요."

이렇게 설날 차례와 세배가 다 끝나면 용인이씨 며느리들이 하는

선조들의 삶 우리들의 삶

일이 있었다.

"한 삼사 일 세배 다 받은 다음에는 주부 아주머니들이 집집마다 돌아가면서 한턱씩 냈어요. 정순이 엄마가 장구 치고…… 한턱씩 내는 그 집에 가서 다 춤추고 노는 거야. 정월 대보름까지 집집마다 돌아가면서."

"맞아. 아낙들이 집집마다 돌면서 노래와 장구를 했어요. 보름날까지 그렇게 놀았어요."

"널뛰기도 많이 했어요. 윷놀이도 많이 하고."

"널뛰기 그거 우리 마당과 논이 있는데 거기 딱 걸쳐 놓고 했어요. 우리 언니가 널을 사왔어요. 긴 판자였는데 그걸 밑에 짚을 깔고 마당과 논둑에다 걸쳤어요. 널 가운데 한 사람이 앉고 양쪽에서 뛰었어요."

"뛰다가 떨어지면 다른 사람이 들어와 뛰고 그랬어요. 처음엔 다른 사람 손을 잡고 뛰었는데 익숙해지면 혼자서 뛰었지."

"엄마가 민요를 잘 하셨어요. 창을 참 잘 부르셨어. 그리구 정순이 남수엄마가 장구를 잘 쳤어요. 춤은 엄마가 주도하고. 내가 꼭 따라다녔는데 지금 생각하니 어렸을 때부터 제가 흥이 많은 거 같아요."

"나는 흥이 없어. 용자 쟤는 춤을 타고 났어. 엄마를 닮은 거지."

이 풍속은 새해 차례를 준비하느라 힘든 서로의 노고를 치하하는 며느리들만의 문화였을 것이다.

이렇게 설날을 전후한 행사가 끝나면 첫해 보름달이 뜨는 '대보름'을 기념하는 큰 행사가 기다렸다. 이때 이루어졌던 대표적인 풍속은 '달집태우기'와 '쥐불놀이', 그리고 대보름 전날 하는 '오곡밥 훔쳐먹기'.

"대보름전날 망우대를 세워 달집태우기를 했어요."

"보름날이면, 옛날 어려서는 옥수수대를 나이만큼 매듭을 져서 달이 뜨면 불태우며 달에 소원을 빌고 그랬어요. 달집태우기였지. 또 쥐불도

• 정월 대보름날 풍요로운 농사를 빌고, 나쁜 기운을 없애기 위해 달집태우기를 하면서 놀았다.

놓았어요. 시냇가에다가. 깡통에 구멍을 뚫어 그 안에 소나무 옹이 따서 넣고 불을 붙여 돌리기도 했어요."

"깡통에 불 담아 쌈을 많이 했어요. 편을 갈라서. 불 담은 깡통을 돌리다 던지면 불씨가 떨어져요. 깡통을 많이 가진 쪽이 이기는 놀이였는데, 그땐 옷 태울까봐 깡통이 날아오면 도망가고 그랬어요. 아래 윗동네로 나눠 했던가⋯⋯ 그랬어요. 몇 명씩 나누었던가⋯⋯."

"망구려라고 했어요. 수수깡을 나이 수만큼 묶어서 그거 가져가서 불 붙여서 달님 보면서 빌었어요. 그걸 정월대보름이면 했어요."

달집이 타면서 뿜어냈을 거대한 불화염과 커다란 붉은 불 깡통들이 만들어냈을 불의 원들. 그 불들이 수놓았을 신봉의 보름날 밤 전경에 소중하게 담겨 올렸을 신봉 용인이씨 후손들의 소원들. 당시는 간절했으나 지금은 기억나지 않는 그때의 소망들은 이루어졌을까.

보름날 세시 풍속으로 후손들에게 가장 많이 추억으로 남아있는 또 다른 기억은 '오곡밥 훔쳐먹기'다.

"보름날 전날은 밥과 나물 훔쳐 먹는 날이었어요. 그날은 집집마다 훔쳐가라고 가마솥에 나물과 오곡밥을 해서 넣어놓았어요. 또래끼리 모여서 훔친 밥들을 한꺼번에 넣고 비벼서 먹었지요."

"나무를 아홉 번 하고 밥도 아홉 번 먹어야 한다는 말이 있었어요. 대보름날 저녁이면 집집마다 돌며 부엌에 차려놓은 밥과 나물을 훔쳐 한꺼번에 넣어 비벼 먹었어요."

"정월 열나흘 날 대보름 전날이 되면 그동안 나물 말려놓은 거, 콩나물 기른 거, 호박꼬지 말린 거를 토장 걸러 넣어서 무치고, 무 썰어 넣어 보리쌀 팥 오곡을 섞어 밥을 가마솥에 해 놓아요. 그리고 그걸 저녁에 큰 곳에 놔놓으면, 동네 애들이 쥐불놀이하고 집집마다 훔치러 와서 가져가 먹어요. 이날은 김치 이런 거는 안 먹었어요. 고깃국 아니면 무국을 끓였고. 그리고 그날은 대청소를 했어요."

"정월대보름 전날 밥을 아홉 번 먹어야 한다는 말이 있었어요. 생각나는 게 필규 아저씨, 셋째 아저씨가 보름날이 생신이었어요. 그래 솥을 여니까 그 안에 형수가 고기를 넣어놓은 거예요. 그거를 훔쳤어요. 형수에게 되지게 혼난 기억이 나네.

김도 귀했어요. 그것도 훔쳐 먹었고. 뭐 보름날 훔쳐 먹는 건 풍습이었으니까 으레 그런 거였으니까."

"그렇게 집집마다 훔친 오곡밥에 나물들을 바케스(양동이)에 넣고 참기름 넣고 고추장 넣고 화로에 얹어 비벼 먹었어요. 그땐 추운 줄도 모르고 그게 그렇게 재미있었어."

후손들이 이렇게 훔친 밥을 먹기 위해 모이는 장소는 마을회관이었다.

"거기서 밤새 놀았어요. 뺑 화투놀이도 하면서."

당시는 돈이 없으니 성냥개비가 돈을 대신했다.

"팔각정 성냥 20개씩을 먼저 나눠 갖고. 그렇게 아침 동이 틀 때까지 논 거예요."

그날은 공식적으로 부모님이 아들딸들이 집에 들어오지 않아도 봐주는 날이었던 셈이다.

보름이 지나 다음날이 되면, 그러니까 열엿새가 되면 그날은 '귀신 닭날'이었다.

이날은 귀신이 집안으로 들어오지 못하도록 신발을 감추고 채를 사립문에 걸어놓는 풍습을 지켰다. 신봉 용인이씨 풍습에 대해 이숙자

• 대보름을 맞아 신봉청년들이 농악놀이를 즐기고 있다.

씨는 많은 부분을 기억하고 있었다.

　"귀신이 채 살 헤아리느라 오래 걸려 못 들어오게 하려고 채를 걸어
놓았어요. 채 살이 가늘어 많잖아요."

　하하, 웃음이 절로 나는 풍자스러운 이 풍습과 더불어 정월에는 여
러 가지 풍습이 더불어 존재했다.

　"정월 닭날(酉日)에 어디 다른 곳 가서 오줌 누면 안 된다는 말이 있
었어요. 그러면 일 년 내내 바람이 불고 그런다고."

　"우리할아버지가 정월이면 〈조왕경(일명 환희조왕경(歡喜竈王經))으
로 부엌에 있는 가신(家神)인 조왕을 기쁘게 하기 위하여 읽는 경)을

써서 보름을 꼬박 읽게 했어요. 새해 첫날부터 보름까지. 우리 할아버지는 자식들에게 이미 안 좋은 일 예방해주느라 그러신 거예요. 옛날 궁에서도 그랬대요."

"정월 초하루부터 초순까지는 여자가 남의 집을 가지 말라고 했어요. 재수 없다고. 아, 집안은 괜찮아요. 타성 집안에만. 암튼 정월에는 가리는 게 많았어요."

이처럼 새해 첫날부터 보름이 하루 지난 16일까지 많은 터부와 행사풍습이 있었던 건 모두 새해의 안녕을 기원하고 새해 농사가 보름이 지나면서 시작되기 때문이었다.

하지만 용인이씨 풍습은 일 년 내내 계속되었다.

"2월 초하루가 되면 나이 떡으로 송편을 해 먹었어요. 입춘날이 되면 '입춘대길' 이런 글귀 써 붙이고."

"단오가 되면 수풍 있는 곳 느티나무에 그네를 매고 뛰던 게 생각나요."

"단오날 그네를 뛰면 정말 멀리까지 갔어요. 발을 구르고 팔을 튕기고 몸이 거꾸로 설 때까지 했어요."

"그네는 동아줄이었어요. 얼마나 정겹고 좋았는지……. 병덕이하고 나하고 쌍그네를 탔었던 게 기억 나요. 병덕이는 참 그네를 잘 탔어. 홍천말 사니까 맨날 뛰니까 그렇게 잘 뛰었어요. 저기 하늘까지 가는데 나는 얼마나 무섭던지. 내리겠다고 했어."

"맞아. 우리는 양짓말이어서 자주 뛰지를 않아서 그렇게 그네는 잘 못 뛰었어.

"그때는 다달이 명절날"이었다고 기억하는 이숙자 씨의 기억은 선명하다.

"6월 유두날에는 특별한 음식으로 밀전병 부쳐 먹었어요. 그때 보리 타작하고 밀 곡식을 걷어서 밀가루를 찧어오면 밀전병을 부쳐 먹었어요. 그리구 그 밀전병으로 텃밭에 고사를 지냈어요. 참외 같은 거 심은 밭에. 새로 한 곡식이라고."

"10월 초 삼일 날이면 쌀 서 말을 빻고 찧어서 시루떡을 했어요. 그걸 황토흙을 퍼다 대문 양쪽에 바르고 고사를 지낼 때 올렸어요. 수수, 찹쌀, 쌀, 이렇게 세 가지 떡을 했어요. 층층이 켜켜이 한 쪽씩 쌓아서. 이 시루떡은 동네 사람 모두와 나눠 먹었어요. 서 말을 해서 나눠 먹으면 우린 먹을 것도 없었어요. 우리 어머니가 참 남에게 잘 했어요."

그러고 나면 추석과 시향(時享)이 그리고 동짓날이 다가왔다.

"추석이면 송편 만들던 거 생각나요. 작은엄마가 엄청 잘 만들었어. 얼른 하고 우리 집에 와서 해주고 그랬어."

"동짓날에는 팥죽해서 먹고 뿌리곤 했어요. 그리고 칠석날, 견우와 직녀가 만나는 그 날에는 호박 부침개를 해서 먹었어요."

■ 온 동네를 놀이터 삼아 서리하기, 벼락치기, 새잡기

먹기와 놀기는 가끔 하나의 행위가 되기도 한다. 특히 먹을 것과 놀이가 지금처럼 '전문화'되지 못한 50~80년대를 산 사람들에게는.

이 시대 어린 시절을 보낸 신봉 용인이씨 후손들에게도 그러했다. 특히 종류를 가리지 않고 이루어졌던 '참외, 수박서리'와 '개구리 잡기', 겨울철 냇가에서 했던 '고기잡기, 벼락치기', 초가지붕에서의 '참새잡기' 같은 건 먹기 위해서지만 놀이의 즐거움이 함의된 행위들이었다.

"야, 보여?"

이 소리는 초가지붕 아래 어둠 속에서 사다리를 잡고 한껏 고개를 젖혀 지붕 위 소년을 보는 소녀의 목소리.

"불을 제대로 비춰봐!"

대답 대신 곁에 있는 친구에게 말하는 이 소년은 사다리에 올라 참새들이 숨어들었을 구멍을 찾는 소임을 맡은 소년의 말.

"야 저기다!"

그리고 이 소리는 불 담당 소년이 참새 구멍을 비추며 하는 소리.

"잡았어?"

소녀가 물을 때 참새 잡이 소년의 손은 불빛에 드러난 참새구멍에 손이 들어가 있다. 그러나 다음 순간 소스라치는 두 소년의 비명소리.

"악!"

"으악!"

소녀 또한 비명소리에 놀라 소리를 지르면 순식간에 소녀 앞으로 추락하는 두 소년의 몸.

"왜 왜?"

"뱀!!"

이어 소녀의 시선에 들어오는 어둠속에서도 또렷한 능구렁이의 실루엣. 랜턴마저 내팽개친 셋은 아픔을 살필 겨를도 없이 줄행랑을 친다.

이 광경은 신봉 용인이씨 후손들이라면 누구든 해 보았던 초가지붕 속 참새잡이 풍경이다.

"당시 집들이 대부분 초가지붕이었어요. 겨울에 눈 오고 춥고 하니까 참새들이 지붕 이엉 속에 굴을 만들고 들어가 있어요. 그러면 사다리 받치고 올라가 랜턴을 비추면 새들이 갑작스런 밝은 빛에 꼼짝을 못해요."

"참새 잡는다고 초가지붕에 올라가면 미끄러지는 거야. 다섯 발자국을 못 가. 그래도 참새 잡는다고 남자애들하고 굴뚝 쑤시고 돌아다녔어요."

"지붕에서 새를 꺼내 석쇠에 구워 먹으면 그렇게 맛있었어요."

"준영, 종훈이 이렇게 셋이 다녔던 거 같아요. 한 사람은 랜턴 비춰야 하고 한 사람은 사다리 잡아줘야 하니까. 언젠가는 참새 잡다가 능구렁이를 잡아 놀라 떨어져 장독을 깨뜨렸던 적이 있는데……. 참새를

화로 석쇠 위에 구우면 털이 잘 벗겨졌어요. 그렇게 구이로 해 먹으면 정말 맛있어요. 옛말 노인들 말씀이 '소 등 뒤에 앉아서 니 고기 한 점 보다 내 고기 한 점이 맛있다'고 그랬는데 정말 그렇게 잡은 참새고기 는 참 맛있었어요."

어디 이뿐이랴. 고기 귀한 당시 봄이 시작되면서부터는 개구리 뒷 다리도 별미였다.

"깨소금으로 개구리를 잡아 구워 먹으면 참 맛있었어요. 몸통을 밟 고 손으로 잡아당기면 뒷다리만 쏙 나와요. 그러면 그걸 구워서 먹었 는데 참 맛있었어."

"개구리를 참 많이 잡았어요. 개구리 뒷다리는 빼서 우리가 먹고 몸 통은 돼지를 주었어요. 개구리 뒷다리를 분유깡통에 넣어 삶으면 뒷다 리 근육살 통통한 것이 참 맛있었어요."

"금개구리가 엄청 많았었어요. 등에 금박 있는 게. 이미댁 산 근처 다랑이논에 가면 엄청 많았어. 현숙이랑 같이 잡았는데, 살이 오동통 하게 쪘어요. 다리만 잘라서 통에 끓였는데, 먹겠다고. 구수한 냄새가 나더라고. 근데 못 먹겠어서 닭을 갖다가 주고 그랬어요."

초가집 속 참새만 아니라 다른 새들도 대상이었다.

"참새, 비둘기, 박새, 할미새, 꿩 같은 것도 잡았어요.

이 새들은 주로 청산가리를 이용해 잡는데, 콩을 파서 청산가리 넣고 초로 때워요. 그리고는 찔레 넝쿨 밑에 넣어놓으면 꿩이 찔레 열매 먹으러 왔다가 먹고 죽어요. 그렇게 잡아 많이 먹었어요.

"꿩병아리도 잡아먹었어요. 떡갈나무 밑에 알을 낳고 부화하는데, 그걸 잡았지. 물총새 알도 꺼내 먹었어요. 물총새는 도랑 절벽에 구멍을 파고 알을 낳는데, 그걸 꺼내 먹었어요. 그러다 뱀에 물리기도 했고."

"6월이면 새들이 알을 까요. 콩새가 많았는데 홍천말 느티나무가 고목이다 보니 그 안에 콩새들이 알을 많이 낳았어요. 그걸 꺼내다 대파를 넣고 삶아 먹으면 별미였어요."

물론 이 같은 행위들에는 지붕 위에서 능구렁이를 만나고 물총새 구멍 안에서 뱀에 물리는 것과 같은 위험이 있었다.

"높은 느티나무에 오르는 건 일도 아니었지. 누가 더 높이 올라가나 내기도 하고 그랬으니까. 그러다 벌에 쏘인 적도 있고, 떨어지기도 하고."

이와 비교한다면 냇가에서 이루어지는 물고기 잡기나 논에서의 미꾸라지 잡기에는 위험요소가 상대적으로 적었다.

"당시만 해도 신봉 냇가에 물고기들이 참 많았어요. 종류도 다양했고. 버들치, 중태미라고도 하는데 이거, 피라미, 불거지, 미꾸리, 챙그람챙이, 송사리, 가재, 뱀장어……."

"겨울에 벼락치기라고 그걸로 고기를 잡았어요. 그게 뭐냐면 바위

222

를 들어 돌을 내리치면 놀라서 고기가 떠요. 그렇게 잡는 거지."

"여름 겨울 상관없이 뫼로 쳐서 냇가 물고기를 잡았어요. 쇠망치 같은 걸로 돌을 치는 건데, 그러면 돌이 울려서 밑에 들어가 있던 고기가 허옇게 떠올라요. 그걸 잡고, 가재는 돌을 뒤집어서 잡고. 징개미, 큰새우, 굴청 이런 것도 잡고. 개천 가재는 아주 작은 게 있었어요. 굴청가재는 거무죽죽하고 컸고. 지금은 보지 못하겠어요."

"비 오는 날에는 일을 못하니까 채 가지고 가서 미꾸리 잡았어요. 미꾸리는 가을 추수 끝나고 논이 얼면 잡았고."

"천렵을 많이 했어요. 송사리도 잡고 중태미라고 버들치도 잡고, 가재 같은 거 잡아서 또래끼리 솥단지 양념해서 끓여서 먹고 그랬어요."

"우렁은 많지 않았어요. 봄에 가래질해서 논두렁 보수를 하면 우묵한 자리에 우렁이 있었는데 많진 않았어. 대신 물기 있는데 미꾸리들이 많았어요. 냇가에서 천렵을 많이 했어요. 그거 해서 어른들 끓여드리기도 하고."

이밖에 신봉 냇가에서 후손들이 주로 한 놀이는 멱감기 놀이였다. 특히 멱을 감았던 곳에 대한 아름다운 풍광은 달빛 속에 드러난 풍경처럼 아련하고 한여름 쨍한 햇볕 아래 드러난 선명함처럼 세세하다.

"주위는 다 모래사장이고 저만치 가면 바위가 큰 것 두 개가 있었어요. 모래 위에서 놀다가 아카시아나무를 따서 가위바위보 하면서 놀았어. 풀도 뽑아 먹고 풀이 있었는데, 짧은 거. 암튼 그거 뽑아 먹으면 달

큰했어요.

　"또 그 풀을 묶어놓아 애들이 걸리는 거 보고 깔깔 웃기도 하고……. 참 재밌게 놀았어요. 거기서."

　"수풍 있는 냇가에 산딸기가 엄청 많았어요. 씨뻘겋게 엄청나게 많았어요. 신봉리 서봉애들이 학교 갔다 오는 아침저녁으로 그거 따먹어 입이 다 벌겋고 그랬어요. 지금 대광교회 앞쪽 냇가에. 그리고 지금 재실 있는 곳 거기가 깊었어요. 거기서 달밤에 목욕하고 그랬는데. 또 김장할 때 마차에 배추 실어 개울에서 씻어 김장하고 그랬어요. 모래가 많았어요. 모래가 많아서 업자가 들어왔어요. 팔아먹고 그랬어요. 또 홍천말 개울가에 다슬기가 엄청 많았어요."

　"신봉천이라고 불렀는데, 지금 동부아파트인가가 시작되는 거기, 거기가 깊고 좋았거든요. 아카시아 나무들도 있고 돌도 있고. 여기서 여자들은 밤에 한꺼번에 모여 목욕하고 놀고 그랬어요. 다이빙해서 뛰어들기도 하고 개구리헤엄도 치고. 친척들이 오면 다 거기로 데려갔어요."

　"지금 양지말, 홍천말 사이쯤 냇가가 우리 어렸을 땐 가슴 이상 잠길 정도로 깊었어요. 그럼 학교 갔다 오다가 거기서 헤엄치며 놀다 집에 갔어요. 당시 하얀 운동모를 사줬는데 벗고 들어가야 하는데 그냥 들어가서 모자 속에 들어 있던 상자곽이 쭈글쭈글해진 기억이 있어요."

　"학교 갔다 오면서 많이 놀았어요. 냇가에서. 양지말쯤 거기가 깊었는데 거기서 멱 감고, 팬티만 입고 했지 아마."

　"신봉천에 깊은 데가 몇 군데 있었어요. 양지말 앞쪽에는 한 길이 넘는 깊은 곳이 있어 위험하다고 했어요."

아이들의 물장구에 무지갯빛으로 튀어 올랐을 물방울들. 바위 위에서 호기롭게 뛰어들었을 아이들의 모습과 까무러칠 듯 터지는 싱그러운 웃음. 가끔은 온갖 장난으로 반전의 재미에 빠졌을 천진한 아이들의 모습이 아련하게 그려진다.

냇가가 주로 고기를 잡고 먹을 감는 장소의 놀이터였다면 신봉의 논과 마을은 신봉 용인이씨 후손들의 서리의 놀이터였다.
딸기며 포도, 수박, 감이며 닭까지 먹을 수 있는 것이라면 어느 것이든 서리의 대상이 됐다.

"수박 서리는 기본이었어요. 딸기 서리, 포도 서리, 자두 서리. 안 한게 없었지. 포도는 멀리 지금 정평에 많았어요. 지금 신흥교회 그쪽이 다 포도밭이야. 그곳에서 포도 서리를 하는데, 개가 짖으면 포도넝쿨 위로 누워버려요. 하하. 그 위에서 걷지를 못하니까 뒹굴뒹굴 굴러가면서 따는 거야."
"자두는 푸대자루로 서리해서 넘어오기도 했어요. 지금 성복동 그쪽에서. 그 자두를 빈 항아리에 넣어 놓았는데 발효가 돼가지고 포도주가 되어버렸어요. 그래서 못 먹은 적도 있어요."
"수박 서리 해 먹다 들켜서 도망치다 신발 잃어버린 기억이 나요, 혼나고 뒈지게 얻어맞기도 했었어요."

"갈래댁에 살구가 엄청 많았어요. 아주 컸어. 밤에 둘이 몰래 그 나무에 올라가 흔들고 밑에서 현숙이는 줍고…… 그러면 다음날 갈래댁에서 그러는 거야. '누가 살구를 다 따갔어.' 그럼 뭐 앙큼스럽게 가만있었지 뭐."

"장한이네 아저씨…… 시아주버니집이 우리 친구들끼리 서리하는 딸기밭이었어요. 거기 딸기 서리하러 갔는데, 그때는 남자애들하고 서리를 많이 했어. 밤이니까 하나하나 내 입에 들어가기 바빠. 그러니까 남자애들이 딸기를 손을 모아 죽 훑는 시늉을 하면서 훑으래. 작은 거는 빠지고 큰 거만. 덜덜덜…… 그렇게 딴 딸기를 치마에 받아 내려오다가 딱 마주친 거야."

• 70년대 신봉리에 있던 원두막. 누구네 원두막인지 아시는 분은 연락주시지요. 김지용 제공

서리의 재미는 뭐라 해도 들킬지 모른다는 두근거림과 그 두려움을 뚫고 얻어낸 수확물의 달콤함이었을 것이다.

"내게는 시아주버님이지. 그래 딸기고 뭐고 내팽개치고 막 뛰었지. 그리고 우리 밭 수박을 서리한 적도 있어요. 아부지가 수박을 심었는데 엄청 큰 수박, 진짜 큰 게 있었어요. 아부지가 씨앗을 받아서 심을 거라고 잘 덮어놔야지 하면서 덮어놓았어요. 정말 수박이 잘 생겼어. 근데 4H하는 애들이랑 우리 밭에 가면 제일 큰 수박 있다고 알려주고는 그것을 따다가 개울에서 먹은 거야. 울 아부지는 딸이 한지도 모르고 남자애들을 의심한 거야. 며칠 지나고 이실직고를 했지. 그랬더니 아부지가 그러시더라고. 그럼 이것아 씨라도 가지고 오지……."

어디 그뿐이랴. 밤나무의 밤, 앵두, 참외, 복숭아, 막 익은 보리에 콩까지 그야말로 서리의 대상은 먹을 수 있는 것이면 모두 대상이 됐다. 보리와 콩은 모닥불에 놓고 튀겨 먹으면 수분 머금은 보리와 콩들은 탁탁, 소리를 내며 고소하게 튀겨졌다.

이렇듯 서리는 가끔 '돼지게 혼나기도' 했지만 허락된 귀여운 놀이였다. 알고도 눈감아주고, 잡혀도 따끔한 야단 한마디로 끝나는. 돌이켜 보면 서리의 추억은 모두 군것질거리와 먹거리가 부족한 당시의 시대가 만들어낸 풍경이었다.

"봄이 되면 찔레꽃도 많이 꺾어 먹었어요. 땅뿌리도 뽑아 빼먹고."

"고염나무가 지금은 굉장히 귀한데, 새탄말 우리 집 건너 원식이네 고염나무가 아름드리였어요. 그 고염을 따먹던 기억이 있어요. 대추보다 몇 배는 더 달아요. 씨가 굵은데, 씨 발라내기가 힘들었어요. 가을에 열렸는데……. 감나무보다 암튼 고염나무가 생각이 나."

"바람이 불면 익지 않은 파란 대추가 떨어져요. 그걸 밥에 넣어서 엄마가 밥을 해줬는데 맛있었어요. 윗말 가는데 대추나무가 많았어요. 또 풋감 떨어지면 익혀서 먹었고. 주어다 놓으면 익어요, 그걸 먹은 거지."

"벗나무 버찌 따러 다니고, 뽕밭에 오디 따먹고 그랬어요."

"황골에 가면 으름나무가 있었어요. 바나나 같았는데 크기는 한 손가락 두 마디 정도? 익으면 벌어져요. 안이 하얗고 까만 씨가 굉장히 많은 열맨데 아주 맛있어요. 그거 따먹던 기억이 있어요."

"도랑으로 내려가면 주로 벚나무가 많았어요. 벚나무에 매달려서 버찌 따먹었어요. 참벚나무 버찌는 시고 달아 맛있는데 참벚나무 아닌 건 맛이 없어요. 그러면 입술이 진보라색으로 변해요. 혓바닥도 다 보라색이고. 하하."

후손들 설명에 의하면 참벚꽃은 지금은 산에만 볼 수 있다고. 또한 참벚꽃은 꽃도 늦게 피고 잎은 잘고 조그맣다.

이밖에도 신봉의 용인이씨 후손들이 즐겼던 놀이는 댕기치기라고도 불렀던 구슬치기, 제기차기, 연날리기, 자치기, 공기놀이, 말뚝박기, 거북놀이, 공차기, 사방치기, 고무줄놀이, 오재미치기, 실뜨기, 화투놀이, 소꿉놀이, 썰매타기, 팽이치기, 팥쥐놀이, 딱지치기, 물총놀이 가위

생 등 다양했다.

이중 썰매타기와 팽이돌리기, 화투놀이, 거북놀이는 주로 겨울에 하는 놀이. 그리고 실뜨기와 공기놀이, 자치기, 고무줄놀이는 여자아이들이 주로 하는 놀이였다. 나머지는 거의 남녀 구분 없이 하던 놀이들.

"썰매는 주로 외발썰매를 탔어요. 겨울이 되면 논에 물을 가둬서 얼려요. 그 위에서 탔어요. 못을 박아서 만든 건데, 타다보면 가랑이가 다 떨어졌어요. 얼음이 깨져 양말이 젖어 불에 말리다 다 태워 혼나기도 했고. 양말이 당시엔 나이롱이어서 불에 잘 탔어요."

"뭐 당시엔 스케이트는 구경도 못했지요. 썰매는 외발썰매들을 많이 탔어요. 날이 하나, 작대기에 못을 박아 가랑이 사이에 넣고 서서 밀고 탔어요."

"아주까리를 꺾어서 그대로 물총을 만들어서 쏘며 놀았던 기억이 있네요. 씨앗으로 기름을 짜서 쓰기도 하는 아주까리는 대 가운데가 비어 있어요. 그 안에 물 집어넣어서 물총 대용으로 쏘며 놀았어요."

이종화 씨에게는 집에 있던 아주까리를 베다 복숭아뼈가 푹 들어가 도록 찔린 기억이 있다.

공차기 놀이는 명절이나 가끔 마을에 대소사가 있을 때 돼지를 잡 으면 그 오줌보에 공기를 넣어 만든 것을 공으로 대용했다.

"오줌보에 공기를 넣고 실로 묶어요. 그걸로 공을 차는 거지. 주로 대종손집 마당이 넓어 거기서 놀았어요."

"가끔 정구공 같은 거 얻어 와서 찜뽕(찜뿌의 방언. 고무공으로 야구하는 놀이)이라는 걸 했어요. 야구 비슷한 건데, 산소같이 잔디가 있는 데서."

겨울, 눈이 많이 오면 뭐니뭐니 해도 마을회관에 모여 하는 화투가 후손들이 가장 많이 한 놀이였다.

"눈 많이 오면 노는 게 일이지. 주로 겨울이면 '나이롱뽕, 국수돌리 기' 놀이를 했는데, 일등은 공짜로 먹고 4등은 얼마 내고. 이렇게 몇 십 원 씩 걸어서 삶아서 먹고 그랬어요."

'나이롱뽕'은 둘씩 짝해서 화투 가지고 노는 놀이였다.

"화투가 여섯 장 아녜요. 일곱 장씩 가지고…… 뺑 내놓고 하나를 내버리는 거예요. 끝수대로 해서 끝수가 많으면…… 이렇게 몇 판을 해요. 끝수가 제일 적은 사람이 일등. 그 다음이 이등…… 이렇게 순위 가 매겨지는 거지. 일등 공짜고 나머지는 균등해서 얼마씩 내서 걸어 먹을 걸 사먹어요."

거북놀이는 이엉을 엮어서 노는 놀이.

"가을 농사를 짓고 나면 나오는 이엉을 엮어서 하는 놀이에요. 엮은 이엉을 푹 뒤집어쓰고 거북이처럼 엉금엉금 기어 들키지 않게 하는 놀이예요."

그러니까 엮은 이엉은 일종의 망토였고, 망토를 뒤집어쓰고 들키지 않는 게 놀이의 핵심. 일종의 숨바꼭질과 비슷한 놀이인 셈이다.

이종찬 씨는 형들과 전기 책을 읽고 귀신 나오는 얘기를 한 기억을 재미난 놀이로 기억한다. 가위생놀이와 간첩놀이도 빼놓을 수 없는 그의 기억.

"가위생은 땅에다 오징어처럼 그려놓고 편을 나눠서 안에 있는 놈을 바깥에서 잡아당겨 끌어내는 놀이였어요."

"조를 짜 가지고 몇 명은 간첩 역할 몇 명은 잡는 역할로 나눠 간첩 잡기 한다고 나무광 이런 데 숨기도 했어요. 어디 그뿐인가 어른들 누구도 아무 소리 안 하니까 동네 아무 집이나 들어가 숨기도 하고 그랬어요. 담 넘어서."

이에 비해 여자 후손들의 놀이 기억은 아기자기하다.

"뒷동산에 가서 소꿉장난들 많이 했어요. 큰돌 있는 데서 나무 열매 따다 찧어서, 취나물 고사리 같은 거. 여보, 당신 하며 먹으라고 하면서."
"여름에 모닥불 피워놓고 마당에 같이 앉아서 고구마 구워 먹으며 이야기했어요."

"널뛰기는 주로 한강댁에서 했고, 종란이 언니네 집이 놀이터였어요. 밥만 먹으면 둘째 큰엄마네로 가서 아침저녁으로 거기서 가서 놀았어요."

"감꽃 떨어지면 주워서 놀고, 땅풀에 길게 끼어서 목걸이해서 걸고. 클로버 꽃 피면 반지도 만들고 머리에 꽃다발도 해서 얹고 그랬어요, 또래가 좀 많았어요. 아래 윗동네 휩쓸려 다니며 놀았어요. 아, 또 용자네 공으로 배구하고 놀았던 기억도 나네."

"무쇠네 가서도 많이 놀았고 영직이 할머니 마당에 가서도 많이 놀았어. 종목이네 어렸을 때 거기 가서도 많이 놀고."

"사방치기, 고무줄, 오재미치기, 공기놀이도 많이 했어요. 오재미를 바구니에 던져서 여는 게 오재미치기예요. 팥을 헝겊주머니에 넣어서 오재미를 만들었어요. 그걸로 던져 치는 거지. 또 동그랗게 만들어 가운데 사람이 들어가 있고, 오재미를 던져 맞추면 나오는 놀이도 했어요. 참 여자애들이 극성맞았어요."

"어른이 서울 가면 한 방에 동네 애들이 다 모여서 놀다가 잤어요. 이가 많아서 잘 때면 입던 옷 다 벗어 추운데 놓고 자고 아침에 다시 입고 그랬어요."

"창식이네, 티브이가 거기만 있었어요, 이 집에 저녁마다 마루 한가득 모여 앉아 봤어요. 또 사랑방에 쌍나팔 전축을 사다놨어요. 저녁마다 썬데이먼데이 손바닥 치며 노래 따라 부르면서 놀았어요."

• 60~70년대
트럭 모습

반면 남자 후손들의 놀이는 자못 짓궂은 면도 있었다.

"당시는 수원이나 어디로 나갈라치면 차가 없었어요. 가끔 트럭이 다녔는데 지엠차인데 제무시 차라고도 했어요. 태워달라고 손을 들어도 안 태워줘요. 그럼 행길에다 돌을 잔뜩 쌓아놓고, 구덩이를 파 풀로 덮어놓아요. 그러면 가다가 안 보이니까 빠져. 차가 못가니까 나와 씩씩거리면서 치우고 그랬어요. 우리는 그걸 숨어서 보며 킥킥거렸고. 일종의 보복을 한 거죠."

"당시 트럭은 시동을 걸려면 앞에 있는, 그걸 도라꾸라고 했는데, 그걸 돌려서 시동을 걸었어요."

고무줄놀이를 하는 여자 후손들의 고무줄을 끊고 도망가기는 이에 비하면 귀여운 장난이었다.

■ 맛있는 먹거리들

놀이와 합쳐진 먹거리들, 온갖 종류의 과일 곡식 서리와 개구리 참
새 물고기들에 더해 신봉 용인이씨 후손들은 무엇을 먹고 살았을까?

"쌀밥 먹는 집이 동네 한두 집 밖에 없었어요…… 제사나 지내야 쌀
밥 구경했어. 전부 보리밥을 먹었어요. 보리밥에도 감자 하나나 두 개 얹
어서 먹었고. 죽도 많이 먹었어요. 호박죽 같은 거 먹고 무 시래기 이런
것도 하나도 안 버리고 먹었어요. 그걸로 배 채운 거지. 다 먹거리니까."

이종화 씨의 말은 대부분 신봉 용인이씨 후손들이라면 이구동성으
로 하는 말.

여자 후손들 또한 옛날 먹거리에 대한 기억은 비슷하다.

"쌀이 좀 있어도 아끼느라 저녁이면 죽을 쑤어 먹었어요. 아욱죽도
먹고 배추죽도 먹고."

여기에 보리밥과 죽만큼 많이 먹은 주된 음식이 고구마, 감자, 그리
고 밀가루 음식.

"밀농사를 지어서 밀가루 음식을 흔하게 먹었어요."

밀가루로는 주로 수제비나 칼국수를 해 먹었고, 다양한 부침개를
해 먹거나 별식으로 만두를 만들고, 밀가루를 볶아 미숫가루 대용으로
먹기도 했다.

음식에 대한 부분은 만드는 방법까지 거의 모든 여자 후손들이 잘
간직하고 있었다.

"미숫가루가 먹고 싶은데 밀가루밖에 없으면 밀가루를 볶아 미숫가

루를 만들어 먹었어요."

미숫가루를 만드는 방법은 다음 같았다.

"먼저 밀가루를 볶아요. 다음 채를 쳐서 곱게 내려요. 그러면 밀가루가 마치 보릿가루와 같은 맛을 내요."

이밖에 주식은 아니지만 신봉 후손들의 주로 먹는 음식은 다양했다. 특히 명절이나 시제 제사 때 먹는 만두며 다과 등의 음식들은 평소에는 먹지 못한 음식들.

"정월에는 찹쌀과 차조로 모찌를 만들어 먹었어요. 약과도 만들어서 먹고. 수수부꾸미도 많이 먹었어요."

"약과는 밀가루 반죽을 해서 이스트를 넣어 빵처럼 부풀게 기름에 튀겨 만들었어요. 이때 튀기기 전에 약과에 구멍을 내야 돼요. 안 그러면 펑 퍼져버려요. 이걸 말려 조청을 묻혀 먹으면 맛있어요."

"수수부꾸미는 수수를 빻아서 거기에 쌀, 맵쌀을 섞어서 만들어요. 팥은 뭉근하게 삶고. 거기에 신화당을 소금과 넣어서 소를 만들어요. 그 다음 맵쌀과 수수로 만든 반죽을 납작하게 솥에 두르고 그 안에 팥을 만들어놓은 소를 넣고는 접어서 앞뒤로 익혀 먹어요."

"다식도 많이 했어요. 다식은 송화가루 빻은 콩가루, 쌀가루를 다 볶아서 엿물에 반죽을 해서 뭉쳐요.

• 다식을 만들던 모형틀

이때 너무 질지 않게 하는 게 중요해. 그걸 꽃모양 별모양 같은 갖가지 모양이 된 다식판에 꼭꼭 눌러 담아 만들어요. 그러면 맛도 모양도 제각각 다르고 예쁜 다식이 만들어져요."

"만두도 김치 썰고 두부랑 꼭 짜고 돼지고기랑 넣어서 해 먹었어요."

"두부도 집에서 다 해 먹었어요. 두부 만들 때는 흰콩을 썼어요. 흰콩 한 말을, 내일 아침에 하려면 자기 전에 물에 불려놓아요. 그렇게 불린 콩을 맷돌에 갈아요."

이렇게 다 간 콩은 자루에 넣어 꼭 짜 간수에 넣어 끓인다. 이때 간수는 두부를 만들기 전 준비해 놓는데, 간수는 소금 가마에서 녹아서 한 방울 두 방울씩 떨어진 소금물을 말한다. 따라서 간수를 받기 위해 집에서는 나무로 된 걸이 위에 소금 가마니를 올려놓고 그 밑에 그릇을 받쳐놓는다.

"끓일 때가 중요해요. 먼저 간수를 넣는 양이 중요해요. 양이 잘못 들어가면 엉기거나 고이고, 맛이 없어져. 살살 봐 가면서 넣어야 돼요. 엉긴 듯하면 그만 넣어요."

이때 불의 조절도 중요했다.

"불이 너무 세면 끓어 넘치니까. 나무주걱으로 저어가면서 하는데 콩이 응고되기 시작하면 이게 순두부에요."

이렇게 두부 물이 엉기면서 순두부 상태가 되면 불을 끄고 자루에 넣어 짜는데 이때 문제는 뜨거운 상태로 눌러 짜야 한다는 것.

"식으면 안 엉켜요. 그래서 반드시 뜨거운 상태에서 눌러 짜야 해요."

● 두부 만들 때 콩을
삶던 무쇠솥

　그렇게 짠 두부는 다시 네모판 같은 거에 삼베를 깔고 꽉 눌러놓는다.

　"두부는 순두부로 먹기도 하고 두부로 먹기도 하고 두부 만들면서 나온 콩찌꺼기로 찌개를 끓여 먹거나 소를 주기도 했어요."

　두부 만들기는 하루 종일 걸리는 작업이었다. 이렇게 만들어진 두부는 그냥 먹기도 하고 찌개에 넣어 먹기도 하고 만두를 만드는 데 넣기도 했다.

　다음은 술 만들기.

　"술을 만들려면 강변에 난 빼쑥을 뜯어다가 죽 깔고 그 위에 밀기울로 만든 누룩을 놓았어요. 누룩 위에는 다시 나무나 이런 걸 덮어요. 그게 누룩을 띄우는 작업이에요."

　당시 술 만들기는 신봉 용인이씨 집이라면 누구나 다 하던 작업이었다.

선조들의 삶　우리들의 삶

237

"제사 때도 쓰고 일할 때 일꾼들 먹이려고 만들었어요. 그런데 술 금지가 되면서는 숨기느라 애를 먹고."

철마다 해 먹는 별미 음식들에 대한 기억들도 여자 후손들은 많이 가지고 있었다.

"우리 어머니(이종순 씨)는 참 철저히 절기마다 별미 음식들을 하셨어요. 명절 음식들은 물론이고, 여름 농사짓고 7월이 되면 한가해지거든요. 그때 산에 올라 이파리 하얀 수리치를 뜯어다가 차좁쌀을 넣고 인절미를 해줬어요. 그럼 그게 그렇게 맛있어요. 지금은 그런 차수가 없어. 먹고 싶어서 한 번 해 보니까 뻣뻣해지더라고. 그렇게 우리 어머니는 순 차좁쌀만해서 수리치 뜯어다가 육남매를 먹였어요."

"제사 지내면 집집마다 제삿밥을 다 돌렸어요. 자다 일어나서 탕국에 말아 먹으면 그렇게 맛있었어요."

"칠월칠석 칠석날엔 호박부침개를 해 먹었어요. 동짓날엔 팥죽을 쒀서 먹고."

"큰엄마는 밀부침개를 얇게 잘 부쳤어요. 그걸 초고추장에 찍어 먹었는데 맛있어."

부침개를 부칠 때는 주로 돼지비계를 사용했다.

"동네에서 돼지를 잡으면 돼지비계를 덩어리째로 천장에 매달아놓았다가 부침개를 부칠 때 썼어요. 옛날 솥뚜껑을 지금 후라이팬으로 이용했는데 그 돼지비계를 칠하고 부침개를 부치면 그렇게 잘 어울리고 맛있어요."

음식에 대한 이야기는 계속 이어진다.

"들기름을 풍덕천 방앗간에서 짜서 와 김을 발라 화롯불에 구워먹으면 그것도 맛있어요."

"떡을 시루에 쪄서 절구에 찧어 만든 인절미도 정말 맛있어요."

"방앗간에서 뺀 가래떡을 기름 발라 구워 먹으면 정말 맛있었지요."

"가끔 아버지가 사온 인삼정과도 정말 맛있어요. 아들한테만 주고 딸들한테는 잘 안 줬지만."

"맑은 시냇물 돌에 붙어 있는 다슬기랑 우렁 잡아다 된장 넣고 무 넣고 고춧가루 넣어 끓여 먹으면 정말 맛있어요. 미꾸라지는 밀가루에 버무린 뒤 물 끓는 솥에 넣는데, 주로 수제비를 함께 넣어 많이 먹었어요. 그게 보식이었지."

"동네 아이스께끼 장사 오면 멀쩡한 쟁기날 빼다 엿 바꿔먹다 혼나고 그랬어요."

"아주까리 잎도 싸 먹었어요."

"조청도 많이 만들어 먹었어요."

조청은 엿을 만들면서 나오는 것이니 당연지사.

"겨울에 엿 곤 거 채반에 올려놓고 일 년 내내 먹었어요."

비록 엿이 팔기 위함이 주였다고는 하지만 중요 간식거리였을 것이고, 나물도 마찬가지였을 것이다.

신봉동의 살림살이
어렵지만 희망을 가지고 살았어요

신봉에 처음 들어와 정착한 입향조(入鄕祖)에서부터 이후 39세에 이르기까지 신봉동에 세거지를 이루고 산 용인이씨 후손들의 삶을 지탱하게 해 준 경제는 무엇이었을까?

무엇으로 후손들은 먹고, 살고, 꿈꾸며 자식들을 낳아 키우고 가르쳤을까?

무엇보다 농사는 용인이씨 후손들의 경제의 근간이었다. 바지뜰의 너른 농토와 마을 주위에 산재한 논과 밭에서 후손들은 쌀을 얻고 필요한 반찬들을 농사지어 삶을 유지했다.

농사가 이처럼 신봉 후손들의 기본적인 먹거리를 해결했다면 나무 팔기와 엿 팔기, 그리고 나물 팔기는 신봉 후손들의 재정을 돈독히 하는 데 매우 중요한 경제활동이었다. 이에 더하여 감나무와 밤나무 같은 과실수 농사 또한 소득이 됐다. 이들 경제활동들은 각각 시대의 변화와 계절에 따라 주(主)와 부(附)가 바뀌며 이어졌다.

▌소 팔러 가는 길

소는 가장 중요한 재산이었다.

소는 농사를 짓기 위해 없어서는 안 될 재산이었고, 나무를 해서 팔기 위해서도 반드시 필요한 동물이었다.

당시 신봉 용인이씨 많은 집들이 소를 키웠다.

"집집마다 소가 있었어요. 봄이면 소를 사다가 농사 잘 짓고 8월 풀을 잘 먹이면 소가 살이 쪄요. 그러면 팔아서 땅 사고 그랬어요."

"옛날에는 소와 물웅덩이가 부의 상징이었어요."

소가 갖는 의미는 이것만이 아니었다. 소는 한 집안의 중요한 재산으로 자식들을 가르치는 밑천이 되기도 했다.

"옛날엔 소 키워 팔아서 자식 대학 보낸다고 해서 우골탑(牛骨塔)이라고 했어요."

종가집처럼 땅이 많은 집은 오직 농사일을 위해 소를 사기도 했다.

"우리 집은 거의 황소를 샀어요. 일을 잘해야 되니까. 신봉은 경지정리가 안 돼 있어 산비탈 층층이 다 논이었어요. 그래 힘 센 황소가 필요했어요. 아버지가 소를 살 때는 두세 살 힘을 쓸 나이에 사서 한 4~5년 부리다 팔고 다시 사 오시고 그렇게 했어요."

따라서 소를 팔고 사는 우시장은 신봉 용인이씨 남자 후손들에게 장마다 들리는 중요한 장소였다. 그러니까 우시장은 정보교류의 장이었고, 후손들은 그곳에서 세상 돌아가는 얘기며, 근처 사람들의 소식을 들었다. 당시 장날은 4일과 9일.

• 신봉 어르신들의 삶의 터전인 수원 영화동 우시장 모습. 1977년 촬영,
  수원역사박물관 제공

　"장날은 소와 관계없이 사람들이 나갔어요. 할 일이 없어도 장에 가
셨어요. 도마치 버들치 고개를 넘어서, 지금 경기대 후문 뒤 고개를 넘
어서. 우시장에 가면 다 만나는 거예요. 보통 때는 일해야 되니까. 옆
동네 사람도 만나기 힘들어요. 장날만 되면 당연히 가야 될 데를 가는
것처럼 가는 거예요. 마치 학교 가는 학생들처럼 안 빠지고 갔어요. 여
름엔 더운 날씨에도 모시바지저고리 입고 중절모까지 쓰시고 가시던
아버지가 생각나요."

　당시 수원 영화동에 있던 수원 북수동우시장은 전국 3대 소시장 중

하나.

그만큼 규모가 컸다. 이종기 씨가 기억하는 우시장의 모습은 짚으로 꼬아 동아줄로 굵게 만든 대구목사리를 한 소들이 시장 너른 마당에 매어 있던 모습이다.

"세면공구리를 친 말뚝은 작았어요. 크면 안 돼요. 말뚝이 길면 소가 비비적거리면 부러져버려요."

전국 3대 우시장답게 우시장으로 전국의 소들이 모여들었다.

특히 소장사꾼들이 대구, 김천 농사꾼들에게서 사들인 소들이 많았다.

"소장사꾼들이 대구나 김천에서 사 들인 소들은 장날이 열리기 하루나 이틀 전에 반쟁이(화성시 반정리)에다 맡겨 놓아요. 여긴 일종 마굿간인 셈이지. 그럼 그 사람들이 소 죽 쒀 먹이고 있다가 장날 소를 끌고 우시장으로 와요. 한 사람이 세 마리까지 끌고 다녔어요."

이렇게 모인 소들은 장날이면 치열한 흥정을 거쳐 농사일에 필요한 사람에게 팔리거나 살진 소들은 도살되었다.

"우시장 안에 살진 소를 사서 잡을 거라고 하면 서기가 있어 기록했어요. 팔고 산 가격과 도살할 소의 킬로그램까지 기록해요. 그거를 써서 한 장은 남겨놓고 양쪽 한 장씩 주고."

이렇게 모든 기록을 마친 소는 도살장으로 옮겨졌다.

"영수증을 가지고 도살장에 가면 영수증과 대조해 생으로 달아요. 그럼 대강 소의 고기, 내장, 대가리, 꽁지, 갈비, 뼈까지 몇 근이 나올지 알아요. 거의 틀리지 않아요."

• 여물통과 소죽 끓이는
  모습

　당연히 우시장 근처에는 도살된 소고기로 국밥을 만들어 파는 국밥
집이 많았다.

　"국밥집이 한 12개에서 14개쯤 되었나? 암튼 죽 늘어서 있었어요.
방 있는 집은 별로 없었고, 큰 테이블에 의자 놓고 양쪽에 앉아 국밥
말아서 먹고 그랬어요."

　우시장의 풍경 중 또 하나 빼놓을 수 없는 건 노름.

　돈이 도는 곳이니 돈을 쓰고 싶은 이도, 돈을 따고 싶은 이도 많았

을 것이다.

"큰 돈이 도는 데니 전대를 차고 다녔는데, 거기 장사꾼들이 노름 좋아하는 사람들이 많았어요. 우시장 한켠에 모여 도리지꾸땡이 하던 사람들 생각나요. 투전도 했는데, 삼일학교 골목에 노름방이 있었다고 들었어요."

돈을 노리는 강도도 많았다.

"강도들이 버들치고개에 숨어 기다리고 있었대요. 그래서 소 판 날이면 부러 행길로 빙 돌아갔다고 그래요."

귀갓길 일화 중 문규 할아버지 소 이야기는 유명하다고.

"문규 할아버지가 나무장사를 했는데 술을 좋아하셨어요. 팔고 나면 술을 드셨는데 소마차에 드러누워 종종 잠이 드셨던 모양이에요. 잠들기 전 '이랴 가자' 하면 소가 알아서 집을 찾아갔다고 해요."

쩽강쩽강, 청아하게 울려 퍼졌을 워낭소리가 들리는 듯한 이야기다.

▌ 가장 중요한 벼농사

농사는 개발이 되어 환경이 바뀌기 전까지 후손들이 꾸준히 해온 경제활동이다. 당연히 경제활동에서 농사는 삶의 중심이 됐다.

우수가 지나 땅이 풀리기 시작하면 신봉 후손들의 한 해 농사준비가 시작됐다.

"한 해 제일 먼저 하는 건 논두렁 반을 까 내려서 처진 흙을 다시 올려 다지는 논두렁 보수예요."

그러나 농사의 시작은 한 해 전, 12월부터 시작된다. 아니 이미 한 해 전 여름부터 시작됐다.

"집집마다 퇴비간이 있었어요. 여름에 풀들을 베어다 쌓아놓으면 그게 썩어요. 그러면 봄에 그 퇴비를 논밭에 뿌려요. 그때는 객토라는 게 없었어요. 떡갈나무 갈잎들을 논에 뿌리면 나무가 젖어서 썩는 게 까맣게 우러났어요."

땅의 병균을 없애고, 숨을 쉬게 하기 위한 가래질은 이렇게 거름을 낸 논에서 이루어졌다. 다음해 농사를 위한 볍씨는 추수를 끝내면서 마련됐다.

이종화 씨는 가래질은 농사 시작 전 3월과 4월에 하던 일로 기억했다.

"가래질은 셋이서 했어요. 큰 삽을 두 사람이 당기고 한 사람은 장치대가 긴 삽을 떠올리면서."

거름내기도 이즈음 함께 이루어진다.

그러니까 논둑을 손질하고, 도랑을 치고, 거름을 내고, 논밭을 가래질하는 것으로 농사의 시작을 준비하는 것이다.

그 다음 농사일은 모를 키우기 위해 준비해둔 볍씨를 뿌려 모를 키우는 일. 이 일은 4월에 이루어진다. 볍씨는 3~4일 담가 싹이 나면 건져 모판에 뿌려 키웠다. 이후 모가 모두 자라면 논에 모심기를 했다.

농사에서 물은 벼이삭이 맺히기 전까지 전 과정에 반드시 필요하지만 특히 모내기 시기에 비는 절대적인 필수 요건이었다. 그러나 내리는 비는 사람의 힘으로 조절할 수 없는 영역. 후손들은 바지뜰에 두 개의 웅덩이를 만들어 대비했다.

가뭄에 웅덩이의 물을 퍼 올렸던 기억은 후손들 대부분이 가지고 있다.

"종목이네 논 가운데 동그랗게 웅덩이가 있었어요."
"동녘말 가는 곳이었어. 웅덩이 두 군데가."
"정한네 웅덩이는 깊고 컸어."
"큰집 앞 웅덩이는 깊지 않았어. 이 사무실 크기만큼?"

후손들이 기억하는 웅덩이에도 삶의 한때는 스며 있다. 서로의 느낌과 기억을 달리한 채.

"못자리를 해 놓았는데 가물어 물이 없으면 웅덩이에서 타래박으로 물을 퍼 물을 댔어요."

"타래박은 함석, 그땐 생철이라고 했는데, 그 걸로 만든 두레박용이에요. 그 타래박 네 귀퉁이에 구멍을 뚫어서 끈을 만들어 두 사람이 손을 맞춰 퍼 올리는 거예요."

양손에 줄을 잡고 서로 마음과 몸을 맞추어 율동에 맞추듯 타래박질을 했을 모습이 그려진다. 맞지 않는다면 물은 퍼지지 않았을 것이고 목적지인 논에 닿기 전 흘러 없어졌을 것이다. 이남수 씨는 가뭄이 심할 때면 물웅덩이를 두고 선후를 따지며 싸움마저 불사하던 일을 덧붙였다.

가뭄이 든 해는 이렇듯 웅덩이에서 물을 대고 물이 풍족한 시기는 이런 수고로움 없이 늦어도 6월 초면 모내기가 이루어졌다. 모내기는 신봉 용인이씨 후손들이 모두 모여 함께 이루어졌다. 양쪽에 줄을 든 두 사람의 훈령에 맞춰 늘어선 사람들의 일사 분란한 움직임에 바지뜰 논은 금새 연두빛 세상으로 변했다.

모가 자라면서 이루어지는 농사 작업은 김매기였다.

"모내기 해 봤어요. 김매기도 해 보고. 김맬 때 농요를 불렀어요. '둘레야' 하면 후렴으로 모두가 따라서 '둘레야' 했던 가락이 생각나네. 듣기가 참 좋았어요."

벼는 뜨거운 태양빛을 받아 여름 내내 무럭무럭 자라고 가을이 되면 비로소 이삭을 맺고 쌀을 품는다. 이때부터는 애써 지은 나락을 새들이 먹지 못하도록 막는 일이 무엇보다 중요했다.

"참새들이 참 많았어요. 다 익은 벼들 먹으려고 얼마나 날아드는지.

초등학교 운동회 때 쓰는 딱총, 그걸로 새를 쫓았어요. 화약 넣어서. 소리가 커서 새들이 놀라 도망갔어요. 또 깡통 두드려 그 소리로 새를 쫓기도 했어요.”

이렇게 지켜낸 벼는 타작을 해 말린 다음 가마니에 담았다. 수확기의 벼 베기와 타작 작업 또한 품앗이 삼아 후손들 전체가 참여했다.

“벤 벼들을 타작하려면 소마차를 얻어야 했어요. 소마차에 벼들을 싣고 무쇠네 마당으로 해서 우리 마당으로 들여서는 둥글레라는 탈곡기에 벼를 털었어요. 발로 누르면서 하는 건데, 그렇게 하면 벼가 털렸어요”

타작은 둥글레 앞에서 서서 탈곡을 하는 사람이 둘, 그 두 사람에게

• 마당에서 타작 하는 모습

탈곡할 만큼 벼를 집어 주는 사람이 다시 둘, 이렇게 모두 네 사람이
힘을 모아야 하는 작업이었다.

그러나 농사는 기후가 도와주어야 풍년이 되는 작업. 때로 이상기
후로 문제가 생길 때가 많았다.

"어떤 핸가 갑자기 추워지고 눈이 내려 난리가 났던 적이 있어요.
탈곡을 못해 논에서 벼들이 눈을 맞아가지고 얼음덩어리째 꺼내서 타
작하던 기억이 납니다."

"서리가 일찍 내리면 못 먹어요. 가물면 다랑치 같은 논은 힘들어요.
헛농사 짓는 거지요. 장마 지면 못자리 띄워 심어봐야 안 될 때도 있었

고. 다랑치라고 물길만 있으면 논을 만들어 모를 내는 거야. 뭐 지금은 해 먹지도 않지만……. 계단식 논을 다랑치라고 했어요. 신봉에 다랑치에 농사짓는 집이 많았어요. 수확도 안 나는 거 그래도 어떻게 했어요."

다랑치 논은 대부분 풍무골에 있었다는 게 이종찬 씨의 설명.

"풍무골에 논이 99개가 있었어요. 산을 깎아 계단식으로 만들었어요."

산을 깎아 농토를 만들었을 처음의 수고로움, 그리고 물이 귀한 다랑치에 물을 대는 고단함에서 신봉 용인이씨들의 강인한 마음이 읽힌다.

후손들은 벼농사뿐만 아니라 보리농사와 밀농사에 대한 기억도 생생하게 가지고 있었다.

"농사짓기 전에 보리 수확을 해요. 그 보리를 매서 반으로 묶어놓으면 지게로 옮기고 그랬어요. 여자지만 지게질도 곧잘 했어요. 처음엔 두세 단, 다음에 네 단도 지어오고."

"콩을 수확하면 엄마랑 털던 것도 생각나네. 도리깨질해서 털었어요. 마당에 죽 펴놓고. 도리깨질하면 콩이 막 사방으로 튀어요. 그러면 그걸 다 주워서 모으고 그랬어요."

"보리타작하면 엄청 따가웠어요. 보리가 좀 따가워요? 여름이라 덥지…… 정말 너무너무 따가웠어요."

농사일이 주는 힘듦에 대한 기억은 신봉 후손들 누구에게나 공통된 것. 물론 농사 전체가 힘든 건 아니었다. 중간중간 새참 때에는 엄마 뒤를 따라 막걸리 들고 종종종 따라가던 재미, 그 새참을 먹던 재미, 오고가는 길 중간에 만나는 앵두나 오디를 따먹는 즐거움이 있었다.

▌나무 찾아 삼십리

농사가 경제의 바탕이라면 나무 팔기는 일제 강점기부터 시작된, 돈이 되는 곁가지 경제활동이었다.

"옛날에는 나무를 해서 시장에 나가 파셨어요. 소 등허리에 세 뭉치를 얹어서 실어다 도마치 고개를 넘어 수원 남문에 내다 팔았어요."

"혼인 전 친정아버님도 나무 팔아 사셨는데, 시집와서 보니 시아버님도 나무를 해 팔더라고요. 길마, 소에 실을 수 있는 걸 길마라고 하는데, 그 길마에 나무 세 덩어리를 싣고 수원장에 가서 파시더라고."

"일제강점기 땐데 3학년 때 나무장사를 했어요. 쌀 두 가마를 얻어서 마차를 샀어요. 그 옛날 쌀 한 말 벌면 큰돈이었어요."

"방학 때면 먼 산까지 가서 나무했어요. 아버지는 장에 나가서 팔고."

"할아버지가 나무장사를 하셨어요. 하루에 수원을 두 번 다니시면서. 나무장사로 아들 형제를 가르치신 거예요. 소에다, 길마에 나무를

• 땔나무를 마차에 가득 싣고 팔러 나온 농부.

싣고 나가신 모습이 기억이 납니다. 나무 판 돈으로 오실 때 눈깔사탕 같은 걸 사오셨어요."

"아버지가 소마차가 있었어요. 나무를 팔아 그 돈을 모아 땅을 샀어 요."

"초등학교 다니면서 용돈 쓰려고 솔가지, 소나무는 베어 장작으로 잘라서 팔았어요. 소 양쪽에 거는 게 있어요(길마). 양쪽에 큼직하게. 소가 얼마나 힘들었겠어. 수원 매향동 다리께가 시장통이야. 아버지가 하라는 대로 했어요. 나는 일고여덟 개를 머리에 이고 산동네로 고불 고불 고갯길을 올라갔다 내려갔다…… 아휴, 힘들었어요."

이종세 씨는 수원 시장으로 나무 팔러가는 길에 만난 서낭당 나무에 돌을 얹어 소원을 빌던 기억도 더불어 말했다. 그러니까 나무를 해서 파는 경제행위는 일제강점기부터 있어온 온 가족의 일. 따라서 나무하기는 신봉의 후손들에게 누구나 다 했던 일이었다.

"종학이, 승한이, 홍한이 여기서 살면서 나무들 안 하고 산 사람이 없습니다. 나무해다 팔고. 모두들 산을 많이 다녔어요."

"집 뒤에 집마다 자신 소유의 산들이 있었어요. 그 산에 도토리나무가 많았고, 소나무도 많아요. 솔가래를 많이 긁어다 때고 그랬어요."

"그때는 땔감이 볏짚하고 주로 나무였으니까 나무를 안 해 본 사람이 없어요. 방학 때는 광교산까지 가서 해 오고 했었으니까."

"겨울이면 아들이 없으니 나무도 하러 다니고 그랬어요. 둥구미, 이건 짚으로 짜서 만든 큰 바구니 같은 건데, 죽은 나무 같은 걸 둥구미 안에 넣고 밟으면 부러져요. 그럼 둥구미에 담아 오고 그랬어요."

"안산이 우리 종중산이라 거기 가서 겨울이면 땔나무를 하고 그랬어요. 안산은 타성들은 못가고 먼 성골에 가서 해오고 그랬는데."

그러나 나무경제는 이후 산림보호정책이 시행되고 연탄보급이 본격화되면서 자연히 신봉 용인이씨 경제에서 사라지게 된다.

다음은 이 과정에 대한 이종찬 씨의 기억.

"아버지가 산림조합원이라 나무를 하는 사람들을 감시하는 일을 하셨어요. 하지만 모두가 생계를 위해 어쩔 수 없는 일이라는 걸 아시니까 대부분 눈감아주고 그랬대요."

실제로 후손들은 나무를 하다 들키지 않기 위해 애를 쓴 기억은 가지고 있어도 들킨 기억은 없다. 그러나 이런 산림간수의 일도 사람들이 더는 나무를 사서 때지 않게 되자 사라진다.

▌온 들, 온 산의 나물 채취

나무 팔기와 더불어 신봉의 '돈 만들기' 경제활동의 주축을 이룬 것은 '나물 뜯어 팔기'와 '엿 만들어 팔기'였다.

나무장사가 주로 남자들의 경제활동이었다면 나물 팔기와 엿 팔기는 대부분이 여자들의 몫이었다. 용인이씨 가문으로 시집온 며느리들과 어린 딸들은 이른 봄부터 풀들이 무성해지기 시작하는 초여름까지 신봉의 들과 광교산 자락을 넘나들며 나물을 뜯었다.

"봄이면 나물을 한 자루씩 뜯어 손질하고 삶아서 그 이튿날 시장으로 파는 거 그게 일이었어요. 나물을 삶아 나물조끼를 해가지고. 그러고 나면 농사를 짓는 거예요."

그러니까 나무 장사는 겨울, 나물 장사는 봄에 이루어진 신봉 용인이씨들의 경제활동이었던 셈. 이때 '조끼'는 나물을 뭉친 하나의 단위. 한 조끼는 한주먹만 한 크기였다. 그렇다면 나물 종류는 무엇이 있었을까.

"망초대, 논두렁에서 나는 땅나물들을 뜯었고, 새순 날 때는 가래순, 오이순, 고추순, 홑잎 다래순, 가얌취, 먹취……를 뜯었어요. 모르는 것도 있었어요. 우리는 그것까지는 모르겠어. 숙자 언니는 잘 알았지. 진나오는 거 그거 맛있는데, 아, 두릅나무……."

여자 후손들의 증언처럼 이숙자 씨는 누구보다 나물의 종류와 시기에 대해 잘 알았다.

"정월에는 양지쪽만 녹는데, 거기에 씀바귀가 나와요. 냉이, 달래도 이른 봄에 나오고. 날짜가 더 가 들판 나가면 강변에 망초풀이 나오고 다음에는 포도쟁이 동이나물이 나오고. 산에 올라가면 나오는 거 혼잎, 제비쑥, 녹두잎파리 같은 팔랑나무가 나와요. 다시 이거 끝나면 오이순을 뜯고. 그 다음엔 높은 산에 올라가서 산나물을 뜯어요. 산나물은 한 달 이상 했지 아마. 그 다음 삽주 취나물을 뜯었고. 암튼 모심을 때까지 취나물을 뜯었어요."

다른 여자 후손들, 며느리들이 나물에 대해 주고받는 기억.

"땅에서 나오는 거 삽주도 있었어. 땅에서 뿌리가 나와. 가지 순이 올라오면 똑 부러져요. 진이 하얗게 나오는데, 그게 그렇게 맛있어."

"그건 얼마 없었어. 난 아버지 아플 때 삽주뿌리 캐러 다녔어요. 고사리 나올 때는 고사리 뜯으러 다녔고."

"삽주는 좀 늦고 고사리가 먼저 나올 거야. 암튼 모든 나물들을 섞어서 팔았어."

"아냐. 삽주는 고급나물이라 따로 구분해서 팔았어. 고사리 따로 삽주나물 따로."

"숙취나물 땅나물들은 한꺼번에 다 삶아서 팔았고. 모자라면 망초대도 뚝뚝 꺾어서 같이 섞어서 팔기도 했어."

"광교산 금성굴까지 가 나물을 하고 그랬어요. 도시락 싸 가지고. 젓가락은 곁에 있는 나무 아무거나 꺾어서 썼지."

당연히 위험도 따랐다.

"누리가루라는 송충이가 다리에 달라붙었어요. 송충이. 그것이 달라붙으면 얼마나 가렵던지."

"뱀이 많았어요. 금성굴에서 뱀 보고 기절할 뻔했어요. 영직이 아줌마는 뱀에 물려서 왔는데 퉁퉁 부었어요."

금성굴은 지금 고기리로 쪽으로 두 번의 고개를 넘어가야 닿는 광교산의 한 굴.

"고기리 앞산을 서너터라고 했어요. 거기에 삽주나물이 많이 났어요. 이미댁 할머니랑 같이 갔던 게 생각나. 키가 낮은 나무였는데, 삽주는 두 손으로 뜯기 좋았어요. 뾰족뾰족 올라와서. 삽주나물이 진짜 맛있었어. 뿌리도 약초예요."

"안양 바라산까지 가기도 했어요. 청계산 쪽이지. 가는 데만 두세 시간 걸려요."

"가래순 오이순 같은 게 조그맣게 나올 때는 높은 산에 가서 나뭇잎을 땄어요. 연한 순을. 그 나물이 기가 막히게 맛있었어요."

"나물이 나는 곳이 따로 따로 있어. 양지 바른 데 습기가 있는 이런 데. 그 홑잎을 뜯는 거지. 맨 처음 나오는 게 홑잎이야. 아유 그거 뜯으려고 고개를 넘고 또 넘고……."

그야말로 나물 뜯기는 심마니에 버금가는 고된 산타기였다.

그에 비하면 나물 뜯기의 시간은 그리 오래 걸리지 않았다. 신봉 여자 후손들은 이처럼 먼 산으로 가서 하는 나물을 '먼산나물'이라고 칭한다. 이때 그들이 챙기는 건 도시락, 행주치마, 그리고 자루. 앞치마에 뜯은 나물은 나중에 자루에 넣어 가지고 내려왔다.

"여자들이 나물을 해서 내려오면 남자들이 지게 지고 받으러 오는 거예요."

"앞치마에도 이렇게 담아서 쥐고 오고, 자루에 넣어 등에 메고도 와요. 아유, 우리 종학이가 마중 나와 그걸 지게에 지면 얼마나 가뿐하던지. 그때는 어린 종학이가 얼마나 어깨가 무거웠을까 생각도 못하고 내 몸 가벼운 거만 좋아 가지고……."

"나물해 가지고 올 때 찔레 꺾어 오던 게 생각나요. 그거 받아 먹으면 달콤했어. 제법 굵어서 까서 먹으면 새콤하고 달콤했어요."

그렇게 집으로 가져온 나물들은 마루에 널어 다듬는 작업을 거친다.

• 70년대 신봉 어머니들의 삶의 애환이 서려 있는 수원 재래시장 모습.
1973년 촬영. 수원역사박물관 제공.

"툇마루에 풀어놓으면 마루로 하나(가득)야. 그럼 외할아버지가 낫으로 풀을 베도 이만큼 못 베는데 이렇게 많이 나물을 뜯었다고 하시곤 했어요. 그걸 다듬어 쇠죽솥에 몇 솥씩 삶는 거야. 대여섯 가마솥씩을 삶았어요. 그럼 엄마는 새벽 한시나 두시나 하늘 높이 뜬 달빛 속에서 그걸 짜는 거야. 이백 몇 조끼씩 짰잖아."

"취나물은 생나물을 짚에다 엮어서 가마솥에서 담방 집어넣어요. 아주 살짝만. 그러면 새파랗게 돼. 이걸 스무 갓씩 해 가지고 팔았어요."

파는 곳은 나무처럼 주로 수원. 하지만 때로는 서울까지 가기도 했다.

"삶아 조끼로 만든 백 모지기 되는 나물은 종학이가 지금 경기대 후문까지 져다 주고 학교에 갔어요."

"수원에서 나물 장사가 끝나면 오월, 유월에는 정자뜰에서 광주를 거쳐 을지로 6가까지 가서 팔았어요. 어머니가 가서 파셨는데, 내려놓으면 불티나게 팔렸대요."

"수원에서 팔면 저기 큰 산 보이잖아요. 수원 가서 팔고 다 팔면 점심때가 돼요. 그럼 광교산에 다시 뛰어올라가 나물을 다시 뜯었어."

"사람들이 감칠맛 나는 나물들만 잘 사갔어요. 새파랗게 잘 삶아야 잘 사 먹었어요, 사람들이. 누리끼리하면 못 팔고."

▮ 겨울엔 엿 팔기, 그리고 감나무, 밤나무 수확

나물장사가 봄에 이루어진 '돈 만들기' 경제활동이었다면 엿 팔기는 신봉 용인이씨 여자들이 겨울에 하는 경제활동이었다.

엿 만들기는 가을 추수가 마무리되고 쌀 도정이 끝나면서 시작됐다.

엿 만들기에는 몇 가지 준비가 필요했다. 먼저 가장 중요한 건 엿의 재료가 되는 쌀.

"엿을 만들 때 쓰는 쌀은 온전한 쌀은 못 쓰고 싸라기 쌀을 썼어요. 도정하면 나오는 부서진 쌀알들."

이렇게 준비된 싸라기 쌀들은 가마니째로 집집마다 마련됐다. 그 다음은 엿을 골 때 필요한 땔감 준비. 그러니까 신봉 후손들에게 나무는 팔기도 하지만 집을 데우고 밥을 하는 땔감이자 엿을 고는 데 필요한 필수 재료였던 셈이다.

쌀과 나무가 준비되면 본격적인 엿 만들기 작업이 시작됐다.

딸과 며느리들의 엿 만들기 과정은 이러했다.

"먼저 쌀을 물에 불려요. 다음엔 엿질금(엿기름)을 물에 하루 종일 삭혀 놓아요. 그리고 불린 쌀을 되게 시루에다 쪄요."

"그 엿질금 물에 밥을 넣고 따뜻하게 삭혀요."

"그걸 고운 자루에 넣어서 짜요. 그렇게 밑간물이 나오면 커다란 솥에 넣고 처음엔 쎈 불로 끓여."

"끓으면 불을 빼서 약한 불로 끓이면서 계속 저어줘야 해요. 그러면서 졸이는 거야. 수분이 증발되도록."

"그렇게 졸아들면 조청이 되고, 그걸 더 졸이면 엿이 되는 거예요."

이때 제일 중요한 건 불 조절.

게다가 계속 저어주는 작업 또한 매우 중요했다. 그렇지 않으면 눌러 붙어 까맣게 타 버리므로.

"불 조절을 잘못하면 되지도 않아. 불이 너무 세도 안 되고, 약해도 안 되고."

"타면 화독내가 나서 못 써요. 둘이서 계속 저어주어야 했어요. 얼마나 팔이 아픈지."

"하루 종일 걸려요. 쌀 불린 것까지 하면 3일 걸려요."

그러나 이렇듯 긴 시간과 많은 노동을 들여 만들어내는 엿의 양은 많지 않았다.

다 만들어진 엿은 콩가루를 넣으면 콩엿, 깨를 넣으면 깨엿, 땅콩을 넣으면 땅콩 엿으로 변모했고, 팔만큼씩의 크기로 굳혀졌다. 그리고 그 엿은 며느리들의 머리에 이어져 수원에서, 간혹은 서울에서 판매됐다.

"신봉리 그걸로 먹고 산 거 같아요. 엿 팔아서 공부시키고."

"보통 하루 닷 말씩, 혹은 한 가마씩 엿을 고왔어요."

"당시는 사탕도 없고 과일도 없는 시절이라 엿을 많이 먹었어요. 가지고만 나가면 다 팔았어요. 지금 같으면 한 근도 못 팔아."

"문래동까지 이고 가서 팔고 그랬어요. 장사꾼에게 넘기는 사람도 있었고 소매로 직접 파는 사람도 있었고."

"집집마다 파는 게 이문이 많이 남았어."

그렇게 신봉의 며느리들의 머리에 이어져 팔린 엿으로 거두어들인 돈은 신봉 용인이씨 가문을 살찌우는 데 중요한 밑거름이 됐다.

이런 나물과 엿 팔기 경제는 그러나 시간이 흐르면서 점차 재배되는 작물로 대체된다.

"종목회장이 하우스를 만들어서 초식을 키우기 시작했어.

모종을 길러서 채소를 재배했지. 그것이 나물장사를 그만둔 시작이었어요."

여기서 '초식'은 오이, 호박, 토마토 같은 밭에서 키우는 채소를 말한다.

"맞아. 종목 회장이 군대를 제대해 오더니만 하우스를 짓더라고. 하우스에서 오이, 열무 이런 걸 키워 팔았어. 그러면서 자연히 나물장사가 없어졌지."

"산에 나무를 못하면서 자연히 나물을 못 뜯으러 다닌 것도 한몫했어."

"암튼 초식장사를 하면서 나물 장사가 끝났어. 고생도 끝나고."

"참외, 오이, 호박, 토마토, 열무, 들깨, 고추, 옥수수…… 암튼 뭐든 다 심어서 팔았어."

그러니까 이종목 씨가 하우스를 지어 채소를 재배하기 시작하면서 나물 장사는 끝이 나고 나물을 뜯어 파는 지긋지긋한 고생도 마무리 되었다.

그렇다면 며느리들은 왜 고생이 끝났다고 얘기하는 것일까?

"농사 지은 채소를 팔려면 싣고 나가야 되는데 그걸 내가 10년을 했어요. 용달차에 실어서."

며느리들이 머리에 이던 이동방법이 용달차로 바뀐 것이다.

"오이를 궤로 싸면 정말 무거웠어요. 혼자 그걸 실으려면 정말 힘들었어. 골병 들었어요. 천삼사백 개씩 따서는 네 접, 다섯 접씩…… 이걸

• 갈래댁 밤나무밭에서 이종화 와 이종례 남매.

서문시장, 화서시장으로 옮겨 팔았어요."

이종목 씨가 신봉에 처음 하우스를 도입해 신봉의 밭농사 풍경을 바꿔놓은 것이다.

"오이 농사가 힘들어요. 오이가 천이백 개 나온다면 오이 개수대로 꼬챙이를 만들어줘야 돼요. 매일 일고여덟 접씩을 냈으니까 칠팔백 개씩 나오는 건데 그걸 일일이 사람 손으로 따야 했어요. 또 이틀 사흘에 한 번씩 약을 줘야 돼요. 늦어도 일주일에 한 번씩은. 미골은 우마차 길이 없어 그걸 일일이 지게로 져서 날라야 했어요."

그러니까 며느리들의 고생이 다른 신봉 후손들의 고생으로 바뀐 것이다.

이처럼 나물과 엿 장사에서 초식장사로 바뀐 신봉 용인이씨 경제에서 빼 놓을 수 없는 건 감과 밤 등 과실수다.

"신봉에 감나무, 밤나무가 많았어요. 할아버지들이 밭에 많이 심으신 거야. 머리가 좋으신 거지."

"신봉에 감나무 없는 집이 없었어요. 신봉 감이 제일 맛있어요."

"우리 집이 바깥에서 보면 오래된 고목 감나무들이었기 때문에 보이지 않았다고 해요. 그 감나무들을 6·25가 지나고 많이 베어냈다는데 그래도 많았어요."

"감나무가 굉장히 크기 때문에 가을이 되면 벌레가 먹어 떨어지는 감들이 많았어요. 그걸 충시라고 했는데……."

"감을 따는 게 기술이 있어야 돼요. 아무나 못 따. 나무에 올라가 따야 하는데, 감 따다 많이 떨어져 다쳤어요. 우리는 감을 못 땄어요. 대고모 할머니 아들이 와서 도와줬어요. 현진아저씨가 잘 따셨어요. 감 따려면 그 아저씨를 불러올리는 거야. 아유 한 번은 형부가 감나무에서 떨어져 다리가 부러졌어. 수원까지 가서 뼈를 맞췄어요. 신랑도 떨어져 다리가 부러졌었어……. 아유 난 감나무가 싫어요. 난 지금도 감을 안 먹어요. 감이 너무너무 싫어."

"팔다팔다 다 못 팔면 수원에서 트럭이 들어와요. 그러면 트럭으로 넘겨버리는 거야. 그렇게 해서 자식들 교육을 시킨 거예요."

같은 시간 같은 공간을 공유한 남매라고 해도 경험이 주는 고통의 많고 적음에 따라 추억의 색깔 또한 이렇게 달라질 수 있다.

밤 또한 신봉의 경제에 빼놓을 수 없는 과실수였다.

"신봉에 감나무 밤나무 밭들이 많았어요."

밤 따기 또한 위험한 작업이기는 감나무와 마찬가지.

"아버지가 몇 번 떨어져 허리를 다치셨어요. 밤나무는 가지가 약해요. 그러면 작은 내가 올라가 땄어요."

이렇게 딴 밤송이는 다음의 과정을 거친다.

"밤송이들을 모아놓고 거기 물을 뿌려서 가마때기로 덮어놓아요. 밤송이를 막 땄을 때는 힘이 있어 따갑잖아요."

"우리 집은 뒤에 방공호가 있었어요. 거기에 밤을 따다가 넣어놓고 풀을 베어와 덮어놓아요."

물 먹은 가마니와 풀, 그리고 물 먹은 밤송이는 시간이 지나면서 뾰족한 힘이 빠져 흐물흐물해지는데, 밤 까기 작업은 이후 본격적으로 시작된다.

"밤 껍질은 말려 땔감으로 썼어요. 아휴 아침이면 어른들이 밤 주어 오라고 시켰는데 싫었어……."

원치 않은 일이 준 고통은 추억에서도 떨치기 어렵다.

용인이씨 며느리가
되었어요

▌시집오던 날

▪ 정규향 씨 이야기

정규향 씨가 시집 올 때 나이는 19세였다.

친정집은 남한산성이 있는 범내 지금의 성남시 은행동.

"그날이 3월 24일이었어요. 40리 길을 가마 타고 시댁으로 갔어요."

아침 일찍 출발한 여정. 생각지 않은 일은 시댁으로 가는 도중 일어났다.

"판교를 지날 때였는데, 가마꾼들이 가마를 내려놓고 주막에 들어가요. 힘이 드니까 목 좀 축이려고."

그런데 기다려도 기다려도 가마꾼들은 나오지 않는다.

당시 신랑은 동행하지 않은 상태. 신부 정규향 씨는 말도 하지 못한

● 당시 혼례식에서
신부가 탔던 가마.

채 무작정 가마에 앉아 기다리는 수밖에 없었다.

그렇게 거나하게 취한 가마꾼들이 다시 멘 가마 속에서 정규향 씨는 신봉으로 향했다.

"아침 일찍 떠났는데 도착하니 오후 2시쯤이야."

혼례는 신랑의 마당에서 바로 시작됐다.

"하인들이 내 두 손을 붙잡아주고 절을 시키는데, 땀이 범벅이 됐어요. 절을 수도 없이 했어. 폐백에 8촌까지 절을 다 받으니…… 한 번은 절하는 팔이 떨어진다고 난리여."

무엇보다 잊을 수 없는 건 당시 폐백에서 던진 대추를 밟아 치마에 붉게 묻었고 그걸 보고 시어머니가 묻던 말.

"아가야. 너 달거리 하냐?"

당시 정규향 씨는 월경을 하지 않은 상태로 시집을 왔고, 그렇게 아이가 생기지 않아 마음 고생하는 세월을 5년이나 보내야 했다.

"혼인할 때 쌀 한 말을 꾸어다 잔치를 했대. 시집 와 보니 시할머니도 계시고 시동생, 시누이 남매가 있어……."

■ 이행하 씨 이야기

12월 27일, 한 겨울 날씨는 추웠다. 열여덟 살 이행하 씨는 전날 혼례를 치르고 낯선 신랑과 첫날밤을 뜬 눈으로 보냈다. 모든 일이 폭풍처럼 그녀의 인생을 휘감아버렸다. 친정집에서 딸을 일찍 시집보내는 이유는 단 하나. 가난해 먹을 것 없는 집안의 입을 덜고 좀 더 나은 집에 시집보내서 딸이라도 잘 먹고 잘 살게 해주기 위해서였다.

시댁으로 출발은 이른 새벽에 있을 거라고 전날 친정어머니는 말했었다.

창호지 바른 문으로 푸른 새벽빛이 감돌고, 얼마 지나지 않아 시댁가는 딸처럼 밤잠을 설친 어머니의 움직임이 느껴졌다.

친정집에도 신봉을 향해 떠나는 길에도 눈은 쌓여 있었다. 친정집에서 40리를 가야 시댁에 가 닿는다고 어머니는 말했다. 능골 신원리를 거쳐 대지고개(지금의 죽전)에 다다르자 지친 중년의 가마꾼들은 투덜대기 시작했다.

"아이고 더는 못 가겠네."

"더는 가마 못 메겠네."

당시 이행하 씨의 몸은 좀 통통했다.

"나보고 내리래요. 신부를. 어떡해? 내려 걸었지."

당시 신랑은 말을 탔으나 신부가 걷자 신랑도 말에서 내려 함께 걸었다. 그렇게 신부와 신랑은 눈 쌓인 대지고개를 걸어서 넘었다.

"고개를 넘어서는 다시 가마를 탔어요."

그렇게 40리 길을 가마 타고 걷고 다시 가마를 타 신봉에 도착하니 새벽에 떠났던 하루의 해는 어느새 서쪽으로 넘어가고 어둠만이 남았다.

"아이구 길이 돌사닥다리길이었어요. 가마꾼이 돌부리채에 채여서 기우뚱하고……."

그렇게 시댁에 도착하니 눈에 제일 먼저 보이는 건 대문간에 쌓아 놓은 벼 가마니들이었다.

"당시 시댁을 다녀간 친정 삼촌들이 말했대요. 신랑집이 부자라고. 벼 가마가 쌓였더라고."

실제 이행하 씨는 신봉에 시집 온 다른 며느리들보다는 먹는 고생은 덜했다.

■ 이봉순 씨 이야기

신봉동 시댁으로 떠나는 날 아침 스물한 살 이봉순 씨는 울고 또 울었다. 태어나고 자라면서 부모님 품에서 경험한 즐겁고 슬프고 아름다운 모든 것들과 이별하고 싶지 않았다. 시집은 왜 가야 하는지, 가지 않는다면 어떤 선택을 해야 하는지, 아무것도 알지 못했지만 단지 한

• 단란한 한때.
가운데 이봉순, 왼쪽 이행
하, 오른쪽 최천금.

마음, 부모님 계신 집을 떠나고 싶지 않았다.

당시 대부분 여자들이 그러했듯이 오래 전, 혼례는 그녀의 의지와
상관없이 정해졌다. 그녀가 시집갈 집안은 용인 신봉의 용인이씨 집안
이었고 신랑은 이종기 씨였다.

혼례날은 9월 15일로 잡혔다.

기피하는 보름이 혼인날이어도 오직 하나, 시댁이 '훈장님 댁'이라
는 이유로 문제 삼지 않았다.

신랑이 집에 오던 날. 이봉순 씨는 몰래 방문 유리창으로 신랑을 훔

쳐봤다. 무서웠다. 군복을 입은 사내는 작았고, 검었고, 낯설었다. 가기 싫다고, 죽어도 가기 싫다고 수없이 말했지만 부모는 듣지 않았다.

그렇게 혼례는 치러졌다. 그녀의 친정집에서. 그리고 신봉동 시댁으로 떠나는 날, 시댁에서는 친정집(낙생면; 지금의 궁안말 부근)으로 삼륜차를 보내왔다.

친정집이 불이 나 많이 챙기지 못한 혼수들이 삼륜차에 실리는데도 이봉순 씨는 울고 또 울었다. 색경(거울)이 깨지도록 머리를 박고 울고 또 울었다.

그러나 그녀에게는 부모가 만들어놓은 운명을 거스를 힘이 없었다. 결국 그녀는 삼륜차에 올랐고 그렇게 신봉동을 향해 떠났다.

"신봉에 들어왔는데 외로웠어. 광교산만 보면 눈물이 났어. 눈물이 그렇게 났어……. 시아버지 돌아가실 때까지 23년을 눈물바람으로 살았나 봐."

▌누구나 인정하는 며느리들의 고생과 헌신

한 가문이 무난하게 발전하는 과정에는 가족 전체의 역할들이 있어야 가능한 일. 그럼에도 모든 상황에는 유독 희생과 헌신이 두드러진 역할군이 있기 마련이고, 신봉 용인이씨 가문에서는 며느리들이 그러하였다.

"여자들 고생이 엄청 많았어요. 겨울이면 엿 고아서 팔고, 봄이면 나물 한 짐씩 뜯어다 삶아서 한 조끼씩 뭉쳐 팔고."

"우리 엄마는 진선이 막내아들을 업고 남문에서 나물을 팔았어요. 엿도 고아서 팔고."

"우리 어머니들이 나물 장사를 해서 땅도 사고 공부 가르치고 다 한 거예요. 효식 엄마부터. 정말 어머니들이 여자들이 더 강했던 거 같아요."

"용인이씨가 잘 된 건 용인이씨 며느리들 공이 반은 넘어요. 특히 효식 엄마 공은 모두가 인정해요."

"회장 엄마가 엿장사를 많이 하셨어요. 고생 많이 하셨어요. 아버지가 일찍 돌아가셔서 이 분이 정말 고생을 많이 하셨어요. 아마 지금 구십이 넘으셨을 텐데……."

"창식 어머님 덕분에 그 집안이 다 살아났어요. 시동생도 아들들도……. 신봉리 며느리들은 정말 고생 많이 하셨어요. 신봉에서 수원 시장까지 걸어서 이고 가서 팔고……."

"우리 신봉 용인이씨 가문들은 나물 장사, 엿 장사로 일어난 거야."

용인이씨 딸들의 증언들에는 용인이씨 가문으로 시집와 고생한 부모들에 대한 감사함이 넘쳐난다.

그렇다면 고생한 당사자들의 소회는 어떠할까.

"신봉리 사람들은 다 고생했어요. 부자가 일 많다고 정말 고생 많이 했어요."

"여름에는 농사 짓고, 겨울에는 엿 장사하고. 그걸 13년을 했어. 우리 둘이. 한 번 고으면 저이하고 나하고 이고 다니면서 온종일 다니는 거야, 팔러."

"아유 그놈의 엿은 왜 팔아도 팔아도 더 무거워지던지……."

"엿을 팔고 집에 오면 또 빨래를 해야 돼요. 그 다음엔 밤새도록 엿을 고와. 집에서는 애들이 쌀을 담가 놓고. 그 쌀을 딸들이 맷돌에다 갈아놓아요. 그럼 풀을 쒀서 엿을 앉히고 밤새 저으며 엿을 고왔어요."

"애를 떼고 가서 바로 엿장사를 했어요. 그 밤에 와서 다시 엿을 과서 이튿날 다시 팔고. 몸도 생각 안 하고. 뭐 좋은 일이라고. 그런데 너무 아파. 기다시피 수원 시동생 집에 갔어요. 시동생이 데리고 가서 링거를 맞춰주고……. 시동생도 몰랐어요. 애를 뗐는지, 어른을 뗐는지 몰랐지. 뭐 좋은 소리라고 떠벌려. 주사 맞으니 한결 낫더라고. 동서가 알고 와서 죽을 쑤더라고. 형님 왜 그랬어, 그러더라고. 시동생이 고기를 사다가 국을 끓여서 줘. 그걸 먹고 나니 눈물이 나오더라고. 먹고 살 것이 없는 것도 아닌데 그렇게 한 거야. 왜 그랬는지 몰라."

"한번은 서울 개봉동에서 엿 200근을 해서 보내래. 밤새도록 해서 지지대 고개를 넘어가는데 버스를 타고 가다 문에 손이 끼어 다쳤어. 손에 피가 흥건한데 그냥 수건으로 둘둘 말고 그걸 팔러 갔어. 참……."

"신봉동은 고무다라만 해오면 산다고 그랬어요. 나물이 지천이니 시장에 나가 팔면 되니까."

"엿 장사 나물 장사…… 건강하니 뜯어서 돈을 번 거지. 힘들었지만 매일매일 돈 버는 재미가 있었어요. 아프지 않으니까."

"장독에 쌀이 없어도 안 얻어 먹었어요. 우리 엄마는. 매년 농사 지어도 동짓달이면 쌀 네 가마만 남겨 놓고 모두 다 파는 거야. 그러니 뭐가 남아, 여덟 식구 먹어야 하는데. 험한 음식을 너무 많이 먹었어요. 우거지 많이 넣은 죽에 수제비라도 많이 넣으면 괜찮은데 보릿겨를 넣어서 먹었어요. 보릿겨를 손으로 밀어서 수제비를 만들어서, 그걸 넣어서. 애들은 그거는 덜 주고 엄마가 주로 먹었어요."

삶의 고단함은 예상치 못한 곳에도 있었다.

"시집을 왔는데 시할어머니와 우리 부부가 함께 잤어요. 여름 광목 이불에 풀을 먹이면 소리는 얼마나 큰지……. 그게 고생이었어."

"나도 그랬어요. 사촌고모가 계셨는데 우리 집에 와서 주무시는 거야. 그러면 아랫목에 이불 펴서 모셨어……."

"월경을 시집 와서 했어요. 그러니 애가 들어서야지. 말들이 많았어. 그래 5년 만에야 큰 애를 낳았어. 그런데 애를 가졌는데 신랑이 군대를 가. 간 뒤 7개월 뒤에 애를 낳았어. 그 신랑이 군대에서 6년 만에 왔어요. 신랑이 돌아오니 살 만한데, 근데 살 만 하니까 또 하늘나라로 가버렸어. 아이구, 고생고생…… 육촌시동생이 많이 도와줬어요."

"시집 와서 입은 고리땡치마(코르덴)만 입고 몇 년을 살았어요. 고리땡이라고 줄쳐서 만든 거 있는데, 천에 고리땡이 있어. 그 치마를 입고 살았어. 참 못생긴 세월을 살았어. 5백 원만 주면 몸뻬 하나 사 입는데 그걸 못 사 입었어……."

　이 모두는 땅을 사기 위해서였고, 땅은 곧 미래의 부귀와 행복, 자식들의 나은 삶을 보장하는 바탕이 되었기 때문이었다.

　"나물 팔고 엿 판 돈은 모두 논을 샀어요. 아무리 돈이 필요해도 땅은 절대 안 팔았어. 땅이 싸니까. 그땐 한 평에 10원, 20원 했었으니까. 돈이 안 돼. 필요한 돈은 초식장사 엿장사 해서 쓰고."

　"이렇게 자식들 죽 먹이고, 자신은 보릿겨 넣은 수제비 먹으며 엿 팔고 나물 팔아 처음 산 땅이 뒷골 논, 부아지 땅(양지말)이었어요. 400평, 순상네 논……. 땅만 나면 우리 집으로 왔어요. 사라고. 우리가 땅을 사니까. 내 계산에 그 땅을 사야겠다, 하면 사고, 그게 맞아 들어가. 내 힘으로 살아왔어."

　"시집온 다음해 집을 지었어요. 소 한 마리 팔아서 집을 지었어. 당시 소 한 마리 값이 논 세 마지기 값이었어요."

　"우리 어머니는 머리가 특출나셨어요. 추워지겠다, 그러시면 추워지고……. 우리 집에서 김장하면 저 집은 추워질 거 알고 김장했다고 그랬어요. 통찰력이 뛰어나신 거예요. 땅도 좋은 땅 딱 점 찍어놓았다가 장사해 돈 생기면 샀어요. 그러면 틀림없이 좋은 땅이었어요."

　"우리들이 이렇게 고생해서 자식들 공부시키고 출가시키고 살았어……."

　"힘들어도 재미있었어. 세간 장만하는 것도 재미있었고, 땅 늘어나는 것도 재미있었고······."

　며느리들은 서로를 의지했다. 표정 하나만으로 서로는 서로의 슬픔
과 기쁨을 알아서 챙겼다. 힘든 와중에 재미는 이런 집안 며느리들의
연대가 있었기에 배가 되었다.
　그러나 어찌 며느리들의 고생이 농사짓고 살림하고 엿 팔고 나물
파는 데만 있을까. 용인이씨 며느리들의 공헌은 용인이씨 가풍을 잇고
가풍에 본인들이 살아온 가치관들, 불굴의 의지, 자신의 욕심 따위는
돌보지 않는 자식에 대한 희생의 가치관을 더하면서 새로운 용인이씨
가풍을 만들어가는 데 일조했다는 데 있지 않을까.
　희생은 다른 사람들을 살리고, 대를 잇는 다른 생명들의 밑거름이
되는 법이니까.

남녀평등에
앞서가다

▌딸들은 서러웠다

　한 시대를 이끌어가는 가치관은 많은 것들이 있고, 그 가치관들은 그 시대의 모습이기도 하다. 선사시대부터 고조선, 고구려, 백제, 신라, 고려, 조선, 그리고 해방 뒤 현재 대한민국까지 각 시대는 나름 시대를 이끌어가는 사상들이 있었다.

　그리고 이 가치관들은 당시 시대에 필요한 것들이었으나 인류 전체의 진보라는 시각에서 보면 한계 또한 있었고, 이 한계는 다음 세대에 의해 폐기되거나 수정 보완되어 왔다.

　이런 시각에서 성리학이라는 가치관을 통치이념으로 삼았던 조선의 유교 가치관, 그 중 '남녀칠세부동석(男女七歲不同席)' '부부유별(夫婦有別)'이라는 말이 드러내듯 남과 여의 다름이 남성이 위, 여성이 하위라는 남녀차별은 하나의 문화가 되어 우리 삶을 만들어왔다.

대한민국 수립 후 비록 평등과 자유라는 민주주의를 나라의 기본 이념으로 세웠으나 전통은 쉽게 사라지는 것이 아니었기에 신봉의 용인이씨 후손들의 삶 또한 남녀차별이라는 전통적 분위기일 수밖에 없었다.

이런 상황을 잘 드러내는 것이 당시 딸들의 중학교 진학률.

"내가 어찌어찌 우여곡절 끝에 중학교에 들어갔는데 그때 학교에 여학생이 9명밖에 없었어요."

당시 이종례 씨가 들어갔던 문정중학교 학년 전체 학생 수가 48명(9회 졸업생).

이러하니 신봉 용인이씨 가문들 또한 딸 교육을 아들 뒤로 여기는 건 당연한 일이었을 것이다.

"당시 부모님들은 딸을 가르칠 생각을 아예 하지 못했어요."

이런 분위기 속에서 중학교 진학은 스스로의 노력이나 특별한 몇몇 부모의 선택에 의해서만 가능한 일이었다.

"봄 햇살이 쫙 퍼지는 날이었어요. 안방에서 아침밥을 먹고 있는데 그날이 중학교 시험 보러 가는 날이었어요. 중학교 시험 보러 가는 친구들이 너무 부럽더라고. 그래 혼잣말처럼 말했어요. 오늘 중학교 시험 보러 가는 날인데, 친구들은 시험 보러 가는데……라고. 그러니까 아버지가 너는 왜 안 갔어? 이러시더라고요. 그래 가서 시험을 보고 중학교를 다니게 된 거예요. 그래도 우리 아버지는 가르치려 하신 분이셨어요. 딸이라도."

이 말 속에는 여러 가지 상황들이 유추된다. 먼저 가르칠 수 있는 나름의 경제력이 있는 집. 그리고 딸도 가르치려는 마음이 있는 아버지, 배우고 싶어 하는 딸, 그러나 굳이 적극적으로 딸을 가르치려는 생각 은 하지 못한 당시의 분위기 등등이.

다음은 차별받은 딸들의 경험들이다.

"맏딸로 태어나 공부는 엄두도 못 두었어요. 초등학교는 다녔는데, 일하느라 비 오는 날만 학교에 갔어요. 6년을 다녀도 3년도 못 다닌 거 같아. 7살부터 밥 해 먹었는데 뭐…… 작으니까 부뚜막에 올라 밥물을 부었어요. 한이 못 배운 거 그게 제일 커요."

"딸이라고 수지국민학교를 늦게 갔어요. 아홉 살에 들어갔어. 딸들 이라고 호적에 늦게 올려서. 아들들은 일고여덟 살에 학교 들어갔어. 이 남자들이 두 학년씩이나 차이 나니까 오빠라고 부르래. 그래 오빠 라고 불렀지. 근데 나중에 보니 나이가 같아요. 그 뒤로는 오빠라고 안 불러요."

"그렇게 중학교를 다니는데 여자애를 왜 중학교에 보내느냐고 집안 어른들이 나만 보면 뭐라 했어요. 그게 그렇게 싫었어. 할머니는 또 여 자애가 학교 가서 일도 안 한다고 구박하고."

"아들에 대한 선호사상이 대단하셨어요. 딸은 공부도 안 가르치고. 고등학교 합격했는데 안 보내줘서 굴뚝 뒤에 가서 엄청 울었어요. 아 버지가 남자 동생들에게 양보하라는 식으로 꿈쩍도 안 하시는 거야. 학교 못 간 것에 대한 한이 컸어요. 나중에 결혼해서 방송통신고 수원 여고 17회 졸업생이고, 40세에 수원여자전문대 유아교육 자격증을 습

득을 했어요. 뒤늦게 만학을 하긴 했어요."

하지만 살림 넉넉했던 대종가집의 분위기는 달랐다.

"우리는 딸이라고 차별은 없었던 거 같아요. 고모님이 수원여고를 다녔으니까. 당시 수원여고는 여자들이 가는 최고 학교였어요. 엄마가 딸들에게는 일도 잘 안 시키셨어요. 일은 주로 머슴들이 했지."

그러나 이는 살림 넉넉한 대종가집에 국한된 일.

딸들의 차별에 대한 증언은 계속된다.

"엄마 아부지가 딸들은 안 가르치고 일만 시켰어요. 금성굴로 나무 순 따러 가고 그랬어요. 도시락 싸가지고 다니면서. 그때 도시락이라야 뭐 보리쌀에 좁쌀 좀 많이 넣은 조밥해서 짠지나 무말랭이 같은 거 가지고 다녔지. 나무젓가락 만들어서 퍼 먹고 산골짜기 물 흐르는 것 마시고."

"공부한다고 있으면 우리 할아버지는 등잔불 석유 아깝다고 불을 끄는 거야. 야단치고. 그래도 공부했어요. 등잔불 켜 놓고 공부하면 머리가 다 탔어요. 램프 나온 다음엔 코가 새까매지고. 불은 촛불이 제일 밝았어요."

"우리 때는 여자들은 중학교에 안 보냈어요. 뭐 내 처지에 뭐 중학교까지 보내달라고 그러기도 뭐하고 그래 말도 못했어요. 아마 작은 아버지 둘 책임만 안 지셨으면 날 가르쳤을 거야. 여우살이까지 해야 했으니까. 그래도 작은아버지가 한 마디만 해 줬으면 가지 않았을까,

아쉬움이 있어. 그래도 종식 언니는 중학교에 갔지. 현숙이도 갔고 향숙이 다니다 말았어. 우리 삼형제는 죄 안 보내고……."

"저녁이면 맨날 밥도 못 먹고 잤어요. 쓰러져서. 힘드니까 누가 챙겨 주는 것도 아니고."

"인삼정과가 있어요. 까맣게 생긴 거. 그거 인삼장사가 오면 사서 아들만 주고 딸은 안 줬어요. 어머니가 숨겨놓았다가 밤에 아들만 주고 딸들에게는 안 주는 거야. 비싼 거니까."

모두 아들을 귀이 여기는 문화가 준 딸들의 서러움이 느껴지는 증언들이다.

이런 당시의 시대 문화를 겪은 신봉 용인이씨들은 현재 그 어떤 성씨보다 남녀평등에 앞서 나간다.

▌함께 나누다

"종회에 여성임원이 들어가는 건 아마 우리 용인이씨 신봉리 참의공파가 처음일 거예요. 다른 데는 정확히 모르겠지만. 아마 다른 성씨는 없을 거예요."

이용자 씨의 설명처럼 종회에 여성임원 선출은 그동안 우리나라 종회가 남자 후손이 주축이 돼 운영돼 왔다는 점을 감안할 때 가능성 높은 설명.

더구나 한 가문의 성씨가 남자를 중심으로 이어져 내려왔기에 이제까지 남자 중심의 종회는 당연시되는 현상이기도 했다.

그렇다면 용인이씨 참의공파 후손들은 어떻게 이런 남녀평등이라는 선구적 가치를 현실화시켰을까.

"우리 가문에는 신사임당을 낳고 가르친 어머니가 있습니다."

이 말은 남녀차별이 가치관이었던 조선시대 태어났음에도 한 인간으로서나, 한 어머니로서나, 한 여성으로서 인류의 사표가 된 신사임당을 낳은 어머니가 용인이씨 가문의 딸이었다는 뜻.

세조 때의 원종공신(原從功臣) 이유약(李有若)의 손자 이사온(李思溫)의 딸이 신사임당의 어머니였다. 그러니까 이사온의 딸은 조선의 대학자 이이의 외할머니인 것.

이이가 외할머니에 대한 감사의 마음을 담은《이씨감천기(李氏感天記)》를 지은 것으로 보아 이사온의 딸, 신사임당의 어머니 인품은 매우 훌륭했던 것으로 보인다. 당연히 이 선조에 대한 용인이씨 여성 후손들이 갖는 자부심은 대단하다. 더구나 지금은 남녀평등이 헌법으로 보장된 민주주의국가. 여성 후손들의 남다른 평등의식은 어쩌면 당연한 것인지도 모르겠다.

물론 이렇게 되기까지 갈등이 없었던 것은 아니다.

"대법원에서 여성도 종회원이 될 수 있다는 판결이 있었어요. 그래 그때부터 우리도 모여 힘을 합쳤지요."

여기서 법 투쟁을 벌인 여성들은 용인이씨 사맹공파와 청송심씨 안

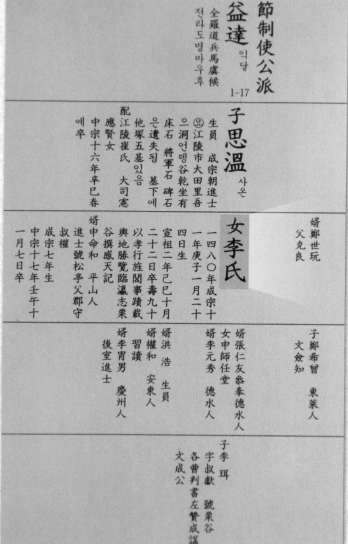

節制使公派
益達 익달
全羅道兵馬虞候
전라도병마우후
1-17

子思溫 사온
生員 成宗朝進士
ⓐ江陵市大田里吾
으洞언뎅谷乾坐有
床石 將軍石 碑石
은 遺失됨 基下에
他塚五基있음
配江陵崔氏 大司憲
應賢女
中宗十六年辛巳春
에 卒

女李氏
一四八〇年成宗十
一年庚子一月二十
四日生
宣祖二年己巳十月
二十二日卒壽九十
以孝行旌閭事蹟載
輿地勝覽臨瀛志果
谷撰感天記
進士號松亭郡守
叔權
成宗七年生
中宗十七年壬午十
一月七日卒

婿鄭世玩
父克良

子鄭希曾
文僉知
東萊人

婿張仁友翁奉德水人
女申師任堂
婿李元秀
德水人

婿洪浩 生員
婿權和
安東人
習讀

婿李胄男
慶州人
後室進士

子李珥
字叔獻 號栗谷
各曹判書左贊成諡
文成公

女李氏

• 신사임당의 어머니인 용인이씨(21세손, 1480~1569)에 대한 족보 기록.
  신사임당의 아들인 율곡 이이는 외할머니의 희생으로 하늘을 감동시켰다
  는《이씨감천기(李氏感天記)》를 저술하였다.

효공파. 그렇다고 해도 요구를 들어주는 남자 후손들의 열린 마음이 없었다면 불가능했을 일.

이 부분에 대해 여성 후손들은 감사의 마음을 갖고 있다.

"고맙지요. 다른 성씨들이라면 아마 그렇게 쉽게 우리들 요구를 받아들이진 않았을 거예요. 또 이제까지 종회를 유지해 온 것은 모두 남자 종회원들 노고예요. 임원들이 중심을 잡고 이끌어온 덕분이에요."

이에 대해 "우리는 모두 함께 컸다"는 말로 여성회원들에 대한 남성 종회원들의 마음을 드러냈다. 그러니까 이미 오래 전부터 여성회원들은 함께 자란 용인이씨 후손으로서 가문의 일들에 참여해왔던 것이다.

"우리 여성 후손들은 이미 20여 년 전부터 친목계를 만들어 용인이씨 후손으로서 활동을 하고 있었어요."

당연히 종회원이 된 뒤로는 시제, 대종회 등 종친회의 대소사에 적극 참여하고 있다.

"그건 의무예요. 의무를 다 해야 혜택도 할 말도 할 수 있는 거니까요."

이러하니 남녀노소 할 것 없는 화합은 당연지사.

현재 참의공파 종회에서는 여성들을 위한 복지정책도 많이 펼치고 있다.

"우리 용인이씨 후손들은 가문에서는 며느리이고 우리들에게는 어머니인 분들에게 잘 해야 합니다. 그래 그 분들에게 매년 얼마씩 드립니다."

이밖에도 종친회에서는 학생 후손들에게 장학금 지급 등 다양한 복지정책을 펼치고 있다.

신봉동에 불어오는 개발 바람, 그리고 2019년 신봉동

2019년 기억 속에 남아있는 옛 신봉의 모습은 온 데 간 데 없는 아파트들의 물결. 그야말로 상전벽해(桑田碧海)다.

아름답던 새탄말이며, 감나무, 밤나무 밭 거느린 아름답던 중말이며, 접시꽃 패랭이꽃, 봉선화꽃, 복숭아꽃, 살구꽃 피어난 양지말이며, 푸르고 노오란 물결 출렁이던 넓고 너른 바지뜰은 오직 아파트들과 새롭게 들어선 골목들 속에서 더듬어 가늠해 볼 뿐이다.

"우리 밭이 지금 신봉초등학교예요. 그리고 우리 집 터는 신봉초등학교 뒷길에 차 서너 대 정도 대는 주차장 근천데…… 길이 돼 버렸어요. 집터가 길이 돼 버린 거지."

"가 봤는데 처음엔 못 찾았어요. 동네가 다 변해서 못 찾았어. 그러다 찾았어요. 찬찬히 보니 알겠더라고. 지금 신봉초등학교 뒷길이 우리 옛집터예요. 지금은 아이들에게 여기가 우리 옛 집터다 말해줘요."

• 신봉동 개발을 알리는 공사안내문. 뒤로 용서고속도로 교각공사를 하고 있다

"지금도 신봉동에 자주 들어가요. 우리 집 터에 아파트가 들어선 거
는 2~3년 밖에 안 됐어요. 지금 광교산 자이 그 앞에 구둣방 있는데
거기가 내 집터였어요. 249번지……."

"지금도 웃말까지 자가용을 가지고 올라가 보는데 위치조차도 잘
모르겠더라구요. 그러다 뒷동산을 보니까 조금 알겠더라구요. 뒷동산
바로 앞이라 짐작이 좀 가더라고. 뭐 새탄말은 모르겠고."

개발되어 옛 모습을 잃은 고향에 대한 아쉬움은 대체로 후손들의
공통분모 같은 감정.

"지금도 가끔 고향 꿈을 꿔요. 옛날에 살던 모습을. 어디로 가면 뭐가 있고……. 농경사회였으니까 전답이 어디 어디 있었는지 생각이 나고. 어디서 누가 농사짓고 기억이 다 나지……."

"50여 년을 산 터인데 부모님과 같이 산 터인데…… 마음이 좀 허전해요."

"큰댁에 살구나무 큰 게 있었어. 한강댁에서 널뛰고 그랬는데……. 지금도 그때 꿈을 꿔요. 고향이 없어진 것 같아서 아쉬워……."

"우리 집이 너무 좋아서, 고향이 좋았어요. 광교산 쳐다보면 그렇게 좋았는데. 지금은 봐도 그렇게 안 높아 보여…… 지금은 낮아……."

"큰형님이 집을 매각했는데, 빈 집에 와 봤어요. 집이 헐리기 전에. 엿장수가 다 집어가고……. 느낌이 안 좋더라고요. 집은 사람 온기가 있어야 하는데 사람 온기가 없으니 집이 금방 낡더라고. 몇 번 더 갔었는데, 옛날 듣던 LP판 몇 개 가지고 나왔어요. 가을이었는데, 추수가 끝나고 빈 들판에…… 어찌나 쓸쓸하던지. 혼자 한 시간 동안이나 담배를 피우면서 있었어요."

개발 당시 시원한 마음이 섭섭한 마음보다 큰 후손들이 없는 것도 아니었다.

"지게질하며 농사짓는 일이 하도 힘들어서 시원한 마음이 없지 않았어요. 물론 지금은 섭섭한 마음이 크지만."

"일 할 적에는 빨리 개발돼서 발전됐으면 좋겠다, 이런 마음이 컸어

• 단오제에서 마을의 안녕을 기원하는 제사를 느티나무에게 올리고 있다. 김지용 제공

요. 어린 마음에."

"맨날 일에 파묻혀서 힘들다가 개발 돼서 땅 팔고 일 안 하니 뭐 괄목할 만한 애정은 없어요."

그러나 개발된 뒤의 섭섭하고 아쉬운 마음은 어쩔 수 없는 고향 잃은 후손들의 공통된 마음. 그래서일까. 지금도 많은 후손들이 신봉동과 수지를 떠나지 못하고 살고 있다.

"막상 개발이 돼 동네가 없어지니 좀 아쉬워요. 그렇다고 내가 땅을 안 팔 수 없는 위치이니. 대신 우리 동네에 지어진 아파트에 살면서 신

• 개발의 아픔을 이겨낸 느티나무는 지금도 많은 신봉주민들의 휴식처가 되고 있다. 김지용 제공

봉동을 안 떠나고 있어요. 그런 집안사람들이 많아요. 우리 아파트에서 내려다보면 참의공, 사간공 종중산이 내려다보여요. 뒷동산도 보이고. 그걸 보면 아늑한 느낌이 들어요."

　개발로 베어지게 될 홍천말 고목 느티나무 보존에 심혈을 기울인 것도 이런 아쉬운 마음 때문이었다.

　"건설회사가 느티나무 있는 그 땅을 샀다고 베어낼라고 그래. 그래 내 명의로 진정서를 냈어요. 아무리 땅을 샀다고 해도 수백 년 된 느티나무를 베어 없애는 건 아니잖아요. 그래 내가 내 명의로 경기도지사에게 진성서를 냈어요. 그래서 빠졌어. 못 베게 된 거지."

지금도 LG 1차 아파트 단지에는 그렇게 지켜진 거대한 고목 느티나무 8그루가 보호수로 지정돼 있다. 이 느티나무에서는 불과 몇 년 전까지만 해도 단오제가 치러졌다.

"느티나무는 굳이 소유권을 말하자면 신봉동 사람들 거예요. 몇 년 전까지만 해도 시에서 천만 원씩 지원을 받아 단오제를 지냈어요. 소도 한 마리 잡고 가수 불러서 행사하고 제사도 모시고."

그야말로 신봉동 축제였던 셈.

"단오제 축문도 내가 써서 읽고 그랬어요. 신봉동 노인 분들 모셔다 식사 대접해 드리는 것도 해마다 빼먹지 않았고."

그러나 아쉽게도 지금 이 단오제 행사는 열리지 않고 있다.

현재 용인이씨 참의공 후손들은 모임을 만들어 자주 모이는데, 모두 조상이 터를 잡아 후손들의 삶이 편안해진 것에 대한 감사의 마음이 크기 때문이다.

"일 년이면 5월, 11월 이렇게 모여요. 비록 개발돼 고향은 없어졌지만 지금 우리가 이렇게 편안하게 살게 된 것은 조상님들이 신봉에 터를 잡고 사셨기 때문이에요. 조상님들은 배고프고, 힘들게 사셨는데, 그걸 못 보고 돌아가진 조상님들이 불쌍해요. 모두들 그런 말씀을 많이 해요."

그렇다면 신봉의 개발은 언제부터 어떤 과정을 통해 된 것일까. 먼저 과정을 겪은 후손들의 이야기.

"95년인가 96년도쯤에 처음 죽전, 수지 개발될 때 신봉동도 같이 개발된다고 했었대요. 그런데 무슨 이유인지 알 수 없지만 신봉동이 빠졌어요. 그게 우리 용인이씨에게는 결과적으로 좋은 일 되었지요 이후 땅값이 많이 올랐어요."

"변화조짐이 있었어요. 그때 농사를 오랫동안 지어서 지겨워 뭔지도 모르고 땅을 팔았어요. 그때 바람이 불었던 거 같아요. 지금 생각해보면. 서울 사람들이 땅만 있으면 다 샀어요. 외지 사람들이 부동산 왔다갔다 하면서……."

"농사가 지겨웠어요. 땅이 없어졌으면 하는 마음이 있었어요. 그때 땅을 끝끝내 지켰던 분들은 돈을 벌었어요. "

"당시 서울 사람들이 땅을 사러 많이 왔었어요. 살 땅이 없었어. 당시 땅 팔 때 90프로는 이 시기를 통해 팔았는데……."

"아파트를 지으려면 길이, 도로가 있어야 되잖아요. 당시 길이 없었어요. 제일 먼저 지어진 게 현대빌라예요. 그러더니 갑자기 2년인가 3년이 안 돼 아파트가 들어서더라고."

LG 5차 아파트가 들어설 때 반대도 없지 않았다.

"데모 했었어요. 아파트 들어온다고. 그때 나는 혼인해서 용인 에버랜드 쪽에 있었는데 일 끝나고 데모에 참가했으니까. 그때 부역처럼 데모 안 나가면 혼났어요. 몇 달을 했어. 차도 못 오게 막고. 그런데도 LG 5차 아파트가 들어오데. 뭐 그 뒤로는 데모 안 했지."

전후 시기는 명확하지 않으나 이후 개발과정에 대해 이종욱 씨는 이렇게 회고했다.

"신봉리는 개인회사에서 매입해서 한 거예요. 그때 개발 금지를 성복동은 풀었고 신봉리는 묶여 있었어요. 그래서 신봉리가 늦게 개발된 거예요. 성복리보다 신봉리가 넓어요. 도와지뜰(바지뜰)이 꽤 넓었는데 어떤 이유인지 신봉리는 10년 동안 개발이 묶였어요. 건설회사들이 땅을 사서 오래도록 묵혔어요. 또 위 신봉 2리는 수원시 관할이었는데, 그린벨트로 묶여 있었어요. 신봉2리 땅이 수원시 이의동 하동으로 편입돼 있었어요."

현재 신봉 지역의 개발에 대한 용인시청 공식 기록에 따르면 가장 먼저 수지가 개발되기 시작한 것은 1990년 12월의 수지1지구 택지개발사업 결정이다.

이 계획에 따르면 수지구 풍덕천동 700-1번지 일원의 948,584㎡ (약 286,928평)에 대한 개발계획이 1990년 12월 28일부터 1994년 12월 20일까지 한국토지주택공사에 의해 시행되도록 수립되면서 시작됐다.

이후 신봉동 개발에 영향을 줄 수지 개발 계획인 수지2지구 택지개발사업이 1994부터 2002년까지 수지구 풍덕천동 1028번지 주변에 시행되어 개발되었다.

신봉동의 개발은 '신봉구역 도시개발사업(1공구 사업완료)'이란 사업명으로 2005년 6월 시작됐고 이어 '신봉2지구 도시개발사업'으로 2014년 연이어 수립되어 마무리되었다.

3장

나의 이야기

이종기 1933년~
문중의 모든 것을 기억하다

"노인 한 명이 죽으면 도서관 하나가 없어지는 것과 같다."

아프리카 속담처럼 이 말은 이종기 씨가 용인이씨 참의공파에서 차지한 위치와 다름없다. 보학이나 유학이, 전공을 하는 학자나 관심 있는 일부 사람들만 공부하는 분야라는 점을 감안한다면 더욱 더 그러하다.

이런 위치는 살아온 삶을 보면 알 수 있다. 어려서 유학을 공부해 누구보다 보학이나 유학에 밝다. 이런 그의 면모는 심곡서원의 원장(2010~2014)과 충렬서원, 심곡서원 부원장을 역임하며 지역사회를 이끈 이력을 봐도 알 수 있다. 이런 실력으로 용인이씨 대종회 회장을 역임하면서는 참의공파를 뛰어넘어 전 용인이씨 선조들의 삶과 정신을 정립하는 데 선구자적 역할을 하였다. 당연히 용인이씨 참의공 선조들의 발자취는 이종기 씨의 증언이나 기억에 의해 많은 부분이 정리됐다.

"우리 재자 유자 할아버지가 우리의 육대조예요. 그 할아버지가 효

296

성이 지극하고 연세도 높고 그래서 수직을 받으셨어요. 동지중추부사
(同知中樞府事) 수직을 받으셨다고. 그래 가지고……."

　　그러니까 선조의 발자취는 모두 머리와 가슴 속에 살아있는 셈.

　　"학교 들어가기 전에 한학을 공부했어요. 다섯 살, 일곱 살 때《천자
문》을 배웠어요. 초등학교 졸업하고는…… 그때는 잘 사는 사람들은
상급학교 진학했지만 나는 집에서 일했어요. 그리고 6·25사변이 나
고. 밤에 공부를 많이 했어요."

　　당시 주경야독으로 공부를 안 할 수 없었다고…….

"동갑내기 친구들은 중학교, 고등학교 갔는데 나는 못 가니까. 한학이라도 배워야겠다는 일념으로 공부했어요."

한학을 공부해 훈장을 한 할아버지 이철영 공의 영향도 있었다.

그러나 할아버지에게 공부를 배우지는 않았다.

"이 선생님이라는 분께 《천자문》을 배웠고, 《동문선》, 《명심보감》은 다른 선생님한테 배웠고, 《소학》, 《맹자》, 《대학》은 또 다른 선생님한테 배웠어요."

이종기 씨 인생에서 가장 아쉬운 건 공부.

"옛날 배웠던 책을 지금도 복습을 해요. 붓글씨, 소필로 쓰면서 해…… 이제 오래는 못해요. 한 시간 두 시간 꼬박 하면 눈이 아파요. 한문은 글자의 뜻이 세기 때문에 점 하나 가지고도 글자가 표현되는 것이니까."

한 획 한 획을 그어 글씨를 써나가며 공부하는 노 유학자의 모습이 그려지는 말이다.

"다시 태어난다면 공부 많이 해서 대학교수를 해 보고 싶어요. 내가 안 것을 남을 위해 헌신하면서 살고 싶어."

그러나 이종기 씨의 삶은 꿈과 같은 스승의 모습과 다르지 않다.

용인이씨는 이종기 씨가 만든 절차에 따라 시제를 지내고 이종기 씨가 강조한 정갈하고 경건한 마음에 따라 조상을 섬기며, 이종기 씨가 만든 도포와 유건 같은 제복을 입고, 이종기 씨가 안성의 유기점에서 장만한 제기들에 정성들여 차린 음식을 담아 올린다.

그럼에도 아직 하지 못한 일, 앞으로 꼭 해야 할 일이 있다.

"내가 죽기 전에 대종가집 비문을 수집 해서 문집을 만들려고 해요. 죽기 전에 꼭 하려 해요. 참의공파 관련 선조들 비문을 모아 비문 집을……."

이종린 1934년~
조상알기 작은 책자를 만들다

이종린 씨에게는 자신의 몸에서 떼어놓지 않는 작은 노트가 한 권 있다.

"내가 집안에 대해 공부하면서 정리해 놓은 겁니다."

수첩이라기에는 조금 더 크고 노트라기에는 조금은 작은 공책의 제목은

《顯祖官衙官職品階解說集(현조관아관직품계해설집)》

그 아래에는 지은이를 나타내는 '방울(坊蔚) 이종린(李鍾麟)'이라고 적혀 있다.

수첩은 오래도록 쓰고 보아온 손때들이 묻어 적당히 고풍스럽다.

책자를 넘기면 시조부터 이어진 용인이씨 선조들에 대한 역사적 사실이 관아와 품관직 품계를 중심으로 기록돼 있는데, 각 장에는 이후 공부한 내용들이 연필로 가필되거나 첨부한 내용들로 빽빽하다. 그러니까 이것은 이종린 씨만의 '조상알기 작은 책자'인 셈.

어떻게 이런 자신만의 책자를 만들게 되었을까.

"정년퇴임하고 도시개발이 되면서 조상님들 무덤을 이장을 해야 됐어요. 거기 참여하게 되면서 관심을 갖게 되었어요."

그러니까 조상에 대해 공부하게 된 계기는 신봉의 오랜 터전이 개발로 사라지게 되면서부터.

"조상님이 어떤 길을 갔는지 최소한이라도 알아야 할 거 같았어요. 그때부터 이것저것 서적도 뒤지고 족보도 뒤지고 세적도 뒤져가며 이걸 만든 거예요. 이걸 가지고 다니면서 한 번 두 번 계속 보면서 공부를 해요. 그러다보면 연관된 다른 내용들이 덧붙여지고……. 사람이라는 게 책을 보는 거하고 책을 보면서 잘 모르겠다는 걸 기록을 하는 거하고 다르잖아요. 기록하면 잊어버리질 않아요. 그래서 이렇게 만든 거야."

누구나 알고 있지만 실천하기는 쉽지 않은 일종의 공부법.

이종린 씨의 이런 실천에는 그가 살아온 이력 영향이 컸다.

"공무원 생활을 31년 했어요. 수지면사무소에서 시작했는데, 용인군청에서 4년 반을 하고 정년퇴임은 수지 내 고향으로 신청해 여기서 퇴임했어요."

공무원 생활에 대한 그의 자부심은 컸다.

"67년부터 수원지방법원 법정소관 업무인 호적실무를 11년 봤어요. 보통 보직이 바뀌기 마련인데, 난 이 일을 오래 본 거예요. 딴 데로 가려 해도 특수한 일을 하는 행정직 공무원이라 법원장이 제한을 했어요. 법원장 승인이 떨어져야 옮길 수 있었어요."

그의 일은 대한민국 국민임을 증명하게 될 가장 중요한 증명서인

호적에 대한 일.

"그땐 국민들이 무지해서 제 때 신고를 못한 경우가 많았어요. 나이가 다르니 다른 일들을 할 때도 지장이 많아요. 그런 걸 바로 잡아줬어요."

또 호적 없는 사람들에 대한 처리도 그의 임무.

"전쟁 때문에 고아들이 많았잖아요. 그런 사람들 호적 찾아주면 그렇게 고마워했어요."

그가 잊지 못할 일은 또 있다.

"전쟁 때 북에서 내려온 피난민들도 많았어요. 법령 제1795가호적 실시 특별조치에 따라 그 사람들 호적을 만드는 일도 했어요. 1961년 주민등록법이 개정되면서 호적이 없으면 주민등록을 못 만들었어요. 주민등록은 호적을 기준으로 만드는 거니까. 여러 가지 정리해야 하는 게 많았어요."

이때 그가 해 준 사람은 대략 50여 명.

"호적을 만드는 일이 그냥 되는 게 아니에요. 이 사람이 과연 맞는가, 범법 행위를 하기 위해 신분을 바꾸는 건 아닌가, 하는 확인을 경찰서에 보내 확인해야 하고. 그 다음 법원에 신고해야 하는 절차를 거쳐야 하니까."

이중 그가 특별히 기억하는 사람은 신봉 고향 사람.

"내 고향 신봉리가 고향인데, 금화에서 피난 온 김만영이라는 가족이 있었어요. 그 가족 호적해 준 것이 기억나네요."

일에 대한 자부심과 열성을 다한 노력의 결과는 우수공무원 표창으

• 공무원으로서 주민들의 삶의 질 향상을 위해 노력하던 시절의 이종린

로 되돌아왔다.

이런 그의 삶에서 기록은 어찌 보면 기본적이고 당연한 일.

"나는 모든 게 기록이에요. 더구나 우리가 이렇게 잘 사는 게 모두 조상님 음덕이니……."

비록 공직 생활을 할 때는 미처 관심을 많이 갖지는 못한 것이 아쉽고 죄송스러운 마음이기는 하지만 그는 신봉 후손들 모두 그러하듯 조상에 대한 고마움을 많이 느끼며 조상에 대한 공부를 오늘도 계속한다.

이종화 1941년~
피할 수 없었던 장남의 무게, 집안의 중심을 잡다

고향 신봉을 떠나고 싶어 서울에 있는 대학에서 법학까지 공부했으나 다시 신봉으로 돌아와 고향을 지킨 사람. 이종화 씨의 삶은 고향과 부모를 모시고 선산을 지키는 장남으로서의 무거운 짐을 기꺼이 짊어진 근대 우리들의 아버지 모습 그대로다.

"부모님이 일제 강점기 징용을 다녀왔어요. 부모님이 일찍 개화되셨어요. 그래 자식들 어떻게든 가르치려 애쓰셨지요."

그 덕분에 이종화 씨는 수지초등학교, 문정중학교를 거쳐 수원고등학교를 졸업한 뒤 서울로 대학을 갔다.

"처음엔 고등학교 졸업하고 부모님 따라 농사지으려고 했어요. 그런데 답답하더라고 그래 서울로 올라와 대학을 다녔어요. 법학을 전공했지."

그런 그는 왜 다시 고향으로 돌아왔을까.

"집안의 중심이 안 잡히는 것 같았어요. 어떡해요, 내가 장남이니. 그래 다시 고향으로 돌아왔어요. 애들 공부 관계도 있고. 돌아와 농사

• 수원고등학교 3학년 이종화.
  1959년 촬영

지어 자식들도 아들, 딸 안 가리고 공부시켰어요."

그래서인지 이종화 씨에게는 신봉에 대한 기억들이 많이 남아 있다.

"문정중학교가 처음엔 지금의 문정중학교가 아니었어요. 지금 그 학교가 지어지기 전이었어요. 그래 조광조, 정암 사당 같은 데를 교실 삼아 공부했었어요."

이종화 씨가 말하는 장소는 심곡서원. 문정중학교는 심곡서원이 모태가 되는 셈이다.

그러니까 이종화 씨는 조선시대 학생들이 동재와 서재에 나눠 자며 공부했던 장소를 교실 삼아 책상과 걸상을 들여놓고 공부했던 것이다.

• 심곡서원에서 개교한 문정중학교 모습

"그것도 없었으면 중학교도 못 다닐 뻔했지. 중학교가 있으니까 배울 수 있었어요. 수지를 위해 공헌을 많이 한 학교예요, 심곡서원이."

그렇게 중학교를 마친 이종화 씨는 이후 수원에 있는 수원고등학교로 진학하게 된다.

"수원고등학교를 1960년대 졸업했어요. 학교 다닐 때 군인 걸음처럼 빠르게 걸어 다녔어요. 그렇게 걸어도 두 시간이 걸려요."

처음엔 당연히 적응하기가 힘들었다고. 힘들게 산 운동화는 한 달이 멀다하고 떨어졌다.

"그때는 곤색, 검정색 운동화가 다였는데 한 달에 한 번씩 새로 사야 했어요."

공부에 대한 특별한 애착은 없었다.

"뭐 떠밀려서 공부했어요. 꿈을 가지고 있었나 뭐……. 부모들이 그저 책 읽어라, 공부해라, 하는 게 다였지……."

이종화 씨는 고향 신봉에 대한 아름다운 추억들을 많이 간직하고 있는데, 무엇보다 기르던 소에 대한 기억이 특별하다.

"소를 들로 많이 끌고 다니며 먹였어요. 주로 냇가 근처로. 소는 동네 사람 다 갖고 있었던 거 아니에요."

소를 사면 약 3년 정도 키우는데 소가 자라 힘이 세지면 사나워졌다.

"남이 소를 부리러 들면 받으려 들고 그래요. 소가 주인을 알아봐요. 주인 아니면 못 부려요. 머리가 좋아요. 회귀성도 강하고. 그래서 잃어버려도 집을 찾아 돌아와요."

특히 그는 소와 교감이 좋았다고. 더불어 그에게는 돌과 뱀에 대한 기억도 많다.

"신봉동에 돌이 많았어요. 설악산 계곡들처럼. 또 뱀도 많았어요. 살모사, 울긋불긋한 까치독사, 구렁이……."

이중 독이 있는 살모사나 까치독사는 위험했다. 특히 까치독사는 사람을 봐도 도망가지 않았다.

"까치독사에 땅꾼들도 물려 죽었어요. 실수하면 물리는 거예요."

이와 더불어 그에게는 어릴 때 들은 어른들의 협박성 이야기들도 기억하고 있다.

"도깨비 나온다고 그런 얘기도 어른들이 많이 했고, 애들이 울면 '곽지 온다, 곽지 온다' 그러기도 했고, '순사 온다, 순사 온다' 그러기도 했고."

여기서 곽지는 곽재우 장군을 말하고, 순사는 일본 순사를 의미한다.

이중 곽재우 장군이 어린 아이의 울음을 그치게 할 정도로 두려운 존재였다는 사실이 매우 이채롭다.

　무엇보다 이종화 씨 기억에 많이 남아있는 건 대종가집으로서의 자부심이 컸던 할머니를 비롯한 부모님들이 몸소 보이셨던 베풂의 미덕.

　"할머니와 어머니가 베풀 줄 아셨어요. 술이라도 담고 음식을 하면 사람 불러다가 먹였어요. 그래 사람들이 우리 집을 기웃기웃하고 그랬어요. 쌀도 퍼다 주고."

　그 마음을 이종화 씨는 잊지 않으려 노력한다.

이종화 가계도

의상
(1875~1900)

해주최씨
(1875~1946)

태영
(1899~1982)

창녕성씨 시량
(1898~1979)

문규
(1921~2001)

능성구씨 복순
(1922~2015)

종화

이종학 1947년~
효심 지극한 가문의 후예

용인이씨 가문의 정신은 충과 효. 이종학 씨는 이중 효를 실천하며 살았다.

"어릴 때부터 사간공 묘역에 집안 어른들과 함께 시제 모시러 다녔어요."

신봉 용인이씨 선조에 대한 공경의 마음과 시제 풍속은 자연스럽게 이종학 씨 삶의 바탕을 만들었고, 실천의 자양분이 됐다.

"어머니도 시제가 되면 당연히 종가집에 가서 일을 거들었어요."

부모님의 그런 모습 또한 효 실천의 자양분이 된 건 당연지사.

이종학 씨 또한 어린 시절 보고 배운 효를 자연스럽게 실천하며 산다.

"개발이 돼 옛 흔적은 없어졌지만 우리 삶은 윤택해졌어요. 모두 조상님들 후덕이에요."

이종학 씨는 어릴 때부터 지금까지 시제며 종친회의 대소사를 빠짐없이 챙긴다. 돌아가신 할아버지, 이철영 공과 아버지의 묘역을 자주 찾는 일은 마땅하고 당연한 일.

"한 달에 한 번, 혹은 두 달에 한 번 씩은 꼭 안성 아버지 묘역에 가요. 비가 많이 오거나 그러면 또 가고."

현재 어머니를 모시고 사는 이종학 씨는 이를 그저 자신이 할 도리라고 생각한다. 어릴 때부터 시향과 제사에 빠짐없이 참여를 하면서 자연스럽게 터득한 나름의 조상에 대한 감사의 표현이자 조상을 잊지 않는 방법이며, 조상의 정신을 실천하는 길인 셈이다.

당연히 할아버지 이철영 공과 아버지 어머니에 대한 이해도 각별했다.

"할아버지가 침으로 지역 사람들을 많이 치료하셨어요. 또 한학도 깊으셨고."

당시 수지초등학교 교장선생님이 할아버지 이철영 공에게 서당문을 닫아 달라 청할 정도로 한학자로서, 스승으로서 유명한 분,

"할아버지가 엄하셨어요. 다리 떨면 복 나간다, 야단치시던 게 생각나네요."

할아버지에게서 부모에게로 이야기가 옮겨오면 느낌은 각별해진다.

"아버지가 서러움을 많이 받으셨어요. 아버지가 넷째신데, 부모님 도움을 못 받았어요. 밥이 아니라 죽을 끓여서 드시고. 젖동냥을 해서 자라셨다고 그러더라고요. 아버지가 둘째 큰아버지 옆방에서 사셨대요. 둘째 큰아버지가 목수셨는데, 나중에 우리 집을 지어주셔서 그때서야 독립을 하셨대요. 부모님께서는 숟가락, 젓가락 하나 안 받아와서는."

• 이종학, 이영애 부부가 결혼식을 마치고 당시 세단(택시)을 타고 집에 와서 찍은 모습.
  1972년 촬영

이야기는 어머니에게로 이어졌다.

"우리 할아버지가 우리 어머니한테 그랬대요. '우리 며느리들 중에
너 같은 며느리 하나만 더 있었으면 더 화목했을 텐데. 고맙다.' 우리
어머니가 마음 쓰시는 게 대범하셔요. 조카들에게도 함부로 안 하고."

이종학 씨의 어머니는 이종순 씨.

"어머님은 아버님보다 현명하셨어요. 돌이켜보면 어머니 말씀대로
해서 집안이 잘 됐어요. 어머니는 동기간 우애도 지켜주시려 노력하시
고, 일 욕심도 많으시고, 욕도 안 하시고, 모두를 존중해주시고."

무엇보다 이종학 씨가 어머니께 감사한 것은 자신의 잘못을 인정하는 어머니의 태도였다.

"어머니는 자기 잘못은 바로 인정하셨어요. 더불어 우리들이 한 잘못은 바로 사과시키게 하셨어요."

이야기는 고생만 한 부모에 대한 안타까움으로 이어진다.

"새벽잠 못 자고 논밭에 나가 일하시고…… 참 고생 많이 하셨어요. 우리에게 일도 많이 시키셨는데 지금 생각하니 그때는 모든 걸 자급자족해야 하니까……."

이종학 씨는 부모에게 배운 가르침을 당연히 자식에게도 가르쳤다.

이 가르침에서 제일 중요한 건 자식에게 베푸는 아낌없는 사랑. 이뿐만이 아니다. 가문의 정신에 대한 가르침에도 중점을 두었다.

"항상 애들에게 얘기해요. 왜 시제 제사에 빠지면 안 되는지. 아들이 고등학교 다닐 때는 지방(紙榜) 쓰는 방법을 알려줬어요. 내가 죽고 나면 니가 할아버지까지 제사를 모셔야 되니까 지방 쓰는 법을 알아야 한다고. 아마 학교에서도 연습을 했나 봐요. 학교 선생님이 보고는 칭찬을 했대요. 상한이는 지방까지 쓸 줄 아는데 니네는 뭐냐고 하면서."

이종학 씨는 더불어 일찍 죽은 동생의 제사에까지 아들을 반드시 동행한다고 한다.

"천안인데 회사를 다녀도 꼭 같이 참여하게 해요. 아들도 스스로 그렇게 하고."

어렸을 때 별명이 '돼지'였다는 이종학 씨. 이 별명에는 형님을 잃어행여 둘째도 그리될까, 천한 이름으로 귀한 삶을 잇게 하고자 한 부모의 마음이 들어 있다.

이런 부모의 마음을 받고 자란 이종학 씨는 공부 대신 사업으로 가계를 잇고 부흥케 했다.

이후 효심 가득한 이종학 씨는 모든 걸 접고 부모님을 모시기 위해 신봉 고향으로 내려와 부모님을 모시고 있다.

이종목 1952년~
신봉의 경제를 바꾸다

"종목 회장이 하우스를 만들어서 초식을 키우기 시작했어요. 그게 나물 장사를 그만 둔 시작이었어."

스스로는 한 번도 인정하지도, 입 밖에 내어 말하지도 않았으나 신봉 용인이씨 며느리들은 누구보다 이종목 씨의 공(功)에 대해 잘 알고 있다.

이종목 씨가 신봉 후손들에게 끼친 공은 있으나 말하지 않은 일이 또 있는데, 그것이 바로 이장(里長)을 하면서 마을을 위해서 한 일.

이 일에 대해서도 스스로 '그저 이장으로서 일을 한 것일 뿐'이라지만 이장은 개인을 떠나 마을을 위해 공적으로 하는 직책임을 감안할 때 그가 신봉을 위해 했을 여러 가지 일들은 짐작이 가고 남는다. 수원 농고를 졸업하고 군대를 다녀오면서 시작한 목장일도 그 중 하나였을 것이다.

그러나 신봉에서의 어린 시절 기억은 수많은 '고생'이라는 단어로 압축된다.

"일만 하던 기억뿐이죠 뭐. 추석 때도 못 놀았으니까. 놀려면 며칠 전부터 풀을 베어 놓아야 했어요. 일을 몰아서 해야 되니 더 힘들었어요. 목장에서 소의 젖 짜는 일은 하루도 빼놓을 수 없으니 상을 당해도 오죽하면 '아이고 아이고 곡을 하면서 젖을 짜야 한다'고 했을 정도니까."

어릴 때에는 먹을 것이 없어 늘 힘들었다.

"먹을 거 없어서 늘 잡곡밥 먹고 죽 먹고 그랬어요. 그래서 지금도 잡곡밥은 안 먹어요. 죽도 안 먹고. 굶기도 숱하게 했으니까."

비록 스스로 '계속 공부할 수 없어서 공부를 열심히 하지 않았다'고 말하지만 학교 다니던 시절의 기억은 유독 또렷하다. 특히 당시로서는 수재들만 간다는 수원의 농업고등학교를 다닐 때의 기억이 많다.

"집에서 학교까지 20리 길을 걸어 다녔어요. 당시에는 자전거도 없었어요."

당시 신봉은 대한민국 최고 오지인 줄 알고 있었을 정도로 모든 것이 낙후돼 있었다.

"종방이 형, 종진이 형, 나, 이렇게 세 명이 주로 걸어 다녔어요. 도마치 고개를 넘어 지금 경기대 후문 쪽을 넘어 다시 지금 도교육청 쪽으로. 학교가 도교육청 후문 쪽에 있어요. 거기까지."

가끔 수원 삼일중학교를 다니던 종환이도 함께했다.

"옛날에는 버스를 타고 가기도 했어요. 버스는 정평 수지초교 앞에서 탔는데 버스를 타는 사람은 뒷고개를 넘어 지금 경기남부경찰청 앞에서 만나요."

그러나 버스를 타든 안 타든 차이는 불과 5분 정도. 주로 걸어 다

넜다.

"하교 길에 버스를 타고 정평에서 내리면 집까지 걸어가야 돼요. 그 길이 20분은 족히 걸려요. 별 차이가 없어요."

학교에 가기 위해 여름에는 아침 6시 10분쯤, 그리고 겨울에는 30분 늦으면 6시 40분쯤에 집을 나섰다.

"뭐 보리밥 먹고 집을 나서는 거예요. 어머니가 보리쌀을 세 번씩 삶아서 해 주는 거를. 그러면 보리밥은 겉물이 주루룩 흘러. 그러니 뒷고개만 넘으면 벌써 배가 고파져요."

어머니가 싸 준 도시락이라고 변변할 리 없었다.

"도시락이라고 해야 조밥하고 반찬은 겨울에는 김치고, 고추장. 무를 담근 무장아찌에 깨소금 넣고 무친 거. 혹은 무말랭이 이런 거였어요. 계란이 어딨어요."

그러니까 학창시절은 배고픔과의 싸움이었던 셈이다.

"집에 돌아오면 여름은 훤하지만 겨울은 깜깜했어요."

특히 눈이 많이 내려 쌓인 길을 걷는 일은 위험했다.

"겨울에 학교를 늦게 마치고 집으로 돌아오는 길이었는데 눈이 엄청 많이 와 쌓였어요. 지금 서수지 IC 근처인데 거기가 바람이 불어 눈을 갖다 쌓아놓으면 길인지 뭔지 몰랐어요. 그래 거기 빠져서 허우적거리던 일이 있었어요. 굉장히 깊었어요."

과거에 대한 술회는 담담하지만 당시 학생 이종목이 느꼈을 감정은 죽음을 생각케 하는 공포였을 것이다.

그렇게 힘들게 다니던 고등학교 공부는 그러나 대학을 가지 못한다는 절망으로 열심히 하지 않았다고.

"당시엔 공무원도 우습게 보던 때예요. 집안 형편 때문에 대학을 못 간다 생각하니 공부할 마음이 안 나더라고."

그러나 공부에 대한 꿈마저 식은 건 아니었다.

"공부를 좋아해요. 그래서 아주대학교 평생교육원에서 풍수공부를 했어요. 이후 풍수답사를 13년째 다니고 있어요."

공부를 위한 답사를 중국까지 다녀올 정도로 풍수 공부에 열성이다.

역사공부도 빼놓을 수 없는 취미다. 우표 수집을 좋아하는 이유도 같은 맥락이다.

"옛날 거는 모두 역사를 담고 있는 거니까. 그런 거 수집해 놓아요. 풍수도 답사 갔다 오면 사진 찍은 거 주석 달아서 보관합니다. 하드에 폴더를 만들어서."

문화유적에도 관심이 많아서 풍수답사를 갈 때면 유적에 관한 사진과 역사를 유념해 챙겨 기록하고 분류해서 보관한다.

"옛날 서봉사지에 올라갔는데, 그때는 현오국사 탑이 넘어져 있었어요. 그때는 그 탑에 걸터앉아 놀고 그랬는데."

광교산에 암자가 99개가 있다는 내용도 그래서 이종목 씨는 잘 기억하고 있다.

신봉리 골짜기마다의 이름이 제각각 있었다는 것도 잊지 않고 있다.

"공부를 더 할 생각은 못했어요. 그게 아쉽지……. 아버지가 일찍 돌아가셨어요. 어머니도 혼자 계시고 동생들도 여럿이 있고, 그렇지 않

• 풍수공부의 일환으로 고택순례를 하고 있는 이종목.

으면 도시 나갔을 텐데 접은 거지. 접을 수밖에 없었어요. 우리 또래에
서 나만큼 고생한 사람이 없어요."

이제 더는 고생하지 않고 사는 삶.

그래도 고생만 하게 한 고향이 사라진 것에 대한 아쉬움은 있다.

이종찬 1958년~
교인은 오직 우리집뿐

"사람이 열두 번은 바뀐다고 하더니 정말 그래요. 목사 된 종찬이를 보면은."

이 말의 주인공 이종찬 씨. 그는 이런 평가에 대해 수긍한다.

"제 성격이 활달하고 외향적이에요. 어렸을 때부터 노래 부르는 것을 좋아했어요. 고3 수학여행갈 때는 수원고 교문에서 설악산 도착할 때까지 마이크를 놓치 않고 노래를 불렀어요. 용인군 웅변대회에서 1등도 하고. 매우 활동적이었어요."

• 목회에서 설교하고 있는 이종찬.

그런 영웅심이 학창시절 그를 말썽꾸러기로 이끈 것일까.

"지금 생각하면 불량학생이었어요. 문정중학교 때는 모범생이었는데 수원고등학교 다닐 때 사고 많이 쳤어요."

그러다 고등학교 1학년 때 그는 신장염에 걸린다. 신장염 때문에 병원에 갔다 오는 길에 후배들에게 집단 구타를 당한다.

"이후 노이로제에 걸렸어요. 하는 수 없이 임마누엘 기도원에 가서 서원기도를 했어요. 하나님 살려주시면 목사가 되겠다고."

그것은 상상 불가의 고통이 준 마지막 선택이었을 것이고, 이후 그는 목사가 된다. 그가 목사가 된 데에는 집안 내력도 한 몫 한다.

"우리 집이 이미댁이라고 하는데, 신봉 용인이씨 집안 중에서 유일하게 예수 믿는 집이었어요. 증조할머니가 25세 때 예수를 믿으셨다 그래요."

증조할머니 이일순 씨가 교회에 다니기 시작한 것은 집안의 우환 때문이었다.

"당시 증조할머니는 심한 우울증에 시달리고 계셨대요. 처음 머내 선교사가 하는 교회에 나갔는데 여기서 치료를 받으셨대요. 그렇게 신앙이 시작된 거에요. 이후 교회가 없어져 수원 종로감리교회를 다니다가 수지에 신흥교회를 1933년 처음 세웠대요. 증조할머니와 조카 되시는 한강댁 할머니 둘이 시작했다고 해요."

"증조할머니가 동네에서 영험한 할머니처럼 소문이 나 있었대요. 기도해주면 병도 잘 낫는다고."

가족의 신앙은 이후 어머니에게로 이어진다.

"어머니가 시할머니와 십 리를 걸어서 교회를 다니셨어요."

그러나 남자 가족들은 교회에 가지 않았고 제사문제로 집안은 언제나 시끄러웠다. 이런 속에서 어머니는 많은 눈물을 흘렸고 갈등 또한 적지 않았다.

"어머니가 속상해하시면 제가 그랬어요. '엄마, 내가 목사가 될게'라고. 말이 씨가 된다고 하나님이 나를 목사로 만드시기 위해 시련을 주신 게 아닌가 싶어요. 아파서 두 달을 임마누엘 기도원에 있었어요."

그는 약속을 지키기 위해 신학대학에 진학했고 목사가 된다. 1984년 3월 5일 수원 권선동에서 권선제일교회를 시작 본격적인 목회사역을 시작했다.

"어제로 교회를 개척한 지 35년이 됐어요. 목회를 한 지는 40년이 됐고요. 1979년부터 했으니까."

특히 그는 담임목회를 하면서 전국 방방곡곡은 물론 러시아의 모스크바, 레닌그라드, 사하린, 미국의 LA, 뉴욕 그리고 일본의 동경, 오사카, 유럽의 베를린, 파리, 남미 브라질 등 세계 전역을 다니며 부흥사로 활동하고 있다. 바쁜 목회와 부흥사역 중에서도 호서대학교에서 역사신학을 전공하여 철학박사(Ph.D) 학위를 취득하여 연구교수로 강의하고 있으며, 4년 9개월간 한국최대의 기독교 주간지 《기독신문》의 주필을 역임했다.

온 삶을 하나님에게 바치고 있는 이종찬 씨.

그에게 목회 일은 신봉리에서 함께 산 증조할머니의 신앙과 어머니와 한 약속을 지키는 일이기도 하다.

"신봉에서 태어나 고등학교 3학년 때까지 그곳에서 살았어요."

신봉은 그에게 아름다운 고향. 여름밤 모깃불을 피운 채 멍석을 펴놓고 평상에 누워 별을 헤던 밤들은 무엇보다 잊을 수 없는 기억이다. 이제는 이 땅에 계시지 않고 그리움의 별이 되신 아버지는 어두운 밤하늘을 보시며 사람 눈 안에 들어오는 별들이 6천 개라는 말씀을 해서 지금도 아련한 추억 속의 이야기로 가슴 한켠에 남아있다. 하지만 어디 여름뿐이랴 신봉의 사계절은 모두 그에게 아름다운 풍경과 추억으로 남아있다.

봄이 되면 파릇하게 올라오는 감나무 잎들이며 복숭아꽃 찔레꽃들…… 여름이면 도랑을 막고 하던 등목의 시원함…… 가을이면 씨 없는 감을 따 먹던 달콤함, 아름드리 고염나무에서 딴 고염을 항아리에 넣어 삭혀 먹던 달콤함, 겨울이면 깎아 먹던 날고구마, 땅을 파고 묻어둔 무를 하나씩 꺼내 먹던 시원하고 달큼했던 기억, 봄이면 말구리 배나무골 송골 등에서 뜯어 오신 산나물들의 그 알싸했던 맛들은 지금도 아름다운 메기의 추억들이다…….

"우리 집은 특히 아름다웠어요. 총무님 할아버님 댁이 있었고, 도랑이 있고 그 위로 불당골 우리 집이 있는데 풍무골에 계단식 논이 99개가 있었어요. 또 우리 집 뒷동산에 장구목 고개라고 있어요. 이 길을 내려오면 청룡뿌랭인데 정말 아름다웠어요."

신봉 고향은 아름다운 뒷동산을 배경으로 층층이 자리잡은 99칸 다랭이 논들, 작은 굽이굽이의 산들을 배경으로 사시사철 피어나는 아름다운 꽃들의 모습으로 아직도 남아있다.

또 그에게 고향은 청룡뿌렝이, 말구리 고개, 맷돌바위, 장구목 고개, 상집애 고개 같은 고개마다 붙인 정겨운 이름들도 생생하다.

"겨울 밤 마실 가서 형들과 두런두런 옛날 얘기와 역사 이야기를 많이 했어요.《삼국지》《수호지》등…… 거기에 나오는 등장인물들의 무용담을 지금도 생각하면 꽤 맛깔스럽게 했다. 이때부터 나의 입담은 한몫을 했고 이런 재주가 목사로 부흥사로 한 세대를 풍미한 힘이었나 보다."

이런 남다른 감성이 있었기 때문일까.

이종찬 씨는 목회 일을 하면서도 글을 쓰고 시를 쓰는 일을 멈추지 않는다. 그는 시집 4권을 낸 시인으로 풀잎문학상, 시사문단 문학상을 받았고《노블레스 오블리제》,《역사의 한 페이지를 남긴 사람들》등 저서를 낸 작가이기도 하다.

이도한 1950년~
선조의 흔적 찾아 전국 방방곡곡坊坊曲曲을

용인이씨 후손이라면 누구나 그러하지만 특히 이도한 씨는 가문에 대한 남다른 자부심이 있다.

"우리 집안은 옛날부터 생활이 어려웠음에도 불구하고 끔찍할 정도로 숭조사상을 가지고 있었어요."

'아무리 강조해도 지나치지 않는다'고 강조한 이 숭조의 마음 때문일까.

살아오면서 많은 시간을 선조들의 흔적을 찾고 밝히는 데 집중했다.

"우리 선조들은 훌륭한 삶을 사셨음에도 불구하고 드러나지 않은 분들이 많아요. 그게 안타까워요."

그가 더욱 가슴 아픈 건 그럼에도 《조선왕조실록》에 나와 있는 선조들이 이홍간, 이향성 등 여섯 분에 지나지 않는다는 점.

그래서 그는 혹시 찾지 못하는 선조들에 대한 기록이 있을까 노력했다.

"선조님들에 관련된 문집이든 뭐든 찾아내려 노력했어요."

이도한 씨가 이를 위해 한 노력들 중 첫째는 세거지의 이동에 대한 것.

"거주지가 당초에는 정평, 지금의 풍덕천이었어요. 거기서 수백 년 계시다가 무슨 곡절로 청양으로 내려가셨어요. 거기 큰 호수가 있는데, 그곳에는 용인 신봉지명과 비슷한 이름들이 굉장히 많아요."

그는 이유를 찾기 위해 청양을 여러 번 찾았다.

"그러다가 다시 수지, 신봉으로 오신 건데…… 안타깝게도 그 이유를 알 수가 없어요. 구전으로나마 전해지는 게 있어야 하는데. 추측은 돼요. 아마 20세 옥계공 할아버지부터 3대까지 사시다가 이쪽으로 다시 옮겨오신 거 같아요."

'종가집의 가장 큰 딜레마'라 밝히는 세거지의 이동, 용인 신봉 입향조를 찾기 위한 노력 다음으로 이도한 씨가 노력한 일은 조상들의 기록을 찾는 일.

"홍산공 아드님 중에 정자 민자 할아버지가 계신데 검색 해보면《파한집》이라는 문집이 있다고 나와요. 이《파한집》을 찾아보려고 국립중앙도서관을 포함해 모두 다녔어요."

그러나《파한집》의 존재는 어디에도 없었다. 그러나 이에 굴하지 않고《파한집》의 흔적을 알 수 있는 다른 고서들을 찾아 나선다.

"그러다《국조인물고(國朝人物考)》를 찾았어요. 인사동에 가면 통문관이 있는데," 여기서 선조들이 남긴 여러 기록들을 번역해 줄 중요한 인연을 만나게 된다.

"성백회 교수라는 분을 알게 됐는데, 그 분은 현재 우리나라 제일의

• 2010년 참판공파 종회에서 인사말을 하고 있는 이도한.

한학자예요. 국가에서 하는 고전번역을 이 분이 다 하시는데, 그 분이 우리 종중에 관련해서 중시조부터 과거에 내려오는 고전 번역을 다 해 주셨어요."

특히 성백회 교수는 영의정을 지낸 용인이씨 이의현의 32권, 16책에 이르는 시문집《도곡집(陶谷集)》을 번역했다.

다음 이도한 씨가 찾아 나선 선조들의 기록은《국조시산(國朝詩刪)》.

"허균이 쓴《국조시산》이란 책이 있어요. 여기에 원자 간자 할아버님이 어머님을 위해 잔치를 베푼 내용이 나와요.《국조시산》원본을 찾으려고 강릉 허균, 허난설헌 사당엘 갔었어요."

그러나 여기에도《국조시산》은 없었다. 그러나 굴하지 않고 계속 찾아 나서고 결국 찾아내고야 만다.

"인사동에서 통문관을 경영하던 이경록이라는 어르신이 있었는데, 지금은 돌아가셨지만 제가 거기서《국조시산》영인본을 찾은 거예요."

그때 느꼈을 감동과 환희, 조상에 대한 감사함은 어떠했을까.

이것이 우리나라 시문학(詩文學) 비평사에 새로운 이정표를 제시한 '《국조시산》-용인이씨 20세손 이원간, 홍간공 형제를 모티브로 한 시 〈제이진주형제도(題李晉州兄弟圖)〉를 중심으로〉'이다.

이도한 씨가 찾아낸 또 다른 조상의 흔적은 족보이다.

"우리 용인이씨 고(古)족보가 세 개 있어요.

《임자보(壬子譜;1732년 영조8년)》,《계사보(癸巳譜;영조49년)》,《기사보(己巳譜;고종 6년)》.

이 모든 족보 원본을 제가 다 구한 거예요."

첫 번째 임자보를 찾기까지의 스토리는 이러하다.

"경주에 종인이 있었어요. 그 분이 가지고 있는 건데 제가 하는 일이 워낙 뜻있는 일을 한다 하니 저에게 준 거예요.《임자보》는 천지인 세 권으로 돼 있어요. 그리고《임자보》원본이 월정사에 목판본으로 보관돼 있다고 해 조계종을 통해 확보하려 노력했어요."

그러나 실패했다. 이유는 월정사에 보관된 목판본은 전산화가 안 돼 있었고, 민간인들에게는 개방을 안 한다는 원칙이 있었기 때문. 아쉬움은 있었으나 어쩔 수 없는 일이었다.

《계사보》는 운이 좋았어요. 제가 참판공파 종중에서 회장을 하던 땐데 그때 홈페이지를 만들었더니 어느 분이 《계사보》 원본을 가지고 있다고 연락을 해 왔어요. 그래 매입을 했어요. 그리고 《기사보》는 고종 6년 12책으로 나온 건데 기증받았어요."

이도한 씨는 이 족보들을 모두 영인본으로 만들어 대종회에 기증했다.

이밖에도 이도한 씨는 종친회 일을 맡아보면서 조상의 음덕을 기리는 많은 일들을 한다.

"지금 신봉에 이장해 모신 묘역도 제가 한 겁니다. 봉계당도 제가 지었어요. 참의공 건물도 제가 지었고."

그는 자신이 이런 일들을 할 수 있었던 것은 종친회가 자신을 필요로 했고, 그래서 그에 합당한 일을 했다고 말했다. 숱한 고생은 당연한 일이었지만 그는 모든 걸 선조에 대한 감사함으로 극복했다. 티끌만한 흔적이라도 끄집어내고 찾아내는 일을 지금도 멈출 수 없는 건 모두 이 때문이다.

"마음속으로 하늘을 우러러 선조님께 부끄러움이 없어요. 저는 공부좀 할 거예요. 선조님들에 관련된 내용은 문집이든 뭐든 다 찾아내야죠."

이 다짐과 실천은 이도한 씨에게는 현재도 진행형이다.

이주한 1958년~
대종가집 종손으로 산다는 일

붉은 빛의 색깔이 영롱한 큰 잉어 한 마리가 우물에서 튀어 올랐다.

'어머, 어머 어쩜 저렇게 예쁜 잉어가 연못에서 튀어 오르지?'

의문이 채 사그라들기도 전 우물에서 튀어 오른 잉어는 우물을 한 바퀴 돌더니 다시 우물 속으로 사라졌다.

이것은 이주한 씨 어머니가 이주한 씨를 잉태하면서 꾼 태몽이다.

이주한 씨는 그렇게 생생하고 화려한 잉어 태몽으로 대종가집 종손으로 태어났다.

대종가집 종손으로 시제를 따라다니고 제사를 지내는 일은 그에게 의무이자 권리였다. 그의 어린 시절의 풍경은 대부분 시제와 제사라는 행사와 얽힌 풍경이었음은 당연한 일.

"제가 네다섯 살 때부터 아버지가 제 손을 잡고 시향에 데리고 다니셨어요. 형들과는 나이 차이가 좀 있었는데, 형들 대신 아버진 꼭 저를 데리고 다니셨어요."

중시조 시향을 지내는 영덕리 잔다리에서의 기억은 지금도 생생하다.

"거기서 하룻밤을 잤어요. 묘막이라고 해서 묘를 관리하는 묘지기가 사는 집인데 거기서 일박을 했어요."

당시 시향에 대한 기억은 그저 '평소에는 먹을 수 없는 맛있는 음식들을 먹는 날'로 기억된다.

"그때는 어린 마음에 사람 많은 게 신기하고, 먹을 것이 많으니까, 아 그때는 그걸 봉송(封送)이라고 했어요. 그 봉송을 주니까. 신나고 그랬어요. 시향을 하는 게 좋은 게 아니라 먹는 게 좋은 거였어요."

물론 시향에 얽힌 다른 기억들도 있다.

"시향 때 묘에 올릴 음식들을 싣는 가마 같은 당가가 생각나요. 거기에도 시향 지낼 음식을 넣어 메고 다녔어요. 그때만 해도 돈들이 없으니까 힘들게 제사를 지냈어요. 또 시향을 지낼 때면 사랑채에 많은 종친들이 와서 주무시는데 보통 일곱 여덟 명은 됐어요."

그에게 시향(時享)은 굉장히 큰 행사로 기억된다. 기제사가 소규모로 치러지는 행사라면 시향은 전 용인이씨들이 참여하는 행사이니 전국 각지에서 모인 종친들이 안채와 사랑채에 가득 들어앉아 이야기꽃을 피우며 잠을 자는 모습은 큰 잔치였을 것이다.

"우리 집은 안채, 사랑채에 행랑채가 있고 소 마구간이 있었어요."

신봉 용인이씨라면 누구나 엄청나게 큰 집에 위엄을 갖춘 부잣집으로 기억하는 대종가집에서 유년기와 소년기를 보낸 이주한 씨.

그에게는 철없는 어린 시절에 대한 아쉬운 기억도 있는데, 그것은 조상의 사료를 찢어 딱지치기를 했다는 것.

"뒤뜰에 툇마루가 있었는데 거기 옛 서적들이 많이 쌓여 있었어요. 그걸 형들하고 찢어 딱지를 만들어 쳤어요. 내가 했던 행동이 얼마나 철없는 것이었는지 후회가 되네요."

후회는 후회. 이주한 씨에게는 아버지와의 따뜻한 기억도 가지고 있다.

"아버지가 꼭 나를 데리고 주무셨어요. 사랑방에서 잤는데, 그때 사랑방 아궁이는 소죽을 끓이는 곳이었어요. 새벽이면 소에게 밥을 주기 위해 소죽을 끓이는데 방이 뜨끈뜨끈해서 좋았어요."

자신을 아껴주고 사랑해주는 아버지가 곁에 있고 새벽 추위를 몰아내는 따뜻한 방구들. 어린 시절 그는 더 없이 행복했을 것이다. 사당에 대한 추억도 있다.

"신주를 모시는 작은 나무집으로 된 사당이 있었어요. 4대 봉사를 하니 4대까지 이 신주를 모신 거죠."

종가집 종손으로 새해 세뱃돈에 대한 기억도 다른 이들과 달랐다.

"세뱃돈으로 10환 종이 돈을 받은 기억이 납니다."

기념일에 대한 추억은 또 있다.

"아버지 생신 때면 동네사람들 불러 아침을 함께 먹었어요. 아버님 생신이 여름 음력 7월 6일생이신데, 양지말 중말 종친들 모두를 부르는데 당시엔 확성기가 없으니까 집집마다 형과 나눠서 부르러 다녔어요. 잔치를 벌인 거죠."

가을 추수가 끝나면 고사떡을 했다.

"저녁 때 그 고사떡을 집집마다 돌려야 했어요. 밤이라 무서웠어요. 동녘말 봉상씨댁이 거기 살았는데 산 밑이라 무서웠어요. 내 발자국에 내가 놀라 꽁무니 빠지게 뛰던 생각이 나요."

이와 더불어 군대 가기 전까지 고향에서 산 그에게 신봉에서의 추억은 많다.

"마을에 초가집들이 많았는데, 가을 타작이 끝나면 이엉을 교체했어요. 격년제로 했는데 품앗이로 했어요. 그 풍경을 보는 일이 좋았어요. 초가집 이엉을 바꾸고 나면 마치 이발소에서 이발을 한 것처럼 황금빛으로 변한 게 정말 보기 좋았어요."

"광교산 서봉사지 근처에 으름나무가 있었어요. 가을 되면 으름나무 열매를 한 자루씩 땄어요. 크기가 손가락 두 마디 정도, 참다래 같은데 익으면 벌어졌어요. 안에 하얗고 까만씨가 굉장히 많았고, 맛있어요."

"수지초등학교 다닐 때 학생 수가 많아 오전반, 오후반으로 나누어 공부했어요. 공부 끝나고 집으로 가려면 길옆에 호밀밭이 있었어요. 호밀밭 안에 문둥이가 숨어 있다가 잡아간다는 말이 있었어요. 아이들 간을 빼 먹으면 낫는다고 해서. 그래 호밀밭 앞을 지나갈 때면 무조건 뛰었어요. 그러면 벤또, 그때는 양철도시락을 벤또라고 그랬는데, 벤또 안에 든 숟가락이 달그락거렸어요. 보자기에 둘둘 말아서 등에 차든 허리에 차든 그렇게 다녔는데."

이 말이 헛말이었다는 걸 그는 중학교 가서 알게 됐고, 더는 무서워

• 태어나고 자란 광교산 품안에서 살고 있는 이주한

하며 뛰지 않았다. 중학교는 첫 평준화 세대로 진학했다.

이후 군대를 다녀온 뒤로는 서울 롯데제과에 입사하며 신봉을 떴다.

이종세 1936년~
수원여고를 졸업한 대종가집 딸

    종가집 맏며느리로 단아하지만 강인한 느낌의 어머니 품에 이마 위로 앞머리를 가지런히 자른 어린 여자아이가 안겨 카메라를 응시하고 있다. 검은 눈동자에 흰자위가 선명한 아이의 눈빛이 총총하다.

    흑백의 사진 속 주인공은 대종가집 딸이었던 이종세 씨. 사진을 찍을 당시 불과 대여섯 살에 불과했던 어린 소녀에게 미래는 무지갯빛 찬란함이었을까. 적어도 살아낸 세월이 준 안타까움과 고통의 경험은 아니었을 것이다.

    무엇보다 이종세 씨의 기억에 많이 남아있는 것은 일제 강점기에 겪은 고통들과 해방 뒤 남과 북이 나뉘면서 겪게 된 6·25 전쟁이 가져다 준 상흔들.

    한 가족은 그것이 누구이든 곧바로 가족 모두의 고통이 되기 마련인 당시 사회에서 이종세 씨는 오빠를 잃고, 아버지를 잃었다. 그리고 중학교 학생이던 열다섯 살에 어머니를 잃었다.

    생과 죽음에 대한 나름의 생각을 정해 갖기도 전, 가족의 죽음은 혼

● 용인이씨 제35대 종부 심상희(1895~1951)와 이종세. 1940년 촬영 추정.

란과 고통, 상실감을 주었다.

"어릴 때부터 엄마 치맛자락을 놓지 않고 엄마 가는 곳이면 어디든 따라다녔어요."

그런 어머니의 죽음이 준 충격은 컸다. 하지만 외로움은 종친들의 따뜻한 배려 속에 조금씩 사그라졌다.

"엄마가 돌아가셨어도 친척들이 가족처럼 다 잘해줬어요. 나도 잘 따르고."

비록 어머니를 일찍 여의었지만 이종세 씨는 스스로 대종가집의 딸로서 많은 혜택을 누렸다. 이는 동네 사람이라면 누구든 부러워하고 인정하는 것.

"할아버지가 참봉을 했어요. 그래 사람들이 나를 참봉댁 딸, 이렇게 불렀어."

이종세 씨는 당시 딸들로서는 상상할 수 없는 수원여고를 다녔다.

"수지초등학교를 사학년 오학년인가 다니다가 문정중학교를 갔어요. 왜냐면 왜정시대다 피난이다 뭐다 해서 학교를 제대로 다니지 못했어요. 그렇게 오빠가 문정중학교에 넣어줘서 다녔지. 문정중학교를 졸업하고는 수원여고에 들어갔고."

당시 수원여고는 여자아이들에게는 꿈의 학교.

이종세 씨는 결혼하기 전까지 신봉에 살다 이후 24세에 혼인하며 신봉과 작별한다.

"목화를 심으면 그 솜을 쐐기로 틀어서 물레를 돌려요. 목화를 풀어서 쐐기에 넣으면 씨가 나오고 목화가 나와. 그걸로 이불솜을 만들고

저고리도 만들었어요. 시집갈 때 내 치마저고리 감을 끊어다가 내가
다 만들어서 갔어요. 버선까지 다 만들어 갔고……."

　이종세는 그렇게 수원 서호방죽 고양굴로 시집을 가서 지금까지 대
종가집 후손으로서의 품위를 지키며 '깨끗한 삶'을 살고 있다.

이숙자 1945년~
어머니의 헌신, 아버지의 교육이 나를 만들다

　누구보다 또렷한 기억, 누구보다도 선명한 분별력. 이숙자 씨가 간직한 신봉에 대한 기억은 자연에 대해서든, 풍속에 대해서든, 사람간의 관계에 대해서든 누구보다 자세하다.

　"아버지 교육이 엄격했어요. 맏딸이니까 다 봐야 한다고 배워야 한다고 해서 종가집 제사며 초상 치르는 거며 다 보고 배웠어요."

　심지어 죽은 이를 염하는 것조차도 어느 집에 시집 갈 줄 모르니, 보고 배워야 한다는 아버지의 가르침에 따라 보고 배웠다. 당연히 제사며 환갑잔치 치르는 과정이며 상 차리는 법에 대해서도 배웠다.

　"제사며 환갑이며 상 고이는 것을 배웠어요. 엄청 음식 많이 해서 차렸어. 거기에 자손들 절하는 것도. 아버님이 남한테 빠지지 말아야 한다고, 다 알아야 한다고 배우게 하셨어요. 궂은 일, 좋은 일 모두 네가 알아야 말할 수도 있고 격식을 차릴 수 있다고. 우리 아버지는 너무 따졌어요. 그런 아버지가 돌아가신 지 벌써 20년이나 됐네……."

　그래서 이숙자 씨는 웬만한 행사는 겁이 나지 않는다.

• 부군 김용철과 단란한 나날을 보내고 있는 이숙자

"하지만 뭐 둘째 집으로 시집오니까 써 먹을 데가 없어. 놔 버렸어요. 양반집으로 시집을 가긴 했는데. 요즘 텔레비전 사극 보면 내가 배운 것에 한참 못 미치는 것 같아요. 우리 역사니까 잘 했으면 좋겠어요."

이숙자 씨가 기억하는 용인이씨 제사상 차림의 특징은 이렇다.

"시제 때는 숭어를 놓았어요. 물고기를 요리해서 한 마리 통째로 놓았는데, 세 마리를 올렸어요. 또 상을 지낼 때는 꼬치를 한 산적을 놓았으나 제사 지낼 때는 뼈 없는 자식 낳는다고 꼬치를 안 했어요."

특히 신봉의 딸들과 며느리들이 1960년 1970년대 집안 살림을 위해 몸 바쳐 일했던 나물 뜯기와 나물 팔기에서 이숙자 씨는 누구보다 나물의 종류에 대해 많이 안다.

무엇보다 이숙자 씨에게 신봉의 기억은 어머니의 지독한 고생, 그리고 자신이 한 극심한 고생에 대한 것. 여기에 작은집으로서 겪은 설움에 대한 것도 있다.

"무엇이든 큰집이 우선이었어요. 옛날엔 공평하지 않았어……. 그집 타작하는 날이면 우리가 가서 일 다 해주고. 밤낮 뒷전이야. 추석 명절 때면 큰집 가서 일 다 했어요. 추석 때 송편 큰집 거 다 해주고 나서야 저녁에 우리 집에 와서 달 뜰 적에 우리 집 송편을 쪘어요."

할아버지에 대한 섭섭함도 있다.

"할아버지가 우리에게는 정이 없었어요. 큰아버지는 도와주시고 둘째 큰아버지는 목수 일 가르쳐 먹게 해 주셨지만 우리 아버진 사촌형수한테 맡겨놓고. 아버지가 거기서 고생만 하시다가 그 동네에서 전의 이씨 어머니를 만나 혼인을 하셨어요."

고생에 대한 편린들은 장면 장면으로 남아있다.

"어머니가 수원으로 엿 팔러 가서 밤늦도록 오지 않아요. 그럼 동생들을 업고 도마치 고개로 나가 기다리는 거야. 달이 환하게 뜰 때. 그 동생 암죽을 쒀서 먹여 가지고."

그렇게 한참을 기다리면 멀리서 '재깔재깔' 얘기소리가 들렸다.

"그러면 마음이 엄청 반가웠어요. 무서운 걸 몰랐어요. 그럼 곧 창식이 엄마하고 엄마가 와요."

아버지를 마중 나간 기억은 그녀에게 없다.

"주로 장사를 나가면 아버지 어머니가 따로 따로 날을 엇갈려서 가셨어요. 엄마 아버지가 날이 훤하게 밝기만 하면 들로 나갔어요. 그러면 두 살, 세 살 동생들 똥기저귀를 내가 빨아 널고 학교에 가야 했어요."

당연히 학교는 '비가 안 오는 날'에만 갈 수 있었다.

"광교산 멀리까지 가서 나물을 커다란 자루에 해서 이고 오면 종학이가 지게를 가지고 마중 와서 지어요. 그럼 머리에서 후끈후끈 김이 나는 거야. 그때는 내 발이 가벼우니까 종학이가 얼마나 무거울까, 생각을 못했어. 지금 생각하니 무겁냐는 말도 못 한 게 미안해요……. 동생들 배 고플까봐 찔레를 꺾어 가지고 왔어요."

그렇게 가지고 온 나물을 툇마루에 풀면 가득이었다. 그걸 보고 '낫으로 풀을 베도 이만큼 못 베는데' 안타까워하시던 외할아버지 말씀을 그녀는 기억하고 있다.

그렇다고 고생한 기억만 있는 것은 아니다.

"어머님이 현명하시고 악착같이 나물 팔고 엿 고아 팔아 살림을 일으키셨어요. 세간들이 하나 둘씩 늘어갈 때 얼마나 재미나고 좋던지……."

당연히 어릴 때 살던 옛집이 이숙자 씨는 지금도 그립다.

이종란 1953년~
큰어머니를 친어머니로 삼아 자라다

아들로 대를 잇는 우리사회 전통으로 고통을 당한 여성들은 얼마나 많았을까. 이에 대한 통계나 연구 발표를 들은 적이 없는 것을 보면 사회적 관심 또한 받지 못했던 듯싶다. 그저 드라마나 소설 속에서 가끔 볼 수 있었을 뿐.

그러나 아들로 대를 이어야만 하는 전통 속에서 아들을 낳지 못했던 가문들은 있었고, 아들을 두기 위한 노력들, 후처를 들이거나 양자를 들이는 일들은 '마땅히' 혹은 '당연히' 해야 하는 것이 관례였다.

이종란 씨의 집 또한 그러하였다.

"큰엄마가 아들을 못 낳으셨어요. 그래서 아버지가 작은엄마를 얻었는데 딸만 셋을 얻고 결국 아들은 얻지 못했어요."

아버지는 결국 다음의 순서로 양자를 들인다.

"나는 아버지가 얻은 둘째 부인이 낳은 딸 셋 중 큰 딸이었어요. 하지만 난 친어머니와 함께 살지 않았어요……."

그렇다면 이종란 씨는 누구와 살게 되었을까.

"세 살부터라고 그래요. 내가 큰엄마와 함께 살기 시작한 게."

그러니까 큰어머니는 작은어머니에게서 난 딸 중 이종란 씨를 자식으로 삼아 키웠던 것이다.

"그래서 그런지 친엄마한테는 정이 없어요."

낳은 정보다 키운 정이 큰 것인가.

"큰엄마한테 대우받고 이쁨을 많이 받고 살았어요."

그렇다고 작은어머니에 대한 애정이 없는 건 아니다.

"친엄마가 고생을 많이 했어요. 먹을 게 없어서 맨날 칼국수, 수제비 같은 거 밀가루로 겨우 연명하다시피 살았어요. 외할머니랑 동생들이랑."

당연히 동생들에 대해서도 안쓰러움을 갖고 있다.

"우리 동생들도 불쌍하게 자랐어요. 먹을 거 없어서. 논도 있고 그랬는데, 왜 그렇게 힘들게 살았는지. 우리 친어머니가 좀 주변머리가 없어서 고지식해서 그런 거 같아요. 생활력이 강하지 못해서."

아마도 당시 대부분 신봉의 며느리들이 악착같이 했던 장사들,

엿을 고아서 팔고 나물을 뜯어 팔고 했던 일에 나서지 못했음에 대한 안타까움일 것이다.

안타까움은 다시 자신만 편하게 살았다는 미안함으로 이어진다.

"나만 호강하고 컸어. 큰엄마가 예뻐해서 잘 살았어."

그렇다고 고생을 하지 않은 건 아니었다.

"아들이 없으니 농사일을 큰엄마랑 내가 했어요. 보리도 심고, 보리 매서 반으로 묶어놓으면 그거 내가 지게로 져서 오고. 지게질도 곧잘

했어요. 처음엔 두세 단씩 하다가 나중엔 네 단 다섯 단씩 이렇게 지고 도 오고. 지게 지고 오다 열린 앵두도 따 먹고 오기도 하고."

당연히 나머지 농사일도 이종란 씨 몫이었다.

"콩 심어서 열리면 그거 엄마랑 털고, 마당에 쭉 펴놓고 도리깨질을 했는데, 그거 거들고…… 콩이 논으로 튀면 그거 주워서 오고. 겨울이면 나무도 하러 다니고 그랬어요."

그러니까 아들 없는 집안에서 보통 남자들이 하던 지게질이며 나무하기 같은 일들이 고스란히 이종란 씨 몫이었던 것이다.

큰어머니의 사랑을 받으며 자랐다고는 하지만 당시 여자아이들의 길도 고스란히 걷는다.

"초등학교 졸업하고 수원으로 편물 배우러 다녔어요. 처음 학원으로 배우러 다닐 땐 아침 일찍 일어나 수원까지 20리 길을 걸어 다니며 배웠어요. 그때 같이 걸어 다니면서 배웠던 순이…… 같은 친구들이 여럿이 있었어요."

당시 편물은 일종의 어린 여자아이들이 배워서 돈을 벌 수 있는 떠오르는 직종이었다.

"편물을 짜는 기계가 두 손 너비만큼의 넓이인데 손으로 왔다 갔다 하면서 옷을 짜는 거예요. 실로 짜는 건데 스웨터 그런 걸 많이 짰어요."

이렇게 짠 편물은 다시 공장으로 보내진다. 가끔은 개인 주문에 맞춰 편물을 짜기도 했다.

• 이종란이 부군 이재복과 함께 백두산 천지에서. 1989년 촬영.

"학원에서 배우고 개인 편물점에 취직을 했어요. 그때는 집에서 출
퇴근을 못하니까 거기서 먹고 자고 했는데 엄마가 보고 싶어서 매일
울었어. 일도 잘 못하고."

이렇게 울면서 큰엄마와 떨어져 지낸 시간이 3년. 결국 집으로 돌아
온다.

이후 엄마와 농사를 짓다가 스무 살 이른 나이에 결혼을 해 신봉을
떠났다. 그렇게 떠나간 곳이 지금의 분당 돌마면 수내리였다.

"시집가서도 친정 제사 때면 와서 제사 준비를 했어요. 작은엄마랑

차리고 그랬어요. 나중에는 제가 장 봐다가 두부도 만들고 인절미도 만들고 전 그런 것도 만들고. 양자한 오빠가 와서 같이 지내고 그랬어요."

비록 결혼을 해 신봉을 떠났어도 이종란 씨는 용인이씨 딸로 살고 있는 것이다.

이종순 1922년~
현명함과 부지런함으로 집안의 부富를 이루다

이종순 씨는 가마를 타고 시집을 왔다.

혼례식은 전날 친정집에서 치러졌다.

100세를 바라보는 이종순 씨의 기억은 담백하다.

"뭐 그냥 국수장국 해서 먹고 시집왔지."

그러나 가마를 타고 시집으로 오는 길은 멀었다.

"대지 고개가 엄청 높았어."

신부를 실은 가마를 든 가마꾼들은 그 높은 대지 고개를 쉬엄쉬엄 넘었다.

"시집으로 왔는데 컴컴한 밤이더라고. 가마를 봉당에 놓았는데 컴컴했어. 집에 와서 첫날밤을 지내고 가만히 생각하니까 나도 어려워 밥 좀 먹으라고 시집보냈는데, 열 마지기 논을 사 놓았다니까 농사짓고 그러면 괜찮겠다, 그런 생각이 들더라고."

그러나 상황은 기대했던 것과는 달랐다.

살면서 이룬 업적들이 어디 사회적으로 인정받는 명성을 가진 사람들에게만 있을까. 인생을 살아오면서 한순간도 자신을 위함이 아닌 집안과 자식을 위한 희생의 삶을 산 60, 70, 80년대 우리 어머니들의 모습은 삶 자체가 공적이요, 업적일 터.

2019년 99세가 되는 이종순 씨의 삶 또한 그러하다.

자식을 잃으면서까지 시댁의 화목을 위해 희생하고 '논이 열 마지기'라는 말을 믿고 시집왔으나 실상은 '빌린 논 열 마지기'였던 지독히도 가난했던 시댁에 시집 와 바느질에서부터 농사일, 나물 팔기, 엿 팔기 등 할 수 있는 온갖 일들을 찾아 해내며 집안을 일으켜 세운 이종순 씨.

더구나 이렇게 일궈 잘 사는 지금의 상황에 대해 그녀는 누구에게도 '자랑'을 하지 않는다.

"아들, 딸들이 잘 살고 아들, 며느리들이 나한테 잘하지만 어디 가도 입을 봉하고 살아. 그러니까 사람들이 내가 아무것도 없는 줄 알아. 아, 나한테 가족은 있느냐고 물어. 그래 그때는 부아가 좀 나 버럭 했지. 아, 가족 없는 사람이 어디 있느냐고 소리를 빽 질렀어. 내가 자랑을 안 하니까……. 나는 자랑을 안 해."

인품은 행동 하나에서도 느낄 수 있는 것.

자신이 한 수많은 고생에도 불구하고 늘 감사를 앞세운다.

"세 살 먹은 애 업고 바느질을 했어. 애가 등허리에서 자. 수원 토담집에서 살 땐데 삯바느질을 했어. 바느질이 예쁘다고, 해 달라고, 사람들이 가지고 오는 거야. 한 땀 한 땀 바느질 하는 거야. 낮에 못하면 밤까지. 어저께 수원에 살러 나왔는데 만주 가는 사람이 바느질을 못 했다고 바느질 좀 해달라고 해. 그럼 종일 해주면 음식을 줘. 간장을 단지째 주기도 하고. 잘 먹었지. 점심도 먹으라고 주고. 그래도 덕 보면서 살았어. 덕분에 살았어. 도와주는 사람 덕에 살았어."

감사함을 느끼던 옛일에 대한 기억은 계속된다.

"당고모네 삼촌하고 아래윗집에서 살았어. 논이 많아서 일꾼을 30명씩 얻어 농사를 지었어. 그러면 몰래 가서 불 좀 때주면 날 끌어내는 거야. 왜 사돈양반이 밥을 해 주냐고. 그만두라고. 그래도 몰래 가서 일을 해줬어. 그러면 가을에 콩이고 팥이고 찹쌀이고 귀한 거만 주는 거야. 시아버지 삼촌이. 얼마나 고마워, 그렇게 먹고 살았다고."

신봉에 들어와 더부살이를 했던 둘째 큰시아주버니에 대한 감사함도 잊지 못한다. 특히 집을 지을 때 베풀었던 고마움에 대해서는 더더욱.

"고향에 온다니까 둘째 큰아버지가 주선을 해서 논 열 마지기를 사서 왔어. 그 집에서 더부살이를 하다 집을 짓는데, 목수 일을 하는 둘째 시아주버니가 집을 지어줬어. 광교산 건너서 재목을 손수 잘라서……. 얼마나 고마운지."

물론 집은 온 가족의 힘이 보태져서 지어졌다.

"광교산 너머서 집 지을 재목을 자르면 그걸 져 올려 굴려내려. 그러면 동네까지 와서 굴러 떨어져. 그걸 마차로 이틀을 걸려서 끌고 와."

이렇게 집은 일 년여에 걸쳐 지어졌다.

"돈을 주지 못했어. 신세를 많이 졌어……."

• 2019년 백수(白壽)를 맞이한 이종순(가운데)과 부군(夫君) 이병규(1916~1991), 손윗동서 홍인순(1912~2001) 모습. 1985년 촬영

　　감사함을 갚기 위해 이종순 씨는 어떤 일이든 마다하지 않으려 했다.

　　"내가 어떻게든 둘째 큰아버지 은혜를 갚아야 한다, 그런 생각으로 했다고……. 한 번은 둘째 큰시아주버니가 속앓이, 속이 아픈 일이 있었어. 그래 마루바닥에 있는 뇌루를 잡아당겨 가지고 반향 죽을 쒀서 두 번을 먹으니 속앓이가 나아지셨어. 내가 그런 걸로 신세를 갚는 거야."

감사함에 대한 마음은 서로 맞물리는 법.

이런 고운 마음씨 덕에 자라난 자식들은 다시 어머니에 대한 감사함을 자신의 자식들에게 물려준다.

"어머니는 매우 현명하셨어요."

"우리 어머니가 머리가 특출나셨는데, 특출나신 게 뭐냐면 가을에 우리 집에서 김장하려고 배추를 뽑으면 마을 사람들이 날씨가 곧 추워지겠네, 하는 걸 알았으니까. 우리 집이 김장을 하면 날씨가 추워졌어요. 그러니까 사람들이 저 집은 추워질 것을 알고 미리 김장을 했다 이런 거지요."

그러니까 자연이면 자연, 사물이면 사물에 대한 통찰력이 뛰어났다는 얘기다.

"땅도 좋은 땅을 딱 점찍어 놓았다가 사셨어요."

그러면 그 땅은 틀림없이 좋은 땅이었다.

게다가 이종순 씨는 바느질 솜씨도 뛰어났고, 글도 잘 읽어 시댁 어른들께 불려 다니며 이야기책을 읽어드렸다. 비록 이런 일이 자식들에게는 어머니를 '빼앗긴' 결과가 되어버리긴 했지만.

그렇다면 이종순 씨가 용인이씨에 시집와 어떤 삶을 살아내며 집안의 부를 일구고 자식들을 키워냈을까.

"열 마지기 땅이 우리 땅이 아니고 얻어서 부치는 땅이라는 걸 일 년을 지나고 알았어. 농사지어 반을 주고 나니 뭐가 남아. 장례쌀 얻어먹기 바쁘지. 밤낮 거지 노릇하고 살게 생겼어. 그래 이미댁 작은할머니가 있는데 그 집 아저씨가 걱실걱실하고 얼마나 좋은지 몰라. 그래 그 아저씨가 처갓집에 세배하러 왔는데 붙잡고 나 좀 데리고 가서 밥 먹을 데 좀 알려달라고 했지."

그렇게 해서 수원으로 나와 살기 시작한다.

"쌀 두 말 팔아다가 옹솥 하나 사서 수원농대 당고모네 있는 데서 살기 시작했어. 애가 삼남매였는데 삼남매를 두고 일본집에 일하러 다녔어. 얘들 아부지도 일하러 다니면서 돈을 벌고. 그렇게 사는데 어느 날 흙벽돌로 지은 집이 하나 나와. 그래 그거 하나 사자고 했지. 그런데 이 양반은 그걸 사서 뭐하느냐고 해. 그래 내 말만 들으라고, 그거 사자고 성화를 했어. 그래서 샀다고."

이종순 씨의 판단은 정확했다. 이 토담집은 이후 다른 집을 구입하는 토대가 된다. 그러나 수원에서의 생활은 남편 이병규 씨가 일제 징용에 끌려가게 될 위험에 처하면서 친정집이 있는 포곡으로 옮겨가게 된다. 그리고 해방이 되면서 다시 이사를 해야 할 상황에 맞닥뜨리게 되고 이때 수원으로 가자는 남편을 설득해 신봉으로 들어온다.

"수원으로 나가지 말자고 했어. 나이 40이 넘었는데 여기서 안 살 바에야 타관살이 하지 말고 고향 신봉으로 들어가자고 며칠을 싸웠어. 그래 논 일곱 마지기 사서 왔어."

이렇게 신봉으로 들어와 처음 살던 집이 바로 둘째 큰시아주버니네 집 더부살이였던 것. 이후 집안을 일으키기 위해 그야말로 온갖 일을 마다하지 않게 된다.

"우리 어머니가 지독했어요. 쌀이 없어도 절대 장례쌀 안 얻어먹고. 동짓달이면 쌀 네 가마 남겨 놓고 다 팔아서 땅을 샀어요. 첫 번째 산 땅이 뒷골 논, 부아지 땅, 4백 평일 거예요, 아마…… 순상네 논."

이렇게 잘 먹지도 않고 밤낮없이 일을 했다. 여기에 나물 팔고 엿을 고아 팔아 해마다 땅을 장만했다.

"내 계산에 그 땅을 사야겠다, 하면 사고. 그게 맞아 들어가. 장사하면 그날그날 남편에게 다 줬어. 재미있었어. 내 힘으로 살아왔어."

그렇지만 옛날로 다시 돌아가고 싶지는 않다.

그래도 옛날이 좋지 않았느냐, 옛집이 그립지 않느냐는 딸 이숙자 씨의 물음에 단호하게 말한다.

"뭐가 그리워!"

고생은 그 과정을 통해 넉넉하고 행복한 현실을 만들었다고 해도 두 번은 반복하고 싶지 않은, 피하고 싶은 과거인 것이다.

최천금 1940년~
누구에게나 칭송받는 며느리

　작은 체구, 웃음기 담은 온화한 얼굴, 좀처럼 소리 내어 말을 하지 않는 조용한 성품. 이런 최천금 씨를 두고 용인이씨 후손들이 이구동성으로 하는 말들이 있다.

　"용인이씨가 잘 된 공의 50프로는 엄마들 거예요. 그 중에서도 창식이 엄마가 정말 고생 많이 했어요. 창식이 엄마는 우대받는 며느리이에요. 사람이 대체로 공이 있어도 제 입으로 공을 깨기 쉬운데, 창식 어머니는 그러지도 않고. 정말 사표(師表)예요. 우리가 봐도 존경스러운 며느리세요."

　"창식이 어머님 덕분에 그 집안이 다 살아났어요. 시동생도, 아들들도 그 어머님이 다 거두고 장가보내고 그랬어요. 나물해서 수원시장까지 나와서 팔아⋯⋯ 아이고 이고 걸어서⋯⋯ 정말 고생 말도 못하게 했어요."

　"칠남매 맏이로 시집와서 이 사람이 정말 고생 많이 했어. 시어머니

● 학사모를 쓴 최천금.

제쳐놓고 이 사람이 다 했어. 시동생, 시누이들 시집장가 다 보내고. 집 세간 다 내고……. 정말 고생 많이 했어요. 우리가 다 봤으니까 인정해 줘요. 그러니 동서들이 모두 이렇게 받들어. 체구는 작아도 마음은 하해(河海)와 같아.”

　“효식이 어머니는 나물 뜯을 때도 참 악착같이 뜯었어요. 그때는 풀만 나면 뜯어서 팔았어요. 그걸 수원에 이고 걸어 나가면 20리 길이에요. 돌아가면 30리 길이고. 거의 걸어 다녔어요. 그러니 고생이 얼마나 많겠어. 정말 상 줘야 돼요.”

모두가 말한 최천금 씨의 공을 쌓으면 하늘까지 닿을 듯하다.

누군가를 감동시킨다는 일은, 그래서 누구에게나 인정을 받는다는 것은 얼마만큼의 고생과 인내와 헌신이 쌓여야 하는 것인가?

한걸음 후손들이 그녀에 대해 쌓아올린 공들의 켜켜로 들어가 보자.

최천금 씨가 시집오기 전까지 살던 시흥은 몇백 가구가 살던 포실한 동네였다.

당연히 친구들도 친척들도 많았다. 최천금 씨가 혼인하던 때 나이는 21세. 혼인날은 한 해의 마지막인 12월 그믐날이었다.

혼례는 친정집에서 치러졌다. 혼례식날 무엇보다 기억나는 건 마을 사람들이 신랑에게 재를 던진 일. 일종의 풍습이었다.

"신랑이 재를 다 뒤집어썼어요. 하도 많이 던져 마을에 쓸 재가 없어졌다고 할 정도였으니까."

혼례를 치르고 다음날 신봉 시댁으로 오는 길은 세발자동차인 쓰리쿠터라는 작은 차를 타고 왔다.

시집은 당연히 중매였다.

"당숙모님이 중매를 했는데, 시집오니 작은댁이었어요. 할머니 시동생. 그 따님이 설씨네로 시집을 오셔서 당숙모끼리 나를 중매를 했어. 친정조카에게 중매를 하신 거지."

당연히 최천금 씨 집안이나 인품에 대한 검증은 누구보다 잘 했을 터.

그러나 최천금 씨는 작았다.

"작아서 다 못 산다고 그랬어요. 그 당시엔 정부정책으로 양력설을 쉬고 음력 설날을 안 쉬었어. 시댁에 온 첫날아침 행주치마를 차려입고 나가는데, 부엌에서 당고모허고 시누이가 불을 때고 있는데 소리가 들려. 아이고 색시라고 솥뚜껑도 못 이기겠으니 어떡하냐, 하고. 그래 다음날부터 아침에 일어나 솥뚜껑부터 열고 닫았지.(들으라고 솥뚜껑 충분히 잘 여닫는다고)"

그렇게 마음 다잡고 최천금 씨의 용인이씨 시집에서의 삶은 시작됐다.

"스물 하나에 시집을 오니 육남매 맏이예요. 막내 시동생이 세 살이더라고. 그런데 그 시어머니가 49세에 다시 아이를 나으셨어요."

이렇게 최천금 씨는 7남매 중 장남의 부인이 되었다.

"내가 첫 아이를 낳았는데 시어머님이 다음해 아이를 낳으셨어요."

지금으로서는 상상할 수 없는 상황. 그러니까 며느리보다 시어머니가 한 해 늦게 막내 아들을 낳으신 것이다. 당시 며느리가 들어오면 집안의 모든 잔일거리들은 며느리가 도맡아 하는 것이 당연한 시대.

당연히 최천금 씨는 시어머니 아들과 자신의 큰딸을 함께 키우게 된다.

여기서 짚고 넘어가야 할 점 하나.

누구나 인정하는 공에는 그만한 공덕이 있다는 사실. 시어머니 막내아들 출생에서 한 생명을 구하는 일에 버금가는 일을 하게 된다.

"시어머님 애가 설 땐데, 어머님이 힘이 들어 먹지를 못해요. 쌀이나

있어? 절구에 벼를 빻아서 생떡국을 해 드렸어요. 그런데 게우고 똥물
까지 다 게우고 못 잡수셔요. 애가 선 거지. 시어머님이 애를 떼버리려
고 했어요. 툇마루에 쌀자루 세 자루를 놓고 굴러 내려 애를 떼려고 하
셨어."

쉽게 들어설 나이도 아닌 마흔아홉의 나이에 들어선 아이.

며느리가 들어와 이미 첫 아이를 낳은 뒤인 상황. 따라서 시어머니
의 임신은 받아들이기 힘든 것이었고, 그래서 시부모님은 당시 아이를
떼기 위한 나름의 방법을 강구한 것이 쌀가마를 층층으로 쌓아놓고
굴러 떨어지기였던 것.

"뛰어 들어가 말했어요. 어머님 아는 병인데 뭘 그러셔요. 그리고는
시아버님께 말했어. 지가 잘 할게요. 그러니 그러지 마시라고. 그랬더
니 주저앉으시더라고. 아버님 신중히 생각해 주세요. 이러니 아버님이
다시 쌀가마를 굴려 올리시더라고. 동네 사람이 나보고 바보래. 아들
이 적었나."

그러나 한 생명의 탄생으로 최천금 씨가 짊어질 무게는 만만치 않
았다.

그럼에도 그녀는 후회하지 않는다.

"후회 안 해. 만약 어머님이 잘못되면 나이 어린 시동생들이 어떻게
살겠어요."

그렇게 새 생명, 막내 시동생은 태어났고, 최천금 씨의 보살핌 속에
자라 결혼해 잘 살고 있다. 당연히 시동생도 형수에 대한 고마움을 알
고 있다.

"형수가 데면데면했으면 떼어 버리고 무슨 판단이 났을 거라고, 감사하다고 해요."

인자함은 다른 곳에서도 알 수 있다.

"당시엔 마을을 돌며 파는 소쿠리 장사들이 많았어요. 그땐 사 먹을 데도 없어. 장사꾼들이 아줌니하고 들어오면 김치 한 그릇 갖다 놔주고 밥 한덩이라도 놔주고 그랬어요. 그런데 먹고 안 가요. 아줌니 잘 먹었어요, 하고는 안 가고 우리 집에서 자."

최천금 씨는 어머님이 사람이 좋아 들이신 거라고 말했지만 그녀 또한 그들을 내치지 않고 끌어안았다. 이는 당시 먹는 밥 한 그릇도 넉넉지 않던 어려운 시절, 매일매일 나물을 팔고 엿을 고아 팔던 고난의 시절을 감안한다면 분명 쉽지 않은, 너그러움과 인자함이 없었다면 불가능한 일이었다.

"그놈의 엿은 팔아도 무거워. 왜 그리 팔아도, 팔아도 더 무겁기만 하던지."

역설적인 이 말에는 고통이 함축돼 있다. 봄에는 나물 장사, 여름에는 초식 장사, 그리고 겨울에는 엿 장사로 쉼 없이 고생길을 달려온 고생 퍼레이드 중에서도 가장 힘든 고통은 엿의 무거움으로 남아있는 것이다.

"엿을 직접 고아서 팔았어요. 싸래기 쌀을 팔아다 맷돌에 갈아서 풀대기 쒀서 엿을 과서 아침에 퍼서 팔러 가요. 집집이 댕기면서 엿을 팔았어요."

고통의 정점은 아이가 잘못돼 떼고 나서 나선 엿 장사길이었다.

"산해발이, 애를 떼고 바로 엿을 팔러 갔어요. 몸조리할 생각도 안 하고 집에 솜이불 뒤집어 쓰고 있으면 될 줄 알았지. 근데 너무 아파서 시동생 집에 기어갔어요. 뭐 좋은 소리라고 떠벌려. 시동생도 몰랐어요. 시동생이 죽어가는 나를 병원에 데리고 가서 링거를 두 대나 맞춰줬어. 주사 맞으니 한결 낫더라고. 동서가 죽을 쑤어서 주더라고요. '형님 왜 그랬어요.' 하더라고. 시동생이 고기를 사다가 국을 끓여 주어 먹으니 눈물이 나오더라고……."

그렇게 최천금 씨는 일곱 시동생, 시누이들을 가르치고, 모두 집을 장만해 혼인을 시켰다. 가끔 집안의 누군가가 겨울철 땅을 팔아 살림을 축내도 기어이 그 없앤 살림들을 되찾고 불리며 집안의 살림을 일으켜 세웠다.

그러나 지난 세월에 대한 원망은 없다.

"친정집은 전기불에 들어오는 곳에서 살았는데 시집오니 호롱불이야. 그래도 친정에서는 3대 외독신이라 외롭게 살았는데 시집오니 북적북적 형제분들이 많아서 좋았어요. 처음엔 누가 누군지도 모르고 그저 네, 네 하면서 살았어요. 어려운 고비 다 넘겼어요. 힘든 일도 많았지만 거뜬히 다 살아 넘겼어."

딸이 연탄가스를 마시고 죽음의 고비를 넘기고, 본인이 직장암에 걸렸어도 원망은커녕 감사의 마음이 넘쳐난다.

"남들은 시동생들이 지겹다고 하지만 나는 예쁘고 어려움이 없었어. 대견하고. 옛날엔 없는 것이 많아 베개도 없어 재수 좋은 놈만 베고 잤어요. 이놈 베개 떨어져 이놈 베어주고. 그렇게 살았지만 감사한 마음으로 살았어요. 시동생들이 예뻤어."

넉넉하고 아름다운 마음씨는 모두를 감동시켰고, 결과는 가족의 우애와 화목으로 나타났다.

"가정이 화목해요. 내가 암이 걸리니까 시동생이랑 시누이들이 돌아가면서 간병을 다 해줬어요. 병원 사람들이 알고 다 놀래. 누가 동서가 간병을 해 주느냐고."

직장암이 걸렸던 이때 최천금 씨의 나이는 65세. 병원에서도 남은 날을 기약할 수 없었던 당시를 생각한다면 최천금 씨가 병을 완치하고 지금껏 건강하게 살 수 있는 것은 살아온 날들의 희생이 가져온 인과응보일 것이다.

물론 옛날을 돌아다보면 눈물이 마르지 않는다.

"살아온 세월을 생각하면 괜히 눈물만 나와요. 옛날엔 그냥 하루하루 사는 거였지. 살다보니 이렇게 세월이 갔네요. 뒤도 안 보고 앞만 보고 하루하루 살다보니 세월이 이렇게 가 버렸어……. 돈이 없는 것도 아니었는데 왜 그렇게 살았는지……. 먹을 줄도 모르고 입을 줄도 모르고. 돈 500원이면 먹는 점심 한 그릇을 못 먹고 허송세월을 산 게 허무하긴 해."

이제 남은 소원은 하나.

"지금도 우리는 화목한데, 앞으로도 그랬으면 좋겠고, 그저 지금처럼 형이 가면 동생이 뒤쫓아가고 그랬으면 좋겠어요. 자식 두 부부가 행복하게 살아주면 감사하지……. 우리 두 부부 순서 찾아 가게 해달라고 기도해요."

• 부군 이승한과의 젊은 시절 모습

　이 세상에서 거짓말 하는 게 제일 싫다는 최천금 씨. 삶의 고생에
순위가 있다면, 고생에 메달이 있다면 최천금 씨야말로 금메달이요,
1등의 삶이지 않을까.

삶을 이야기하여 주신 분들

■ **아들**

이종기, 이종린, 이종화, 이종학, 이종택, 이종목, 이승섭(종욱),
이종찬, 이승한, 이도한, 이주한, 이범한

■ **딸**

이종세, 이숙자, 이종례, 이종란, 이지현(순자), 이명자, 이남수,
이영한, 이용자

■ **며느리**

이종순(병규 부인), 정규향(철규 부인), 이행하(상규 부인),
이봉순(종기 부인), 이영애(종학 부인), 이현숙(종욱 부인),
최천금(승한 부인)

가문의 맥과 가풍을 잇는 길라잡이가 되길……

용인이씨는 1천 100여 년의 긴 역사 동안 명문가가 가져야 할 정신을 지키며 살아온 가문이다. 모두 선대의 위업을 소중하게 받들면서 가문의 영광을 지키고 발전시켜나가면서 더 나은 내일을 위해 사력을 다해 살아왔기에 가능한 일일 것이다.

용인이씨의 중시조 이중인은 고려 말 충신으로 조선이 건국되자 백이, 숙제와 같은 충절을 더럽힐까 걱정이 된다며 머리를 풀고 성거산에 들어 칩거했으며 스스로 자결하려 했으나 세 아들의 간곡한 만류로 실패한 충직한 인물. 대신 공은 삼세불사 즉 손자 대까지 벼슬길에 나가지 말라는 유훈을 내렸다. 그러니까 시조 이길권이 개국공신으로 고려를 열었다면, 중시조 이중인은 충절로 고려의 마지막을 지킨 것이다.

이러한 충절의 가풍을 이어받은 용인이씨 후손들은 조선시대에 들어 높은 벼슬과 함께 수많은 공덕을 쌓아 드높은 칭송을 받았다.

목은 이색이나 포은 정몽주와 우정을 나누며 교분을 쌓고 충절의 길을 함께하고 자부심으로 빛나는 삶을 살아온 선조들의 얼은 길이 기억되고 추앙받고 있다. 특히 충과 효의 정신이 뿌리 깊은 가문으로 명예를 드높이고 강직하고 청렴한 가풍은 조선시대 사대부 집안의 귀감이 되었다. 권력을 두려워하지 않은 강직함이나 이괄의 난에 아버지 뒤를 따라 목숨 걸고 출정한 일 등은 특히 그러하다.

작업을 하면서 느낀 것은 후손들이 이런 선조들의 고귀한 위업과 정신을 일제강점기와 6·25사변 등 어려운 시대를 살아내면서도 잊지 않았다는 점이다.

농사를 지으면서도 봄이면 나물을 채취해 팔고 겨울엔 엿을 만들어 파는 등 억척스러운 생활력으로 가문을 이어왔고, 특히 피땀 흘리며 희생한 여성들의 정성과 열정은 감동을 주었다. 90년 이후 신봉동이 개발되면서 비록 선조들의 옛터의 정취는 잃어버렸으나 삶의 수준과 질이 좋아졌는데, 후손들은 이 또한 조상을 숭배하고 지킨 결실이라고 여긴다.

작업을 하면서 가문의 충절과 효를 이어가는 후손들의 삶을 보며, 이 또한 조상들의 선물이라는 생각이 들었다. 현재 신봉동 용인이씨 묘역에 올라 아파트단지가 되어버린 옛터를 바라보면 이런 느낌은 더욱 짙어진다. 더불어 선조들의 얼을 기려 훌륭한 가풍을 이어나가는 일이 얼마나 소중한 일인지 배우게 된다.

더구나 이 책의 작업은 쉽게 기획하고 추진하기 어려운 작업이다. 선조들에 대한 존경과 기록의 중요성에 대한 전 문중의 인식이 없다면 결실 맺기 어려운 작업이라는 점에서 더욱 그러하다. 이런 용인이씨의 충과 효의 정신과 조상에 대한 용인이씨 후손들의 태도는 작업하는 내내 귀감이 되었다.

　이제 용인이씨 선조들의 훌륭한 삶의 역사에 더해 신봉동에 산 후손들의 삶이 기록되었다. 한 사람 한 사람의 삶의 기록은 곧 문중의 역사가 되고 나아가 나라의 역사가 되는 것이니, 이 작업이 갖는 의미의 무게가 어떠할지 짐작케 한다.

　이 책이 후손들에게 가문을 돌아보고 빛나는 가풍을 잇는 소중한 길라잡이가 되는 것을 넘어 우리 전 사회에 선조들의 삶을 돌이켜보고 현재의 삶을 이야기하며 나아가 내일의 꿈과 희망을 펼쳐나가는 좋은 길라잡이가 되기를 희망해 본다.

이기담